TEMAS DE DIREITO DO TRABALHO E DE PROCESSO DO TRABALHO
(PRIMEIRA SÉRIE)

FÁBIO RODRIGUES GOMES

TEMAS DE DIREITO DO TRABALHO E DE PROCESSO DO TRABALHO
(PRIMEIRA SÉRIE)

Belo Horizonte

2019

© 2019 Editora Fórum Ltda.

É proibida a reprodução total ou parcial desta obra, por qualquer meio eletrônico, inclusive por processos xerográficos, sem autorização expressa do Editor.

Conselho Editorial

Adilson Abreu Dallari
Alécia Paolucci Nogueira Bicalho
Alexandre Coutinho Pagliarini
André Ramos Tavares
Carlos Ayres Britto
Carlos Mário da Silva Velloso
Cármen Lúcia Antunes Rocha
Cesar Augusto Guimarães Pereira
Clovis Beznos
Cristiana Fortini
Dinorá Adelaide Musetti Grotti
Diogo de Figueiredo Moreira Neto
Egon Bockmann Moreira
Emerson Gabardo
Fabrício Motta
Fernando Rossi
Flávio Henrique Unes Pereira

Floriano de Azevedo Marques Neto
Gustavo Justino de Oliveira
Inês Virgínia Prado Soares
Jorge Ulisses Jacoby Fernandes
Juarez Freitas
Luciano Ferraz
Lúcio Delfino
Marcia Carla Pereira Ribeiro
Márcio Cammarosano
Marcos Ehrhardt Jr.
Maria Sylvia Zanella Di Pietro
Ney José de Freitas
Oswaldo Othon de Pontes Saraiva Filho
Paulo Modesto
Romeu Felipe Bacellar Filho
Sérgio Guerra
Walber de Moura Agra

Luís Cláudio Rodrigues Ferreira
Presidente e Editor

Coordenação editorial: Leonardo Eustáquio Siqueira Araújo

Av. Afonso Pena, 2770 – 15º andar – Savassi – CEP 30130-012
Belo Horizonte – Minas Gerais – Tel.: (31) 2121.4900 / 2121.4949
www.editoraforum.com.br – editoraforum@editoraforum.com.br

Técnica. Empenho. Zelo. Estes foram alguns dos cuidados aplicados na edição desta obra. No entanto, podem ocorrer erros de impressão, digitação ou mesmo restar alguma dúvida conceitual. Caso se constate algo assim, solicitamos a gentileza de nos comunicar através do e-mail <editorial@editoraforum.com.br> para que possamos esclarecer, no que couber. A sua contribuição é muito importante para mantermos a excelência editorial. A Editora Fórum agradece a sua contribuição.

Dados Internacionais de Catalogação na Publicação (CIP) de acordo com ISBD

G633t	Gomes, Fábio Rodrigues
	Temas de Direito do Trabalho e de Processo do Trabalho: (primeira série) / Fábio Rodrigues Gomes. - Belo Horizonte : Fórum, 2019.
	255p. ; 14,5cm x 21,5cm.
	ISBN: 978-85-450-0548-3
	1.Direito. 2. Teoria. 3. Filosofia. 4. Direito trabalhista. 5. Direito Processual trabalhista. I. Título
	CDD: 344
	CDU: 34:331

Elaborado por Odilio Hilario Moreira Junior – CRB-8/9949

Informação bibliográfica deste livro, conforme a NBR 6023:2002 da Associação Brasileira de Normas Técnicas (ABNT):

GOMES, Fábio Rodrigues. *Temas de Direito do Trabalho e de Processo do Trabalho*: (primeira série). Belo Horizonte: Fórum, 2019. 255p. ISBN 978-85-450-0548-3.

Para o meu filho Marco, sempre.

Só tem o direito de criticar aquele que pretende ajudar.
(Abraham Lincoln)

SUMÁRIO

RAÇA E RELAÇÕES DE TRABALHO 15
1   Introdução 15
2   Discriminação direta: um mal individual à beira da extinção? 16
3   Discriminação *de facto* e discriminação indireta: aferições concretas da neutralidade individual e o impacto desproporcional da neutralidade coletiva 27
4   Conclusão 33

O PRINCÍPIO DA IGUALDADE NO DIREITO DO TRABALHO BRASILEIRO: BREVES CONSIDERAÇÕES PROPEDÊUTICAS SOBRE O ART. 461 DA CLT 35
1   Introdução 35
2   A isonomia salarial potencializada 38
2.1   O sentido e o alcance do art. 461 da CLT 40
3   Conclusão 53

O NOVO DIREITO DO TRABALHO 55
1   Introdução 55
2   As velhas premissas do direito do trabalho 57
2.1   Solução tradicional para um caso paradigmático 70
3   As novas premissas do direito do trabalho 71
3.1   Pequeno excurso sobre o art. 442-B da CLT 91
3.2   Solução alternativa para o caso paradigmático 98
4   Conclusão 100

O DIREITO DO TRABALHO E A CONSTITUIÇÃO DE 1988: UMA RETROSPECTIVA REALISTA E UM FUTURO PROVÁVEL 105
1   Introdução 105
2   Constituição de 1988, Direito do Trabalho, STF e Justiça do Trabalho: quando o desacordo é o lugar-comum 107

2.1 A horizontalização dos direitos fundamentais: o direito do trabalho aprofundando a constitucionalização 113
3 Conquistando a maioridade cívica: o desabrochar do novo direito do trabalho 119
4 Probabilidades de um futuro incerto: em busca da estatística redentora 124
5 Conclusão 130

A FUNÇÃO REVISORA DOS TRIBUNAIS: *QUID JURIS?* 133

1 Introdução 133
2 O duplo grau de jurisdição segundo o STF e o TST 134
3 A delimitação conceitual do duplo grau de jurisdição: as vantagens e desvantagens subjacentes 140
4 A ponderação recorrente do princípio do duplo grau de jurisdição 144
5 Conclusão 146

Distinguishing, overruling e *overriding*: apertem os cintos, o caso-piloto sumiu! 149

1 Uma introdução pouco otimista 149
2 Breve panorâmica no modelo jurídico brasileiro 153
3 O que são *distinguishing, overruling* e *overriding*? 156
4 A visão pouco realista da nova sistemática processual atrelada aos precedentes 163
5 Conclusão 180

PROVAS, VERDADE E JUSTIÇA: PREMISSAS PARA O NOVO CPC, PARA O PROCESSO DO TRABALHO E ALÉM 183

1 Introdução 183
2 Prova, verdade e realidade: à procura da melhor narrativa 187
3 Prova, processo e justiça: razão, convencimento e emoção 197
4 Conclusão: inovar para quê? 214

ARBITRAGEM E O PROCESSO DO TRABALHO: DOIS LADOS DE UMA MESMA MOEDA 219

1 Introdução 219
2 Contextualizando a discussão 222
3 Desmistificando a solução 228
4 Conclusão 244

RESPONSABILIDADE PROCESSUAL: O INÍCIO DO FIM DA AVENTURA JURÍDICA 245
1   Introdução 245
2   Ação e reação: a terceira lei processual de Newton 248
3   Algumas considerações sobre as novidades ético-normativas do processo do trabalho 249
4   Conclusão 254

APRESENTAÇÃO

Diante de tantas e tão pujantes mudanças no sistema jurídico brasileiro – e, mais especificamente, no microssistema jurídico-trabalhista –, diversos foram os convites para que eu escrevesse artigos e ensaios sobre os mais variados temas, cujos debates estavam em franca ebulição. Certo dia, ao arrumar a estante para catalogá-los e organizá-los minimamente, dei-me conta de como estavam espalhados por inúmeras coletâneas. Daí surgiu-me uma ideia trivial, mas que, até então, não me havia ocorrido: por que não reuni-los em um único livro? Ora, nada mais natural que o autor anseie que os seus leitores o vejam por inteiro, que compreendam os seus pensamentos, ou melhor, que visualizem a evolução de suas reflexões ao longo do tempo, permitindo-lhes formar um juízo de valor mais verdadeiro, mais próximo da real opinião do escritor.

Confesso que duas foram as minhas fontes de inspiração. Em primeiro lugar, os excelentes *Temas de Direito Processual*, do saudoso Professor José Carlos Barbosa Moreira. Em cada série que se publicava, nós – leitores ávidos pelos seus textos leves, divertidos e altamente instrutivos – podíamos acompanhar as suas divagações pelos assuntos mais diversos, que iam desde as bases do direito processual civil (primeira série), passando pelas tendências na execução de sentenças e ordens judiciais (quarta série) ou até mesmo pela influência do direito processual civil alemão em Portugal e no Brasil (quinta série). Em segundo lugar, os volumes contendo ensaios e artigos do não menos saudoso Professor José Joaquim Calmon de Passos. A leitura atenta dos seus textos magistrais, recheados de cultura jurídica, histórica e filosófica, sempre preocupado em jamais descolar os pés da realidade brasileira, permitiram-me ratificar a importância da reunião de artigos dispersos de um mesmo autor, na medida em que se percebe mais facilmente a mutação e/ou a consolidação das suas ideias.

Portanto, seguindo os passos de dois dos juristas que mais admiro e que mais influenciaram a minha formação profissional e acadêmica, lanço-me humildemente nesta mesma empreitada.

Nesta primeira série de artigos consolidados, entrego ao leitor algumas das minhas impressões sobre temas controvertidos do direito do trabalho e do direito processual do trabalho brasileiros. Mas não pense você que encontrará aqui mais do mesmo. Não se engane: este não é um manual. O intuito não é o de apresentar dogmas. Ao contrário, o pano de fundo é a desconstrução de mitos, de lugares-comuns que vicejaram em nossa doutrina por anos a fio e que, agora, foram postos em xeque. As bases para os questionamentos não foram poucas, nem pequenas. Falo da entrada em vigor da Lei nº 13.105/15 (o novo CPC) e da Lei nº 13.467/17 (a Reforma Trabalhista).

Este é o cenário por onde deverão ser percorridas estas páginas. Neste sentido, avisar não custa nada: o sabor acridoce da novidade pode deixá-lo banhado em endorfina ou em adrenalina. Se isso será bom ou ruim, caberá a cada um decidir. Mas uma coisa é certa: o leitor curioso não sairá impune ao final.

Divirta-se!

RAÇA E RELAÇÕES DE TRABALHO

1 Introdução

Ao ser convidado para falar sobre a relação entre o trabalho subordinado e a etnia do empregado que o executa, quase que instantaneamente fui remetido ao tempo da escravidão.

Vejam bem. Num país com o passivo histórico e cultural como o nosso, no qual as bases econômicas estiveram escoradas, por séculos, sobre os ombros dos negros escravizados, torna-se inexorável remexer nesta chaga social para iniciar a digressão em torno do tema que me foi proposto. Especialmente quando lembramos que a ruptura com este estado de coisas aconteceu de maneira atabalhoada, sem a menor preocupação com as consequências advindas de uma libertação meramente formal, desprovida das mínimas condições sociais indispensáveis à construção de uma vida digna.

Lançados ao mundo do trabalho "livre" sem educação, moradia, assistência à saúde, à maternidade e à infância, a população negra conquistou uma autonomia de fancaria, pois, ao fim e ao cabo, permaneceu com os grilhões das necessidades básicas bem atados aos seus tornozelos. De que modo conseguiriam comer, vestir-se, educar-se a si próprios e aos seus ou conquistar uma moradia salubre e confortável, quando o único instrumento de trabalho disponível ainda era o mesmo corpo, tingido com a mesma pele negra de outrora?

Certamente que o preconceito arraigado à alma do brasileiro não desapareceu de uma hora para outra. Apesar de estereotipado como "homem cordial", desprovido do feroz segregacionismo anglo-saxônico e, pois, menos arredio à miscigenação, esta sua suposta mansidão não eliminou o racismo aprendido e apreendido ao longo de gerações.¹ Ela pôde, quando muito, tê-lo escondido por detrás da convivência informal do dia a dia. Mas ele – o racismo – permaneceu latente, engessando a nossa pré-compreensão do mundo da vida a ponto de impedir-nos de identificá-lo em nossas mais prosaicas decisões.² E aqui volto ao ponto.

Pode o empregador pautar-se no critério da raça para admitir, organizar, dirigir, disciplinar ou dispensar o empregado que se põe à sua disposição?

Ora – dirão os mais apressados – é claro que não! O art. 3º, IV da Constituição de 1988 alçou a promoção de todos, sem preconceito de raça, a objetivo fundamental da República. E o seu art. 7º, XXX resolveu definitivamente este problema, ao positivar uma norma estruturada em formato de regra, cujo operador deôntico proibitivo torna-se facilmente aplicável através do seguinte modelo hipotético-condicional: *se* o critério de distinção for a "cor", *então* ele é inválido. Mais do que isso, a partir da vigência da Lei nº 9.029/95, configura-se crime discriminar qualquer trabalhador em virtude de sua "origem, raça, [ou] cor".³

Por que, então, debruçar-nos sobre este tópico? Não seria ele uma página virada da realidade jurídica brasileira?

Nos itens desenvolvidos a seguir, pretendo convencê-lo de que ainda rodamos em círculo – um círculo deveras vicioso – quando lidamos com este tema.

2 Discriminação direta: um mal individual à beira da extinção?

Como mencionei na abertura deste artigo, o contexto normativo nacional parece deixar pouca margem de manobra para os racistas travestidos de empregadores. A rigor, mesmo sob o enfoque internacional, a discriminação odiosa, calcada no preconceito racial, foi devidamente banida da relação de emprego, em largo espectro, por

---

[1] Neste sentido, cf. MALLET, Estevão. Igualdade, discriminação e direito do trabalho. *Revista do Tribunal Superior do Trabalho*, v. 76, n. 3, p. 26-27, jul.-set. 2010, mencionando o autor os conhecidos casos *Plessy vs. Ferguson* (no qual se estabeleceu a famigerada doutrina do *equal but separate*) e *Brown vs. Board of Education* (quando a Suprema Corte norte-americana finalmente reverteu aquele precedente).
[2] Neste sentido, cf. GOMES, Fábio Rodrigues. *O direito fundamental ao trabalho*: perspectivas histórica, filosófica e dogmático-analítica. Rio de Janeiro: Lumen Juris, 2008. p. 335-337.
[3] Sem embargo de existir também a criminalização, desvinculada estritamente do contrato de emprego, através do art. 5º, XLII da CF/88, da Lei nº 7.716/89 e da Lei nº 9.455/97. Ainda sobre a promoção legislativa em torno deste assunto, vale mencionar o Estatuto da Igualdade Racial, materializado na Lei nº 12.288/10.

meio das Convenções nº 97, nº 100, nº 111, nº 117 e nº 122 da OIT, da Convenção Internacional da ONU sobre Eliminação de Todas as Formas de Discriminação Racial, de 21 de dezembro de 1965, da Convenção Interamericana de Direitos Humanos (art. 24) e mesmo da Declaração Universal dos Direitos do Homem (art. 7º).[4]

Ocorre que, mesmo diante de tamanha rede de proteção, pode-se encontrar, na vida prática brasileira, casos nos quais o empregado foi ofendido (sendo chamado de "negrinho" pelo sócio do empreendimento)[5] ou a empregada assediada em razão de sua etnia (cotidianamente pressionada e humilhada, sendo chamada de "macaca" pelo seu superior hierárquico).[6]

Mas ambas são situações para as quais arrisco-me a atribuir a classificação de casos fáceis, à moda hartiana.[7] Ou seja, imputado ao empregador (ou ao seu preposto) o descumprimento do seu dever fundamental de tratar o trabalhador negro com o mesmo respeito e consideração dispensado aos demais empregados de outras raças, deflagra-se ao menos uma das consequências jurídicas derivadas do seu comportamento: o pagamento de uma polpuda indenização pelo dano moral engendrado.[8]

Contudo, nem todas as discriminações raciais provocam correção tão elementar. De fato, casos como os descritos acima não geram maiores dilemas hermenêuticos, na medida em que a premissa menor do raciocínio judicial foi preenchida de modo singelo, por intermédio de uma prova testemunhal avalizadora de toda a alegação contida na petição inicial. Detalhou-se a ofensa (ou o assédio moral) movido pelo preconceito e, ato contínuo, depoimentos de terceiros foram produzidos, corroborando-se *ipsis litteris* tudo o que foi narrado na causa de pedir. Simples assim. Nesta conjuntura, cabe ao juiz tão somente inserir os dispositivos – referidos nesta introdução – na premissa maior e pronto: a conclusão fala por si.[9]

---

[4] Para mais exemplos, cf. GONÇALVES, Benjamin S. (Coord.). *O compromisso das empresas com a promoção da igualdade racial*. São Paulo: Instituto Ethos, 2006. p. 67-77.
[5] TST-AIRR nº 1002-40.2010.5.10.0102, Rel. Min. Alexandre de Souza Agra Belmonte, *DJ* 01.03.2012.
[6] TST-RR nº 331-41.2011.5.10.0018, Rel. Min. Aloysio Corrêa da Veiga, *DJ* 07.12.2012.
[7] HART, Herbert H. A. *O conceito de direito*. 3. ed. Lisboa: Fundação Calouste Gulbenkian, 2001. p. 137-149.
[8] DRAY, Guilherme Machado. *O princípio da igualdade no direito do trabalho*: sua aplicabilidade no domínio específico da formação de contratos individuais de trabalho. Coimbra: Almedina, 1999. p. 285-286.
[9] Sobre a fluidez do raciocínio silogístico/subsuntivo em casos fáceis, cf. SCHAUER, Frederick. Formalismo. In: RODRIGUEZ, José Rodrigo (Org.). *A justificação do formalismo jurídico*: textos em debate. São Paulo: Saraiva, 2011. p. 71-72.

Agora imaginem as seguintes hipóteses:

(1) Três empregados de uma instituição bancária foram acusados de aproveitarem-se de sua estrutura de trabalho para constituir e participar ativamente do desenvolvimento de uma empresa de *factoring*. O procedimento constatado foi o seguinte: o primeiro (com 10 anos de tempo de serviço e sem punição prévia) usava sua senha para retirada de um valor, o segundo (com cinco anos de tempo de serviço e uma punição disciplinar anterior) adulterava a contabilidade e o terceiro (com seis meses de casa e várias punições anteriores) emprestava sua conta-corrente para receber o dinheiro sacado. Diante da negativa geral e também da constatação de que o quadro societário não foi formado diretamente pelos empregados, mas pela irmã de um e pelas esposas dos outros dois, o empregador fez uma apuração administrativa interna, a fim de verificar a efetiva atuação dos trabalhadores na gestão do negócio. Finalizada a sindicância, o terceiro dos empregados foi apenas advertido, em razão de falta de provas, ao passo que o primeiro foi suspenso por 30 dias e o segundo foi despedido por justa causa, nos termos do art. 482, c da CLT. Coincidência ou não, este último era o único negro do grupo e, logo após a resolução contratual, ajuizou ação postulando indenização por dano moral em virtude da discriminação racial de que teria sido vítima.[10]

(2) No dia 02 de março de 1997 a empregada doméstica Simone André Diniz leu um anúncio de classificados no Jornal *Folha de S.Paulo*. Nele, oferecia-se uma vaga para empregada doméstica, cujo principal requisito para a candidata era a de que fosse "de preferência branca". Simone telefonou para o número indicado e confirmou a exigência. Em seguida denunciou o caso à polícia e, aberto o inquérito, a anunciante declarou que preferia uma empregada branca, pois a anterior, negra, havia maltratado seus filhos, traumatizando-os. Entretanto, tais fatos jamais foram demonstrados. O inquérito foi concluído sem a sua responsabilização e o Ministério Público pediu o arquivamento. Este caso foi denunciado à

---

[10] Exemplo construído a partir do caso julgado em TST-AIRR nº 49900-88.2006.5.04.0103, Rel. Min. Luiz Philippe Vieira de Mello Filho, *DJ* 14.12.2012.

OEA, onde o Estado brasileiro foi acusado de racismo. A Comissão Interamericana de Direitos Humanos daquele órgão condenou o Brasil pela sua omissão, estipulando que o país pague uma indenização a Simone, conceda-lhe suporte financeiro para prosseguir nos estudos e reabra as investigações.[11]

(3) A Lei nº 11.562 de 19.09.2000, do Estado de Santa Catarina, no seu art. 2º, II proibia a "exigência de boa aparência como requisito para a admissão". O governador de Santa Catarina ajuizou a ADI nº 2.487, almejando a declaração de inconstitucionalidade da lei, em virtude da violação dos arts. 22, I e 61, §1º, II, "a" e "b" da CF/88. O STF, por meio do relator original, Ministro Moreira Alves, deferiu liminarmente o pedido, atribuindo efeito *ex nunc* à sua decisão.[12] A Advocacia-Geral da União e a Procuradoria-Geral da República opinaram, ambas, pela inconstitucionalidade da Lei nº 11.562/00, acrescentado a ofensa ao art. 21, XXVI da CF/88. O julgamento definitivo ocorreu na sessão plenária de 30.08.2007, tendo o Ministro Joaquim Barbosa assumido a função de relator e votado pela procedência do pedido.[13] Em virtude desta decisão, suponham que uma das melhores casas de show de Florianópolis decida selecionar sua *hostess* por meio do critério da "boa aparência" e que, ao longo dos anos, tenha eliminado sistematicamente as candidatas negras.

É possível afirmar, sem qualquer mínima sombra de dúvida, que em todas as situações mencionadas houve prática de racismo pelos empregadores? Analisemos uma por vez.

No primeiro caso enfrentamos uma alegação de discriminação oculta, isto é, aquela em que a intenção de discriminar está disfarçada por um instrumento aparentemente neutro.[14] Um exemplo desta espécie de discriminação, bastante sedimentado na jurisprudência, é o do aumento generalizado de nível dos empregados públicos em atividade,

---

[11] Cf. <http://www1.folha.uol.com.br/fsp/cotidian/ff1811200620.htm>. Acesso em: 27 mar. 2018.
[12] *DJ* 01.08.2003.
[13] Para maiores detalhes sobre este julgamento, cf. GOMES, Fábio Rodrigues. *Direitos fundamentais dos trabalhadores*: critérios de identificação e aplicação prática. São Paulo: LTr, 2013. p. 322-333.
[14] CHEHAB, Gustavo Carvalho. O princípio da não discriminação e o ônus da prova. *Revista do Tribunal Superior do Trabalho*, v. 76, n. 3, p. 53-54, jul.-set. 2010.

costurado por acordo coletivo. Neste contexto, tem-se como certo que galgar todos os empregados públicos, sem exceção, a um nível superior da carreira, sem que haja qualquer critério aparente, é uma forma de burlar a regra da paridade prevista no regulamento interno da empresa, com a finalidade de conceder um aumento disfarçado para o pessoal da ativa, deixando os aposentados à mingua.[15]

De volta para o problema proposto no exemplo (1), o modo como ele foi detalhado nos dá a entender que a punição do empregado esteve calcada em fatos graves, objetivos e, pois, facilmente ajustáveis ao tipo legal redigido no art. 482, c da CLT. O ponto da discórdia, todavia, está na distinção do tratamento concedido aos coautores: apenas um deles – o negro – foi despedido por justa causa.

Pela visão tradicional do direito do trabalho, esta avaliação do comportamento dos trabalhadores e a atribuição da punição considerada razoável para cada um deles encontram-se amparadas pelo poder disciplinar do empregador.[16] Ele tem o direito de considerar mais lesiva aos seus interesses a conduta do segundo empregado (que alterava a contabilidade) do que a dos outros dois (que sacavam e recebiam os valores). O grau de subjetividade desta decisão patronal, somada ao seu direito fundamental à autonomia gerencial e à necessária autocontenção judicial diante da adequação do meio eleito para atingir ao fim almejado pelo empresário, fazem com que a invalidação da justa causa se torne algo de difícil aplicação.[17] Difícil, mas não impossível.

A partir da aceitação majoritária da teoria da eficácia imediata dos direitos fundamentais nas relações privadas, muita coisa mudou.[18] Trata-se da defesa veemente da utilização de princípios constitucionais para a resolução de problemas desprovidos de regras legais que lhes sejam adaptadas e previamente definidas.

---

[15] Cf. o inteiro teor da OJ Transitória nº 62 da SBDI-1 do TST: "Petrobrás. Complementação de aposentadoria. Avanço de nível. Concessão de parcela de acordo coletivo apenas para os empregados da ativa. Extensão para os inativos. Artigo 41 do regulamento do plano de benefícios da Petros. Ante a natureza de aumento geral de salários, estende-se à complementação de aposentadoria dos ex-empregados da Petrobrás beneficio concedido indistintamente a todos os empregados da ativa e estabelecido em norma coletiva, prevendo a concessão de aumento de nível salarial - "avanço de nível" - a fim de preservar a paridade entre ativos e inativos assegurada no art. 41 do Regulamento do Plano de Benefícios da Fundação Petrobrás de Seguridade Social – Petros".

[16] Cf., por todos, SÜSSEKIND, Arnaldo et al. Instituições de direito do trabalho. 22. ed. atual. até 30.4.97. São Paulo: LTr, 2005. p. 572-579.

[17] MORAES FILHO, Evaristo de. A justa causa na rescisão do contrato de trabalho. 3. ed. facsimilada. São Paulo: LTr. 1996. p. 178-209.

[18] SARMENTO, Daniel. Direitos fundamentais e relações privadas. Rio de Janeiro: Lumen Juris, 2004. p. 289-297.

A reduzida prognose legislativa, incapaz de fornecer estruturas normativas hipotético-condicionais facilitadoras das tomadas de decisões (mormente as judiciais), faz com que a existência de lacunas regulatórias seja uma característica inerente ao sistema.[19] Neste sentido, e partindo-se da premissa pós-positivista do direito, os critérios adotados para dirimir os conflitos sociais devem ser desenhados não por uma política judiciária ou por uma forte discricionariedade judicial,[20] mas, sim, por padrões normativos estruturados como mandamentos a serem otimizados dentro das possibilidades fáticas e jurídicas existentes.[21]

Dois exemplos deixarão claro como esta maneira de (re)ver o direito já está na linha de frente dos tribunais.

Quando um deficiente é despedido sem justa causa, utiliza-se o art. 93, §1º da Lei nº 8.213/91 como premissa maior do silogismo jurídico, uma vez que o seu texto traz o condicionamento da validade deste ato à substituição imediata do empregado excluído por outro em "condição semelhante". Portanto, poder-se-ia estruturar este enunciando normativo com o seguinte formato: *se* o empregador não substitui o empregado deficiente dispensado sem justa causa por outra pessoa em condição semelhante, *então* a sua decisão é inválida, acarretando a reintegração do trabalhador.[22]

No primeiro caso em análise não encontramos nada próximo disso. Não há uma estrutura normativa, facilitadora do raciocínio jurídico, dizendo "*se* três empregados, em coautoria, praticam concorrência desleal contra o empregador, *então* todos devem receber idêntica punição". Na melhor das interpretações, temos à mão o princípio da não-discriminação, segundo o qual a decisão carente de critério ou que, possuindo-o, mostre-se incoerente com a finalidade que o empregador pretenda atingir, gera a presunção de discriminação arbitrária e, pois, de ato irregular.[23]

A meu ver, esta é a conclusão passível de ser extraída da posição atual do Tribunal Superior do Trabalho, ao presumir "discriminatória a despedida de empregado portador do vírus HIV ou de outra doença

---

[19] SOUZA NETO, Cláudio Pereira de; SARMENTO, Daniel. *Direito constitucional*: teoria, história e métodos de trabalho. Belo Horizonte: Fórum, 2012. p. 531 *et seq.*
[20] HART, Herbert L. A. *O conceito de direito*, p. 16-17.
[21] ALEXY, Robert. *Teoria dos direitos fundamentais*. Tradução de Virgílio Afonso da Silva. São Paulo: Malheiros, 2008. p. 90 *et seq.*
[22] TST-AIRR nº 501-42.2011.5.03.0136, Rel. Min. Alexandre de Souza Agra Belmonte, *DJ* 19.10.2012.
[23] ÁVILA, Humberto. *Teoria dos princípios*: da definição à aplicação dos princípios jurídicos. 8. ed. São Paulo: Malheiros, 2008. p. 150-151.

grave que suscite estigma ou preconceito. [e] Inválido o ato, [afirmando que] o empregado tem direito à reintegração no emprego".[24] Tanto assim, que a Corte preocupou-se em reforçar o seu entendimento, ao declarar a inexistência de direito líquido e certo do empregador de reformar eventual antecipação de tutela de reintegração concedida pelo juiz, para hipóteses desta natureza.[25]

Deste modo, desde o instante em que o segundo empregado suscite, fundamentadamente, a hipótese de sua discriminação ter sido motivada pela sua etnia, deverá o empregador justificar, esclarecer a razão que o levou a punir de maneira diferente os outros dois empregados partícipes do mesmo ilícito contratual. Circunstanciar ainda mais o que já foi entrevisto na sua investigação interna, a fim de afastar concretamente, perante o juiz, qualquer desconfiança em torno de suas intenções.

Como já escrevi em outro lugar: "muitos empregadores utilizavam do seu direito potestativo de restringir o direito ao trabalho dos seus empregados, como um *instrumento* a serviço de uma segunda restrição de um outro direito fundamental (que, no caso das discriminações, era o da igualdade material). Valiam-se, portanto, do "silêncio" tolerado pelo art. 7º, I da Constituição de 1988, para perpetrar uma restrição sabidamente desproporcional a outros direitos fundamentais da pessoa humana (na qualidade de trabalhador)".[26] A partir desta renovação hermenêutica, o discurso vazio e formal do "fi-lo porque me é permitido agir assim" não mais se sustenta. Torna-se indispensável a explicitação dos bastidores de sua decisão.

Para os mais formalistas, esta exigência normativa seria mais um exemplo do nosso intervencionismo tropical, do típico ativismo judicial paternalista encontrado a torto e a direito na seara trabalhista, uma intromissão ilegítima e complicadora. Porém, esta não é uma jabuticaba nacional. Ao contrário, a dispensa absolutamente silenciosa, ao custo de uma indenização tarifada, é que parece ser uma peculiaridade nossa. Basta um breve passeio pelo direito comparado e encontramos, sem maiores dificuldades, exigência semelhante a que ora se propõe.

Como exemplo inicial, menciono os Estados Unidos da América. Um importante parâmetro geral utilizado pela Suprema Corte deste país diz respeito à finalidade da restrição ao direito fundamental do

---

[24] Súmula nº 443 do TST.
[25] OJ nº 142 da SBDI-2 do TST.
[26] GOMES, Fábio Rodrigues. *O direito fundamental ao trabalho*, p. 221.

trabalhador. Admitem-se, *a priori*, restrições proporcionais aos direitos individuais do empregado, desde que mantenham relação de estreita coerência com os objetivos empresariais legítimos do seu empregador (o que os norte-americanos chamam de *business necessity*).[27] Assim, pode-se admitir a exigência feita por um restaurante aos seus profissionais para que mantenham as unhas cortadas, haja vista a preocupação com a higiene dos alimentos preparados e servidos. A restrição à autonomia do trabalhador estará aqui justificada por uma razoável necessidade do serviço. A Suprema Corte impõe ao empregador nada mais do que a explicitação de sua motivação, de molde a eliminar a presunção de discriminação odiosa.[28]

Consegue-se vislumbrar, ainda, a normatização de procedimento semelhante:[29]

(a) na Inglaterra, conforme já atestado pela *House of Lords*, no julgamento de *King vs. Great Britain-China Centre*;
(b) em Portugal, ao prever no art. 23 do seu Código do Trabalho que "Cabe a quem alegar discriminação fundamentá-la, indicando o trabalhador ou trabalhadores em relação aos quais se consideram discriminados", incumbindo "ao empregador provar que as diferenças de condições de trabalho não assentam em nenhum dos fatores indicados no nº 1";
(c) na Espanha, ao prescrever no art. 96 da Ley de Procedimiento Laboral que "Naqueles processos em que das alegações da parte autora se deduza a existência de indícios fundados de discriminação por razão de sexo, origem racial ou étnico, religião ou convicções, deficiência, idade ou orientação sexual, corresponderá ao demandado a apresentação de uma justificação objetiva e razoável, suficientemente provada, das medidas adotadas e de sua proporcionalidade",[30] estando este

---

[27] Cf. LIMA, Firmino Alves. *Teoria da discriminação nas relações de trabalho*. Rio de Janeiro: Elsevier, 2011. p. 128-140; 182-184 e 220-221, CRUZ, Álvaro Ricardo de Souza. *O direito à diferença*. Belo Horizonte: Arraes Editores, 2009. p. 19-21. Cf., também, BARCELLOS, Ana Paula de. *Ponderação, racionalidade e atividade jurisdicional*. Rio de Janeiro: Renovar, 2005. p. 282-287 e 292; ÁVILA, Humberto. *Teoria dos Princípios*, p. 70 e CANOTILHO, José Joaquim Gomes. *Direito Constitucional e Teoria da Constituição*. 7. ed. Coimbra: Livraria Almedina, 2003. p. 465.
[28] GOMES, Fábio Rodrigues; SARMENTO, Daniel. A eficácia dos direitos fundamentais nas relações entre os particulares: o caso das relações de trabalho. *Revista do Tribunal Superior do Trabalho*, v. 77, n. 4, p. 93-94, out.-dez. 2011.
[29] Neste sentido, cf. MALLET, Estêvão. Igualdade, discriminação e direito do trabalho, p. 47-49.
[30] Tradução livre.

resultado hermenêutico registrado na Sentença nº 114/89, de 22 de junho de 1989, do Tribunal Constitucional espanhol; e (d) na Bélgica, através do §1º do art. 28 de Lei promulgada em 10 de maio de 2007, que estatui: "Quando uma pessoa que se reputa vítima de uma discriminação (...) invoca perante a jurisdição competente os fatos que permitem presumir a existência de uma discriminação fundada sobre um dos critérios protegidos, incumbe ao demandado provar que não houve discriminação".[31]

Temos, pois, para situações individuais como as descritas no exemplo (1), a inversão do ônus argumentativo.[32] Ao empregado imputa-se o dever de apresentar seu caso de maneira fundamentada (o que os norte-americanos chamam de *prima facie case*),[33] imputando-se ao empregador a obrigação, sucessiva e correlata, de pormenorizar as razões subjacentes ao tratamento diferenciado do empregado suspeito de discriminação racial. Ou, ainda, quando se escudar no seu "direito potestativo" de resilir unilateralmente o contrato sem justa causa, o empregador deverá desincumbir-se do seu dever de quebrar o silêncio permitido *a priori* pela parte final do art. 7º, I da CF/88, de modo a externar as razões que estiveram por detrás de sua decisão e, assim, impedir que seja classificada como dispensa arbitrária.[34] Razões estas que – diga-se de passagem – sempre estão presentes, porquanto um dos axiomas da análise econômica do direito é justamente o da presunção de racionalidade dos atores sociais.[35]

Quanto ao exemplo (2), o caso aparentemente é tão simples quanto os referidos na abertura deste tópico. Mas a simplicidade se deu em virtude de uma transparência poucas vezes vista em nosso dia a dia. Ou alguém considera corriqueiro o empregador doméstico reverberar aos quatro cantos que prefere contratar empregadas brancas?

Percebam bem a sutileza da situação. O trabalhador doméstico possui características próprias, que o transformam num caso à parte. Ainda que hoje lhe sejam estendidos todos os direitos trabalhistas

---

[31] Tradução livre.
[32] Sobre a natureza argumentativa da prova produzida no bojo do devido processo legal, cf. MARINONI, Luiz Guilherme; ARENHART, Sérgio Cruz. *Prova*. 2. ed. São Paulo: Revista dos Tribunais, 2011. p. 57-61.
[33] *Ibidem*, p. 48.
[34] GOMES, Fábio Rodrigues. *O direito fundamental ao trabalho*, p. 218-220.
[35] GOMES, Fábio Rodrigues. *Direitos fundamentais dos trabalhadores*, p. 60 *et seq*.

concedidos aos empregados em geral,[36] não há como ignorar plenamente as nuances características de sua atuação, seja por força da intensa confiança de que dispõe, seja em razão de prestar serviços para um indivíduo, pessoa física, ou para sua família, sem qualquer finalidade econômica, seja porque o trabalho é executado no ambiente residencial.[37] Logo, é compreensível que se queira dispensar ao seu empregador uma margem mínima de arbítrio, pois trata-se de uma parte indissolúvel de sua "liberdade emocional".[38]

Entretanto, como para tudo na vida, há limites. Certas escolhas, quando postas à luz do dia, não devem ser aceitas. Diferentemente do que defende o catedrático português José Carlos Vieira de Andrade, para quem "deve admitir-se a livre escolha do pessoal que presta serviço doméstico", mesmo quando o critério de admissão seja pautado por razões de raça,[39] penso ser esta uma parametrização inaceitável.[40]

Ora, quando temos uma reserva mental em face de alguma situação relacional, seja ela qual for, devemos demonstrar o mínimo de prudência ao manifestá-la, pois, apesar de irrelevante juridicamente enquanto mantida no foro íntimo,[41] poderemos causar um dano ao outro tão logo ela seja externalizada. Deste modo, se, e somente se, estivermos na esfera das questões que dizem respeito ao próprio indivíduo e ele seja plenamente capaz e dotado minimamente das informações necessárias à sua tomada de posição, aquela margem de arbítrio referida pelo professor português será bem-vinda.

Parafraseando John Stuart Mill, os sentimentos, gostos e objetivos de vida de cada um são incomensuráveis para o outro, além de, apenas (e, talvez) indiretamente, afetá-lo de alguma maneira.[42] É claro que este autor não desconhecia o juízo de valor que fazemos sobre os vícios de caráter dos nossos semelhantes. Mas, na sua opinião, desde que estes defeitos morais não causassem danos aos demais membros da sociedade, esta deveria "dar-se ao luxo de suportar essa inconveniência,

---

[36] Em 27 de março de 2013, a PEC nº 66/2012 foi aprovada em segundo turno e por unanimidade no Senado Federal, depois de passar pelo mesmo rito na Câmara dos Deputados, estando apenas pendente de promulgação.
[37] GOMES, Fábio Rodrigues. *Direitos fundamentais dos trabalhadores*, p. 151-152.
[38] ANDRADE, José Carlos Vieira de. *Os direitos fundamentais na Constituição Portuguesa de 1976*. 2. ed. Coimbra: Livraria Almedina, 2001. p. 269.
[39] *Ibidem*, p. 271, nota n. 84.
[40] GOMES, Fábio Rodrigues. *O direito fundamental ao trabalho*, p. 222.
[41] Art. 110 do CC.
[42] *Sobre a liberdade*. Tradução de Pedro Madeira. Rio de Janeiro: Nova Fronteira, 2011. p. 115.

tendo em vista o bem maior da liberdade humana".[43] Desta forma, "no que diz respeito aos interesses de cada pessoa, a sua espontaneidade individual tem o direito a ser livremente exercida".[44]

Acontece que este mesmo filósofo inglês era igualmente enfático a respeito da ressalva considerada por ele implícita a esta norma geral: "sempre que há um dano claro, ou um risco de dano, quer para um indivíduo quer para o público, o caso é retirado do campo da liberdade e colocado no da moralidade ou da lei".[45] Ou ainda: "Quando, através de uma conduta deste tipo, uma pessoa é levada a violar uma obrigação, distinta e atribuível, para com qualquer outra pessoa ou pessoas, o caso deixa de só a si dizer respeito, e tornar-se passível de reprovação moral no sentido adequado do termo".[46]

Transportando-se a lição de Mill para o exemplo (2), temos que se o empregador doméstico em potencial é um racista empedernido, que guarde para si este lado tenebroso de sua alma e o esconda do melhor modo que puder. Pois, caso ele venha à tona, muito provavelmente consequências jurídicas imediatas advirão, já que esta maneira de enxergar a vida em sociedade tem o condão de produzir severas lesões existenciais para a população negra, seja trincando a autoestima individual de quem a integra, seja envenenando a convivência social a ponto de, simplesmente, torná-la inviável.

Compreender as idiossincrasias lesivas à dignidade humana do próximo como algo antijurídico é um caminho sem retorno, caso levemos a sério os valores inscritos na Constituição brasileira de 1988. Ou isso, ou o desenho institucional nela embutido (o de uma democracia cooperativa, centrada no igual respeito e consideração pelo outro e na abertura permanente ao diálogo social voltado para o atingimento de um consenso sobreposto, apto a ser aceito sinceramente pelas doutrinas morais abrangentes) não será visto sequer como uma utopia. Será uma quimera inalcançável.[47]

Por fim, ao apreciarmos o exemplo (3), iremos notar que a ideia de discriminação consegue avançar ainda mais fundo na zona de penumbra que a envolve.

---

[43] *Ibidem*, p. 122-123.
[44] *Ibidem*, p. 116.
[45] *Ibidem*, p. 122.
[46] *Ibidem*, p. 121.
[47] Sobre a defesa da democracia cooperativa e a sua adequação ao modelo institucional brasileiro, cf. SOUZA NETO, Cláudio Pereira de. *Teoria constitucional e democracia deliberativa*: um estudo sobre o papel do direito na garantia das condições para a cooperação na deliberação democrática. Rio de Janeiro: Renovar, 2006.

Ao nos aproximarmos do caso referido, podemos dizer, ainda que intuitivamente, que a utilização do critério "boa aparência" para a seleção de recepcionistas de um estabelecimento de lazer e diversão não se mostra de todo mal. Afinal de contas, acredito ser possível defender, sem maiores constrangimentos, a razoabilidade desta exigência, na medida em que consigamos construir a relação de coerência entre o critério apontado (boa aparência) e a finalidade a ele subjacente (*v.g.*, criar um ambiente de bem-estar, conforto e desprendimento). Mas – como diz o adágio popular – o problema mora nos detalhes.

Ao esmiuçarmos os dados fáticos lançados na suposição sugerida, encontramos uma sistemática exclusão de pessoas negras. E apenas isso. Não há menção a qualquer outro indício de discriminação que não seja esta constatação empírica, de natureza estatística. Isso basta para que o empresário seja acusado de praticar discriminação racial? Ou o subjetivismo incontornável do significado da expressão "boa aparência" nos obriga a aceitar passivamente as preferências étnicas do titular do empreendimento?

3 Discriminação *de facto* e discriminação indireta: aferições concretas da neutralidade individual e o impacto desproporcional da neutralidade coletiva

O terceiro exemplo indicado traz para a discussão uma espécie muito controvertida de discriminação: a discriminação de fato.

De acordo com a precisa lição de Daniel Sarmento: "A discriminação *de facto* consiste em ofensa ao princípio da igualdade perante a lei. Ela ocorre quando existe uma norma jurídica válida, cuja aplicação concreta pelas autoridades competentes dá-se de forma sistematicamente anti-isonômica e prejudicial a um determinado grupo. A melhor forma para aferir a violação desta dimensão do princípio da igualdade é através do recurso à estatística".[48] E prossegue o autor, fornecendo o seguinte exemplo: "se ficar comprovado que o percentual de negros reprovados em testes orais em determinado concurso público é proporcionalmente muito superior ao de candidatos brancos, esta pode ser uma prova importante de violação do princípio da igualdade na aplicação da norma aparentemente neutra que instituiu a prova oral como fase do certame".[49]

---

[48] *Livres e iguais*: estudos de direito constitucional. Rio de Janeiro: Lumen Juris, 2006. p. 147.
[49] *Ibidem*.

Se partirmos da premissa de que também os particulares estão diretamente vinculados aos direitos fundamentais, então chegaremos à seguinte conclusão: a exclusão sistemática de todas as candidatas negras à função de *hostess* deixa um aroma estranho no ar.

Neste passo, a aparente neutralidade da decisão do comerciante, que, supostamente, está no exercício regular do seu direito de liberdade empresarial, ao escolher a recepcionista que melhor atenda à sua finalidade econômica, estará em xeque quando for verificado empiricamente que ele nunca contratou uma pessoa negra sequer para trabalhar no seu estabelecimento. Especialmente se apoiar-se no argumento de que nenhuma delas contava com "boa aparência". Portanto, caso um destes indivíduos, diretamente afetados pela exclusão, suscite a hipótese de ter sido discriminado em razão de sua raça, deverá o empresário justificar de modo convincente quais os motivos objetivos que o levaram a optar sempre pelo outro candidato de etnia diferente, sabendo, desde já, que a espada de Dâmocles estará pesando sobre a sua cabeça.

Antes de partirmos para o encerramento, ainda uma última forma de discriminação deve ser mencionada. Falo da discriminação indireta.

Seguindo a metodologia adotada até este momento, primeiro apresentarei o exemplo derradeiro para, logo depois, analisá-lo sob as lentes da teoria mais adequada.

O caso envolve o julgamento de cinco Ações Civis Públicas (ACP) ajuizadas pelo Ministério Público do Trabalho (MPT) de Brasília, no âmbito do seu Programa de Promoção da Igualdade de Oportunidade para Todos (PPIOPT), em face das filiais do Distrito Federal dos maiores bancos privados brasileiros.[50] Tomando por base a resistência das instituições bancárias de identificar a discriminação racial no processo de seleção e recrutamento dos seus empregados, bem como na política de salários, e a recusa à adoção políticas afirmativas de combate a este estado de coisas, os Procuradores questionaram judicialmente as práticas gerenciais destes empreendedores.

O cerne de suas investidas foi o das "comparações entre grupos, estabelecendo parâmetros e utilizando-os para analisar realidades mais amplas como meio de comparação com realidades específicas. Isso significa que, por exemplo, ao comparar os salários desiguais dos negros e dos brancos, suspeitando-se que a educação formal, a qualificação profissional e as experiências prévias no mercado de trabalho são fatores

---

[50] Cf. VARELLA, Santiago. *Discriminação racial indireta e ação afirmativa no emprego sob a perspectiva dos direitos coletivos*. 2009. 321 f. Tese (Doutorado em Sociologia) – Universidade de Brasília, Brasília, 2009. p. 66. Disponível em: <http://hdl.handle.net/10482/6425>. Acesso em: 20 jun. 2018.

básicos na avaliação dessas desigualdades, compara-se apenas aqueles grupos de pessoas com níveis de educação, qualificação e experiência semelhantes".[51]

Recolhida a amostragem empírica a partir da Relação Anual de Informações Sociais (RAIS), como também da requisição de informações socioeconômicas que contaram, inclusive, com o nome do cargo ocupado por cada trabalhador na empresa, o MPT constatou que "Não há outra justificativa, senão a existência de discriminação, quando nos deparamos com o fato de que trabalhos com a mesma taxa de produtividade, mesma exigência educacional e de competências remunerem mulheres negras com quase um terço (38%) do salário pago a um homem branco, como é o caso das atividades de venda e prestação de serviço no comércio (Peça inicial das ACPs, folha:18)".[52]

Quanto ao setor bancário especificamente considerado, apurou-se que "as rendas médias dos negros são inferiores cerca de 40% que a auferida pelos brancos" e que "enquanto nas atividades de manutenção e conservação de edifícios encontram-se cerca de 65% de negros, apenas 5,6% são escriturários de contabilidade, que é, tipicamente, o cargo de início da carreira bancária. Da mesma forma, os negros são mais da metade dos contínuos, garçons, "barmen" e copeiros dos bancos, enquanto representam apenas 13,7% dos caixas de banco e operadores de câmbio e 15,9% dos gerentes de operações ou apoio desses mesmos bancos (Peça inicial da ACP, de autoria do MPT, folha 22)".[53]

Além disso, fez-se questão de frisar que as desigualdades encontradas não eram fruto do acaso ou de discriminações prévias à entrada no mercado de trabalho, mas, sim, de "possíveis segregações e mecanismos de desvalorização dos negros nos processos organizacionais das empresas".[54] A rigor, "As desigualdades de trato, acima demonstradas, que trazem inegáveis desvantagens para os negros (pretos e pardos) e mulheres, em relação aos brancos e homens, não se explicam pela suposta pouca educação dos negros ou das mulheres que trabalham em bancos, haja vista que a diferença educacional média entre negros e brancos é muito pequena, sendo inexistente para o caso das mulheres em relação aos homens (Reproduzido das Peças iniciais das ACPs de autoria do MPT, folha 25)".[55]

---

[51] *Ibidem*, p. 159-160.
[52] *Ibidem*, p. 163.
[53] *Ibidem*, p. 165-166.
[54] *Ibidem*, p. 166.
[55] *Ibidem*.

Os dados estatísticos sobre raça/cor da Pesquisa Nacional por Amostra de Domicílios (PNADS) do IBGE, juntamente com aqueles coletados administrativamente pelo *Parquet*, levaram-no à conclusão de que, dentre outras distinções e considerados os pré-requisitos exigidos pelo empregador para admissão, o percentual de negros encontrados no contingente das empresas era da ordem de 10,1%, ou seja, cerca de quatro vezes menos do que o esperado, quando comparado à concentração de pessoas deste grupo racial na população economicamente ativa com mais de 16 anos de idade e com os requisitos educacionais exigidos (PEA reduzida), o que girava em torno de 41,5%.[56] Assim, amparado neste recorte da realidade, o Ministério Público pleiteou o reconhecimento judicial da discriminação indireta e a sua cessação imediata, sob pena de multa diária de R$ 100.000,00, além da condenação das empresas ao pagamento de dano moral coletivo no importe de R$ 30.000.000,00.[57]

A linha de defesa pautou-se, essencialmente, na desqualificação das estatísticas (tratando-as como resultados sujeitos a falhas, simplórios e pouco atentos à complexidade cultural e histórica da situação referida), na inexistência de prova cabal de atos explícitos e dotados da intenção dolosa de discriminar, na ideia de que este tipo de demanda estimularia uma "confrontação de raças" e de que se almejava a implementação de um regime de cotas pela via judicial, infringindo a prerrogativa legislativa na resolução de problemas desta natureza, com a consequente violação do Princípio da Separação dos Poderes.[58]

Por ocasião dos julgamentos, tanto a maioria dos juízes de primeira instância quanto os de segundo grau rechaçaram a utilização de estatísticas como meio de prova confiável. Ademais, ativeram-se ao argumento positivista, no sentido de que o Judiciário estaria impossibilitado de obrigar as rés a adotarem ações afirmativas sem que houvesse lei específica contendo esta determinação. Uma aplicação silogística e linear do princípio da legalidade estrita, extraído da interpretação do art. 5º, II da CF/88. E, diante disso, todos os pedidos das cinco ACPs foram julgados improcedentes.[59]

Pois bem. Após a descrição deste último caso, torna-se relevante sublinhar o manuseio da noção de discriminação indireta e da teoria do impacto desproporcional a ela subentendido.

---

[56] *Ibidem*, p. 173-174.
[57] *Ibidem*, p. 188-191.
[58] *Ibidem*, p. 197-198.
[59] *Ibidem*, p. 283-293.

Oriunda dos Estados Unidos na década de 1970, esta teoria propõe que "toda e qualquer prática empresarial, política governamental ou semi-governamental, de cunho legislativo ou administrativo, ainda que não provida de intenção discriminatória no momento de sua concepção, deve ser condenada por violação do princípio constitucional da igualdade material se, em consequência de sua aplicação, resultarem efeitos nocivos de incidência especialmente desproporcional sobre certas categorias de pessoas".[60]

O caso paradigmático, apreciado pela Suprema Corte daquele país em 1971, foi o *Griggs vs. Duke Power Co*.[61] A controvérsia girou em torno de um "teste de inteligência" realizado pela companhia em seus empregados, com o objetivo de viabilizar suas promoções.[62] Contrapondo-se a esta exigência, um grupo de trabalhadores negros afirmou não ser esta avaliação indispensável para aferir o bom desempenho de todos. Mais do que isso, ela gerava, ao fim e ao cabo, um impacto desproporcional apenas sobre eles, pois os negros, em sua grande maioria, estudaram em escolas de pior qualidade do que os brancos. Deste modo, a Suprema Corte norte-americana invalidou a conduta administrativa, visto que um procedimento aparentemente neutro e supostamente adequado à finalidade econômica da empresa servia para "congelar o *status quo* de práticas empregatícias discriminatórias do passado".[63]

A partir desta breve explanação, pode-se perceber que as ideias da discriminação indireta e da teoria do impacto desproporcional têm como mote a análise pragmática das decisões adotadas, tendo em vista as externalidades por elas produzidas sobre determinado grupo historicamente mais vulnerável. Por outras palavras, o núcleo desta teoria é a verificação empírica e a medição estatística das consequências das decisões públicas ou privadas sobre fatias mais desfavorecidas da sociedade, a fim de permitir a emissão de juízo de valor sobre a compatibilidade destas medidas com os ideais normativos contidos na Constituição.[64]

Aceita esta maneira mais aberta de se pensar os conceitos de discriminação, de prova e da própria finalidade do instrumento processual,

---

[60] GOMES, Joaquim Barbosa. *Ação afirmativa e Princípio Constitucional da Igualdade*. Rio de Janeiro: Renovar, 2001. p. 24.
[61] ESTREICHER, Samuel; HARPER, Michael C. *Cases and materials on employment discrimination law*. 3th ed. American casebook series. St. Paul: Thomson West, 2004. p. 80-84.
[62] SARMENTO, Daniel. *Livres e iguais*. Rio de Janeiro: Lumen Juris, 2006. p. 150.
[63] *Ibidem*.
[64] Sobre a importância da visão pragmática do direito, cf. GOMES, Fábio Rodrigues. *Direitos fundamentais dos trabalhadores*, p. 60 *et seq*.

toda uma nova perspectiva se abriria em busca da legitimação de ações afirmativas iniciadas, inclusive, na esfera judicial, com o fim de minorar os efeitos maléficos produzidos por determinados comportamentos sobre uma das parcelas mais frágeis da coletividade. Principalmente quando o Judiciário deparar-se com a inércia estatal e não encontrar critérios legislativos previamente construídos para auxiliá-lo na correção de rumo requerida.

Na verdade, esses mecanismos poderiam vir depois, numa espécie de colóquio institucional decorrente de um diálogo respeitoso e atento entre as autoridades.[65] Postas as vaidades de lado, sedimentada a aceitação da dimensão objetiva dos direitos fundamentais e do dever de proteção a eles inerente e levados a sério os limites e as possibilidades implícitos à capacidade institucional de cada um dos Poderes da República, todos eles estariam em pé de igualdade para efetivar a dignidade humana dos seus destinatários mais necessitados, mesmo que esta efetivação demandasse, vez por outra, intervenções mais pró-ativas, criativas e inovadoras dos órgãos judicantes.

Sem atropelos voluntaristas e autoritários, a perspectiva deveria ser a da realização da igualdade material dos negros trabalhadores a partir da visão de conjunto da obra decisória, seja ela pública ou privada, e independentemente da intenção originária, como se todos os responsáveis pela resolução do problema fizessem parte de uma mesma orquestra, evitando ruídos e dissonâncias institucionais e buscando harmonizar suas atuações com o que está inscrito na partitura constitucional à sua frente.

Com isso, os argumentos positivistas da legalidade estrita e da anomia regulatória, encontrados nos julgamentos das ACPs ajuizadas pelo Ministério Público do Trabalho, seriam deixados para trás, não apenas porque sobrecarregam um legislativo já truncado como o nosso, mas também porque conferiam uma maior deferência à concepção pós-positivista do direito como argumentação.[66] Em troca de sua sofisticação decisória (metodologicamente mais cuidadosa, pautada em razões públicas e preocupada em auferir a aceitação racional da sociedade), aceita-se a ampliação do ângulo de visão judicial para abarcar, também, fatias da realidade que, antes, ficavam escondidas. A formalização processual excessiva daria lugar a uma teoria processual mais dinâmica

---

[65] SARLET, Ingo Wolfgang; MARIONI, Luiz Guilherme; MITIDIERO, Daniel. *Curso de direito constitucional*. São Paulo: Revista dos Tribunais, 2012. p. 218-220.
[66] Por todos, cf. ATIENZA, Manuel. *El derecho como argumentación*. 2. ed. Barcelona: Editorial Ariel, 2007.

e aberta à apreciação técnica e minuciosa de dados objetivos capazes de mostrar situações que poderiam ser até fática e intuitivamente percebidas, mas que jamais conseguiram ser juridicamente palpáveis.

4 Conclusão

É chegado o momento de interromper a reflexão. Como pôde ser visto ao longo deste artigo, o entrelaçamento entre raça e relações de trabalho não está ainda completamente solucionado, ao contrário do que nos faz crer a leitura apressada de alguns enunciados normativos, tais como o art. 3º, IV e o art. 7º, XXX da Constituição de 1988.

Preconceitos raciais ocultos estão se liquefazendo sob a luz forte da exigência de justificação racional lastreada na fundada alegação de discriminação. Preconceitos raciais latentes devem ser enterrados cada vez mais fundo, até, quiçá, serem esquecidos, sob pena de poderem acarretar severa punição, caso sejam revelados e causem dano à dignidade humana do próximo. E, finalmente, preconceitos raciais apurados estatisticamente e *a posteriori*, alguns dos quais encontrados sem haver sequer a intenção do seu agente propulsor, ganham destaque no cenário jurídico brasileiro e iniciam uma nova senda discursiva em torno do papel institucional do Judiciário e da guinada normativa de 180º no trato das discriminações, tornando-as positivistas, benéficas, afirmativas para os grupos historicamente esquecidos e, justamente por isso, desprovidos de meios de ascensão social.

Longe de esgotar o assunto, o que pretendi foi simplesmente relembrar o óbvio: as questões envolvendo as pré-compreensões humanas sobre estereótipos raciais e os seus desdobramentos no espaço destinado ao trabalho subordinado deram, dão e ainda darão, durante um bom tempo, muito pano para manga.

O PRINCÍPIO DA IGUALDADE NO DIREITO DO TRABALHO BRASILEIRO: BREVES CONSIDERAÇÕES PROPEDÊUTICAS SOBRE O ART. 461 DA CLT

1 Introdução

Ao refletirmos sobre a construção do direito do trabalho no mundo ocidental, o ponto de partida desloca-se, inexoravelmente, para o princípio da igualdade.[1] Mas se acaso dermos um passo atrás para pensarmos sobre o princípio da igualdade no contexto do Estado de Direito moderno, concluiremos que o direito do trabalho tornou-se, se não o seu ponto de partida, ao menos o seu ponto de inflexão.[2]

Sob o primeiro aspecto, não precisamos gastar muita energia, bastando rememorar a brutal desigualdade econômica e existencial entre os muitos indivíduos que se ofereciam no ainda incipiente mercado de trabalho e aqueles outros poucos que os contratavam a preço de banana, a fim de majorar os seus lucros às custas da saúde e, sem exagero, da vida alheia.[3] Sob a segunda mirada, vale lembrar da revolucionária igualdade formal, alçada à diretriz axiológica de um novo modelo institucional calcado na suposta (e abstrata) igual valia

---

[1] SUPIOT, Alain. *Critic du droit du travail*. Paris: Presses Universitaires de France, 1994. p. 13 *et seq*.

[2] CANOTILHO, J. J. Gomes. *Direito constitucional e teoria da constituição*. 7. ed. Coimbra: Livraria Almedina, 2003. p. 156 *et seq*. Cf., também, DRAY, Guilherme Machado. *O princípio da igualdade no direito do trabalho*: sua aplicabilidade no domínio específico da formação de contratos individuais de trabalho. Coimbra: Livraria Almedina, 1999. p. 67 *et seq*.

[3] SANSEVERINO, Luisa Riva. *Curso de direito do trabalho*. Tradução de Elson Guimarães Gottschalk. São Paulo: LTr, 1976. p. 9 *et seq*.

individual. Entretanto – e aí surge o ponto de encontro – deparamo-nos com um segundo instante, relativamente breve na ampulheta da história, mas extremamente longo para o relógio biológico de quem trabalha, no qual a concretude da vida prática liquefez a bela teoria.[4] A igualdade contrafática do Estado liberal burguês, ao mascarar enquanto pôde a desigualdade fática (ou a mais-valia) do mundo real, acabou por ampliar e socializar o sentimento de solidariedade, antes restrito ao ambiente familiar.[5] Sedimentado inicialmente nos galpões das fábricas, não demorou a disseminar-se pela sociedade e a contaminar os próprios fundamentos do Estado, na medida em que a liberdade de escolha revelou-se de uma fugacidade a toda prova quando desprovida dos meios materiais mínimos, aqueles necessários à sobrevivência.[6] Como ajustar bilateralmente o preço do trabalho, se, ao fim e ao cabo, o contratante estava com a faca e o queijo na mão e o contratado vivia da mão para a boca? Equilibrar esta injusta equação passou a ser um dos deveres prementes do Estado de Direito, sob pena de a manutenção da inércia (e do *status quo*) pulverizar o que restava da tão sonhada segurança jurídica e paz social.[7]

Eis aí, portanto, a simbiose perfeita: igualdade e direito do trabalho. Da primeira, nasceu a segunda a fórceps; mas a segunda, depois das dores do parto, preencheu um enorme vazio de legitimidade de que carecia a primeira.

Dito isso, voltemos nossos olhos para o direito do trabalho brasileiro. Apesar de não guardar a mesma linha genealógica dos seus semelhantes europeus, à moda de Thomas Marshall,[8] podemos afirmar, sem medo de errar, que se cuida de um ramo jurídico lastreado neste mesmo pilar principiológico. Aqui, como além-mar, o direito do trabalho se justifica primeiramente pela indispensável equalização jurídica das desequilibradas partes contratantes.[9] Salário mínimo, férias, repouso semanal remunerado, intervalo para descanso e limitação da

---

[4] MIRANDA, Jorge. *Manual de Direito Constitucional*. Tomo IV: *Direitos fundamentais*. 3. ed. Coimbra: Coimbra Editora, 2000. p. 31-32.

[5] GOMES, Fábio Rodrigues. *O direito fundamental ao trabalho*: perspectivas histórica, filosófica e dogmático-analítica. Rio de Janeiro: Lumen Juris, 2008.

[6] TORRES, Ricardo Lobo. *O direito ao mínimo existencial*. Rio de Janeiro: Renovar, 2009. p. 35-40.

[7] SUPIOT, Alain. *Op. cit.*, p. 33-38.

[8] Para olhar histórico e uma crítica à assimilação da evolução temporal dos direitos fundamentais (individuais, políticos, sociais e metaindividuais) no cenário brasileiro, cf. CARVALHO, José Murilo de. *Cidadanias no Brasil*: o longo caminho. Rio de Janeiro: Civilização brasileira, 2004.

[9] SUPIOT, Alain. *Op.cit.*, p. 111 *et seq*.

jornada de trabalho são exemplos de direitos dos trabalhadores subordinados brasileiros, cuja classificação normativa foi elevada ao nível máximo de direitos fundamentais, seja sob a perspectiva formal (de positivação constitucional),[10] seja sob o aspecto material (de correlação com a dignidade humana de matriz kantiana).[11] Mas o reequilíbrio não se encerra aqui.

Mesmo antes da vigência da Constituição brasileira de 1988, o Parlamento, *rectius*, a autoridade normativa já se ocupava de detalhar a isonomia material no interior da relação de emprego. O art. 121, §1º, a da CF/34, o art. 157, II da CF/46, o art. 158, III da CF/67, os arts. 5º (prescrito pelo Decreto-Lei nº 5.452, de 1º de maio de 1943) e 461, *caput* da CLT (com a redação alterada pela Lei nº 1.723, de 08.11.1952), o Decreto nº 41.721, de 25 de junho de 1957 (ao ratificar a Convenção nº 100 da OIT) e também o Decreto nº 62.150, de 19.01.1968 (ao ratificar a Convenção nº 111 da OIT) são exemplos bastante ilustrativos desta deferência. Ou seja, desde o passado remoto o princípio da igualdade no direito do trabalho brasileiro se densificou para fornecer ao empregado as ferramentas jurídicas necessárias ao fortalecimento de sua liberdade decisória em face do poder de pressão do empregador, exercido antes, durante ou depois do contrato.

Contudo, as instituições brasileiras foram além. Houve, ainda, a preocupação – e a regulamentação – explícita contra potenciais discriminações arbitrárias (sem razoabilidade ou justificativa plausível) e odiosas (pautadas em critérios repudiados pelo sistema jurídico) do empregado, apesar ou a despeito de sua vontade ser livre e desembaraçada.[12] E, vale enfatizar esta impressão, não foram poucas as iniciativas neste sentido.[13]

Sendo assim, alertamos, desde já, que o nosso objetivo neste ensaio não será o de abraçar o mundo. Diante da vastidão do tema sugerido (que vai desde a comezinha discriminação direta até a sutil e, por vezes, obscura discriminação indireta),[14] seremos mais comedidos.

---

[10] Arts. 7º a 11 da Constituição Federal de 1988.
[11] GOMES, Fábio Rodrigues. *Direitos fundamentais dos trabalhadores*: critérios de identificação e aplicação prática. São Paulo: LTr, 2013.
[12] Cf. MALLET, Estevão. Igualdade, discriminação e direito do trabalho. *Revista da Faculdade de Direito da Universidade de São Paulo*, v. 103, jan.-dez. 2008.
[13] Com exemplos, mencionamos o art. 7º, XX, XXX, XXXI, XXXII e XXXIII da CF/88, a Lei nº 8.213/91, a Lei nº 9.029/95, a Lei nº 9.799/99, a Lei nº 10.741/03 e a Lei nº 12.288/10.
[14] Sobre a multifacetada inserção do princípio da igualdade no direito do trabalho, cf. *XV Congreso Nacional de Derecho del Trabajo y de la Seguridad Social*. La igualdad ante la ley y la no discriminación en las relaciones laborales. Madrid: Ministerio de Trabajo y Asuntos

Na verdade, pretendemos expor o diálogo institucional que vem sendo travado nos dias de hoje entre o Legislativo e o Judiciário brasileiros, a fim de que o leitor possa percorrer e, quiçá, compreender as razões de nossas instâncias decisórias em torno do dispositivo considerado o mais emblemático da regulamentação do princípio da igualdade no direito do trabalho de nosso país: o art. 461 da CLT.[15]

Asseguramos que a caminhada não será longa. Mas será ela suficiente para que, juntos, possamos nos admirar, nos assustar ou até mesmo nos orgulhar das soluções encontradas para melhor promover, entrelaçar e efetivar este fragmento do princípio da igualdade no âmbito do direito do trabalho brasileiro.

2 A isonomia salarial potencializada

Como referido na abertura, o art. 461, *caput* da CLT traz uma regra cujo operador deôntico reproduz uma ordem centrada em um critério relativamente simples: *se* os empregados executam as mesmas funções, para o mesmo empregador e na mesma localidade, *então* devem receber igual salário, sem distinção de sexo, nacionalidade ou idade.

Entretanto, já no exercício da ponderação em abstrato, os legisladores entenderam por bem restringir esta equalização, pois o uso indiscriminado do critério indicado ("mesma função, localidade e empregador") poderia abarcar mais situações do que as pretendidas. Resolveram, assim, diminuir as possibilidades de sobreinclusão.[16] E como o fizeram? Prescrevendo exceções: (§1º, 1ª parte) *se* o empregado-modelo for mais produtivo ou tecnicamente mais perfeito, *então* o requerente não deve ser equiparado; (§1º, 2ª parte) *se* o empregado-modelo possuir mais de dois anos na função, *então* o requerente não deve ser equiparado; (§2º) *se* o empregador possuir pessoal organizado em quadro de carreira, com promoções alternadas por merecimento

---

Sociales, 2004. Para uma abordagem da aplicação da "teoria do impacto desproporcional", do estudo consequencialista e da prova estatística, contidos no manuseio da discriminação indireta no direito do trabalho brasileiro, cf. GOMES, Fábio Rodrigues. Discriminação racial no contrato de emprego. In: GARCIA, Ivan Simões (Org.). *Direito do trabalho nos 25 anos da Constituição*. Rio de Janeiro: Lumen Juris, 2014. p. 75 *et seq.*

[15] Sobre os limites e possibilidades do "diálogo institucional", cf. BRANDÃO Rodrigo. *Supremacia Judicial versus Diálogos Constitucionais*: a quem cabe a última palavra sobre o sentido da constituição? Rio de Janeiro: Lumen Juris, 2012 e SILVA, Cecília de Almeida *et al. Diálogos Institucionais e Ativismo*. Curitiba: Editora Juruá, 2010.

[16] Cf. SCHAUER, Frederick. *Thinking like a lawyer*: a new introduction to legal reasoning. Cambridge: Harvard University Press, 2009.

e antiguidade, *então* o requerente não deve ser equiparado; (§4º) *se* o empregado-modelo for trabalhador readaptado em nova função por motivo de deficiência física ou mental atestada pelos órgãos competentes, *então* o requerente não deve ser equiparado.

A bem de ver, a ideia da igualdade, por si só, é vazia.[17] Dizer que João é igual a Simão é muito pouco, pois fica no ar a seguinte pergunta: igual em relação a quê? Idade, altura, peso, orientação sexual, nacionalidade, estado civil, enfim, são inúmeros os critérios em potencial para aferir a correção daquela assertiva.

À época da consolidação das leis trabalhistas brasileiras, nos idos de 1943, considerou-se suficiente igualar com vistas a evitar perdas patrimoniais.[18] O que é perfeitamente compreensível, porquanto a obrigação patronal de pagar salário encontra-se no núcleo essencial de todo e qualquer contrato de emprego. Ocorre que, pelo estágio civilizatório contemporâneo, este parâmetro legal tornou-se insuficiente. Em tempos de um Estado Democrático e Constitucional de Direito personalista e antropocêntrico,[19] enfatizar outras dimensões do indivíduo como critérios a serem (ou a não serem) observados tornou-se algo imprescindível para a preservação da humanidade no ambiente de trabalho. Não foi outro o motivo de a Constituição brasileira de 1988 ter positivado no seu art. 7º, XXX e XXXI a proibição de o empregador distinguir o tratamento dos seus empregados, em virtude de sexo, idade, cor, estado civil e deficiência física. Ele foi terminantemente proibido de diferenciá-los com respaldo em suas características fisiológicas e/ou existenciais.

Feita esta breve digressão descritiva, importa, agora, analisarmos a leitura feita pelos juízes do art. 461 da CLT em face deste renovado contexto institucional e discursivo. Ao considerarmos a norma como o resultado de um trabalho em equipe, no qual a matéria-prima moral e política explicitada pelo Parlamento deverá servir, na medida do possível, de elemento central na modelagem efetuada por aqueles encarregados de usá-la "tecnicamente" na prática forense,[20] de quase nada adiantaria conhecermos de cor e salteado todos os artigos da Constituição, da CLT, das leis extravagantes, dos códigos e coisas que

---

[17] ALEXY, Robert. *Teoria dos direitos fundamentais*. Tradução de Virgílio Afonso da Silva. São Paulo: Malheiros, 2008. p. 396-400.
[18] MALLET, Estêvão. *Op. cit.*, p. 243-244.
[19] CANOTILHO, J. J. Gomes. *Op. cit.*, p. 100 e 243 *et seq.*
[20] ÁVILA, Humberto. *Teoria dos princípios*: da definição à aplicação dos princípios jurídicos. 8. ed. São Paulo: Malheiros, 2008. p. 30-31.

tais, se não tivermos a mínima noção do que é feito, realisticamente, com esta sopa de letrinhas.[21]

Em suma, para desenhar esta regra à imagem e semelhança do princípio que lhe deu origem, o Judiciário trabalhista deve levar em conta o texto normativo democraticamente estruturado, com suas hipóteses genéricas e abstratas, adicionadas de suas exceções e de outras tantas consequências jurídicas. No entanto, ao escrutinarmos qual o sentido e o alcance do princípio da igualdade plasmado no art. 461 da CLT, não devemos nos esquecer de que transitamos em uma via de mão dupla. Além de corrermos o risco de chegarmos a lugar nenhum, seria uma insensatez deixar de lado o valioso estoque de experiências judiciárias acumulado arduamente ao longo dos anos.[22] Agir assim equivaleria a nos inebriarmos com a beleza inatingível das estrelas (ou com os conceitos inefáveis dos formalistas empedernidos) para, tal qual Tales de Mileto, tropeçarmos logo adiante, nos desvãos bem à nossa frente, ao rés do chão, para onde nos esquecemos de olhar.

2.1 O sentido e o alcance do art. 461 da CLT

Mas por onde começar? Sem maiores delongas, devemos bater à porta daqueles que detêm – institucionalmente – a palavra final sobre a interpretação do direito do trabalho brasileiro contido em lei federal. É importante descortinarmos o conteúdo normativo do art. 461 da CLT, com base no que foi dito pelo órgão de cúpula da Justiça do Trabalho no Brasil. Encurtando uma longa história, faremos uma radiografia da Súmula nº 06 do Tribunal Superior do Trabalho (TST).

Com efeito, o que parecia simples numa leitura superficial acabou por acarretar diversas controvérsias nos 24 tribunais regionais do trabalho brasileiros. Nada de novo no *front*. A rigor, o dispositivo escrito no art. 461 da CLT produz as mesmas dúvidas semânticas decorrentes da inescapável textura aberta da linguagem e do não menos incontornável juízo de valor efetuado por todo e qualquer intérprete.

---

[21] MACCORMICK, Neil. *Retórica e o Estado de Direito*. Tradução de Conrado Hübner Mendes e Marcos Paulo Veríssimo. Rio de Janeiro: Elsevier, 2008. p. 329 *et seq.* e SOUZA NETO, Claudio Pereira de; SARMENTO, Daniel. *Direito constitucional*: teoria, história e métodos de trabalho. Belo Horizonte: Fórum, 2012. p. 421-423.

[22] No Brasil, a Justiça do Trabalho recebeu, no ano de 2014, cerca de quatro milhões de novos processos. Dados extraídos do sítio do Conselho Nacional de Justiça, no trabalho estatístico intitulado "Justiça em Números". Cf. <www.cnj.jus.br>.

Pois bem. Logo de início, no inciso I do enunciado da Súmula nº 06, o TST restringiu a abrangência do §2º do art. 461 da CLT, de modo a condicionar a proibição da equiparação apenas aos casos em que o quadro de carreira for homologado pelo Ministério do Trabalho, salvo se o ato estiver aprovado administrativamente por empregador de direito público, integrante da administração pública direta, autárquica ou fundacional. Trata-se, ao nosso ver, de uma exigência altamente criticável, isso para dizer o mínimo. Pois retira a validade de ato jurídico produzido por sujeito de direito apto para tanto e, o que é pior, sem qualquer explícito respaldo normativo. Dizendo de outro modo: o TST impôs uma formalidade *ad solemnitatem* à margem da lei e, ato contínuo, diminuiu a liberdade empresarial de estruturar e distribuir funções por antiguidade e merecimento. O empregador não pode organizar-se da maneira que considera mais eficiente ao atingimento de seu objeto social? Mas com base em quê?

A fim de tentar jogar luzes sobre esta severa limitação jurisprudencial – visto que atinge em cheio a livre iniciativa, um dos princípios fundamentais da República brasileira[23] – fomos à fundamentação (a *ratio decidendi* ou *holding*) de um dos precedentes que lhe deram origem: o Incidente de Uniformização de Jurisprudência (IUJ-RR) nº 177.398/95.7, publicado em 09.02.2001, cujo relator foi o Ministro Milton de Moura França. Mas – pasme leitor – do começo ao fim do acórdão não há uma linha sequer de justificativa, seja ela normativa ou pragmática, do porquê se exigir a chancela estatal para convalidar a decisão empresarial de organizar seus empregados em quadro de carreira. Existe apenas um raciocínio circular, no sentido de que deve ser exigida a homologação porque a jurisprudência da Corte vem julgando desta forma. Insistimos, pois: por quê?

Novamente, recorremos a outro precedente referido pelo TST, o Recurso de Revista (RR) nº 465.522/98, publicado em 10.09.1999, cujo relator foi o Ministro Francisco Fausto Paula de Medeiros. E, mais uma vez, não se esclarece o tema. A bem da verdade, fez-se menção à presunção de legitimidade dos atos provenientes do empregador participante da administração pública, o que afastaria a necessidade de homologação. Todavia, no que toca aos empregadores privados, nem uma palavra sobre as razões jurídicas da imposição judicial. Diante do que se lê, parece-nos haver um atabalhoado pensamento *a contrario sensu*, segundo o qual presume-se a ausência de legitimidade (a má-fé

---

[23] Art. 1º, IV da CF/88.

contratual) dos empregadores privados que ousam estruturar-se em quadro técnico de carreira, com promoções alternadas por antiguidade e merecimento, como se o fizessem para burlar dolosamente o art. 461 da CLT.

Seja este o motivo, ou seja ele qualquer outro localizado entre o céu e a terra e sobre o qual não sonha a nossa vã filosofia, trata-se de uma exigência, *prima facie*, injustificável à luz do direito constitucional do trabalho brasileiro.[24]

Indo adiante, o inciso II da Súmula nº 06 do TST fixou o tempo de serviço na função como o marco temporal para a contagem do período de dois anos (a partir do qual o empregado-modelo não mais deve ser equiparado ao requerente). Neste caso, concordamos com o enunciado da jurisprudência sumulada, uma vez que, em sendo a isonomia derivada da identidade de funções, nada mais lógico do que comparar os empregados com amparo nas suas atribuições efetivas, independentemente do tempo em que estejam empregados. Isso acontece porque, dizendo o óbvio, as pessoas podem alterar seus afazeres ao longo do contrato, ou por causa de promoções ou mesmo por mudança do segmento de atuação (v.g., do setor de engenharia para o de administração da empresa). Deste modo, para que não sejam comparadas bananas com laranjas, é razoável que a identidade exigida seja temporalmente delimitada à época em que os trabalhadores executaram o mesmo mister. Simples assim.

E, seguindo esta linha de raciocínio, não deve ser outra a explicação para o inciso III da Súmula nº 06 observar que "a equiparação salarial só é possível se o empregado e o paradigma exercerem a mesma função, desempenhando as mesmas tarefas, não importando se os cargos têm, ou não, a mesma denominação". Neste ponto, o TST ultrapassou a barreira do formalismo inócuo para priorizar o que, de fato, ocorria, concretizando o bom e velho princípio da primazia da realidade.[25] Segundo o precedente entrevisto no Recurso de Revista (RR) nº 421.813/98.4, publicado em 06.06.03, cujo relator foi o Ministro José Simpliciano Fontes de F. Fernandes, não basta o exercício de funções análogas ou, ainda, a identidade de nomenclatura para que os cargos ocupados pelos empregados sejam assemelhados.

---

[24] Em sentido semelhante, chamando-a de anacrônica, cf. GOMES, Orlando; GOTTSCHALK, Elson. *Curso de direito do trabalho*. Atualizadores: José Augusto Rodrigues Pinto e Otávio Augusto Reis de Sousa. Rio de Janeiro: Forense, 2008. p. 240, nota n. 33.

[25] PLÁ RODRIGUEZ, Américo. *Princípios de direito do trabalho*. Tradução de Wagner Giglio. São Paulo: LTr, 2000. p. 339 *et seq*.

Tirante os encargos processuais de cada um, já expressamente mencionados no inciso VIII da Súmula nº 06 (se há a simples negativa do fato constitutivo, a prova do fato deverá ser feita pelo empregado-autor; se há identidade formal de nomes ou alusão a fato impeditivo, modificativo ou extintivo, deverá ser do empregador-réu), importa realmente que "os dois empregados confrontados desempenhem efetivamente as mesmas tarefas, ou seja, o mesmo trabalho, as mesmas atribuições e os mesmos serviços, com igual responsabilidade na estrutura e funcionamento da empresa".

O inciso IV da Súmula nº 06 do TST é o que apresenta os precedentes mais antigos, oriundos dos anos de 1969 e 1970. Interessante mencionar o julgamento do Recurso de Revista (RR) nº 2905/1970, Ac. 3ª Turma nº 1.658/1970, publicado em 14.11.1970, cujo relator foi um dos maiores juristas trabalhistas brasileiros, o saudoso professor Arnaldo Lopes Sussekind. E ainda mais interessante é notar que o requisito da "simultaneidade", extraído da vetusta Súmula nº 22 do TST (cancelada, porque incorporada ao inciso IV da Súmula nº 06), não está expresso no texto do art. 461 da CLT, sendo fruto da construção judicial em face da operacionalização prática do instituto. Neste sentido, só deverão ser comparados e, se for o caso, equiparados, empregados que tenham atuado na mesma função e na mesma época, isto é, empregados contemporâneos.

Se não for assim, estaríamos defronte à possibilidade de um indivíduo ganhar R$ 10.000,00, pedir demissão por causa de uma melhor oferta de trabalho e o empregador estar obrigado a contratar outra pessoa pelo mesmo valor. Estaria impedido de admitir alguém para a função deixada vaga por um salário de, digamos, R$ 8.000,00. Em situações como esta, a pergunta que não quer calar é a seguinte: a admissão para a posição em aberto, com o pagamento de salário menor do que o anterior, gera uma presunção *hominis* de desigualdade arbitrária ou odiosa? E a resposta deve ser: não necessariamente.

Ora, partindo-se do que é razoável ou equânime, para levarmos em conta o que normalmente acontece no mercado de trabalho,[26] é perfeitamente aceitável que o empresário ofereça uma menor remuneração ao futuro ocupante da vaga deixada pelo empregado demissionário, seja porque o que sai detém uma bagagem ou uma *expertise* profissional acima da média, seja porque possuía muitos anos de empresa, seja

---

[26] Sobre o significado de razoabilidade-equidade como aquilo que normalmente acontece na vida cotidiana, cf. ÁVILA, Humberto. *Op. cit.*, p. 152-155.

porque, na mão inversa, o substituto é um recém-formado com pouca experiência profissional ou porque, mesmo experiente, o contratante quer testá-lo no dia a dia da sua empresa. Não há porque presumir, de maneira maniqueísta, que o empregador esteja discriminando arbitrariamente ou valendo-se de critérios odiosos (repudiados pelo sistema jurídico brasileiro) para propor salário menor ao que acabou de ingressar. Até porque este último, muito provavelmente, nem mesmo conheceu o empregado que veio a substituir. E o TST foi coerente nesta sua opinião – que compartilhamos – quando, no inciso II do enunciado de nº 159 de sua Súmula de jurisprudência, prescreveu que "vago o cargo em definitivo, o empregado que passa a ocupá-lo não tem direito a salário igual ao do antecessor".

Em síntese: é possível comparar duas pessoas que nunca trabalharam juntas? Certamente. Mas se esta simultaneidade jamais ocorreu, havendo, sim, sucessão de empregados na função, a desigualdade de tratamento é racionalmente justificável, a ponto de bloquear a presunção de ilicitude, tal como extraída do art. 461 da CLT. Eventual alegação de discriminação deverá ser devidamente comprovada em processo judicial submetido ao crivo da ampla defesa e contraditório.

No que tange ao inciso V da Súmula nº 06 do TST, determinou-se a manutenção do pagamento do empregado cedido no valor equivalente ao que ele e o paradigma percebiam antes da cessão do primeiro para órgão governamental estranho à cedente. Trata-se de evidente precaução contra cessões fraudulentas, com vistas a viabilizar descolamentos salariais entre empregados exercentes das mesmas atribuições. Afastar para discriminar arbitrariamente não deve ser uma opção para o empregador.

Outrossim, é importante notar que, apesar de o texto sumulado mencionar a cessão de empregados para [outro] órgão governamental, idêntico raciocínio pode e deve ser utilizado para empregados de empresas privadas participantes de grupo econômico, na forma do art. 2º, §2º da CLT.[27] Isso porque, de acordo com a interpretação do próprio TST projetada em sua Súmula de nº 129, este grupo de empresários legalmente tipificado constitui "empregador único". Dito de outro modo: o empregado que prestar serviços para qualquer empresa do

---

[27] "Sempre que uma ou mais empresas, tendo, embora, cada uma delas, personalidade jurídica própria, estiverem sob a direção, controle ou administração da outra, constituindo grupo industrial, comercial ou de qualquer outra atividade econômica, serão, para os efeitos da relação de emprego, solidariamente responsáveis a empresa principal e cada uma das subordinadas".

grupo mantém um único contrato simultâneo com todas, e não distintos contratos com cada uma separadamente. Logo, ao consideramos o argumento *a fortiori*, se é possível o mais – quando dois empregados contratados por distintas empresas do mesmo grupo econômico podem ser equiparados (visto que ambos subordinam-se à ficção hermenêutica do mesmo empregador) –,[28] então torna-se possível o menos. Daí que se houver cessão do empregado da empresa A para a empresa B do mesmo grupo econômico, deve-se preservar a sua isonomia de tratamento com o modelo que permaneceu na empresa de origem.

Quanto ao inciso VI da Súmula nº 06 do TST, a sua redação originária datada do ano de 2000 estava repleta de boas intenções. E só. Na prática, suas consequências poderiam ser assombrosas se o juiz de primeiro grau não se dispusesse a sair da confortável placidez formalista, que lhe foi e é fortemente estimulada.

Veja o que prescrevia a primeira versão deste verbete: "Presentes os pressupostos do art. 461 da CLT, é irrelevante a circunstância de que o desnível salarial tenha origem em decisão judicial que beneficiou o paradigma, exceto se decorrente de vantagem pessoal ou de tese jurídica superada pela jurisprudência de Corte Superior". Cuidou-se, na hipótese, da chamada equiparação "em cadeia", segundo a qual se o empregado A é equiparado judicialmente ao empregado B, o empregado C poderá pleitear em juízo a equiparação com o empregado A, ainda que nunca tenha trocado dois dedos de prosa ou sequer convivido, por nem mesmo um dia de trabalho, com o empregado B.

A fim de ilustrar as graves e muito prováveis anomalias advindas desta decisão, o respeitado professor Amauri Mascaro Nascimento vislumbrou três singelos exemplos, todos irrefutáveis.[29]

No primeiro caso, imaginou um contínuo chamado Joaquim, cujo salário oficial era de R$ 500,00. Em face de uma revelia obtida na justiça, conquistou ele a equiparação com o único gerente regional da empresa, detentor de um salário de R$ 8.000,00. Acontece que Manuel, também contínuo, ciente deste bilhete judicial premiado, ajuíza demanda postulando equiparação com Joaquim e a aplicação do inciso VI da Súmula nº 06 do TST.

---

[28] Neste sentido, cf. TST-E-ED-RR nº 30-24.2010.5.02.0254, Rel. Min. Aloysio Corrêa da Veiga, *DJ* 14.06.2013, no qual o relator impõe os requisitos da mesma localidade, de nela existir a mesma função e de a prestação de serviços de ambos ser direcionada para o grupo econômico (e não exclusivamente para a empresa do grupo onde o empregado está lotado).

[29] NASCIMENTO, Amauri Mascaro. Equiparação salarial e o item VI da Súmula nº 6 do TST. *Revista do Tribunal Regional do Trabalho da 3ª Região*, Belo Horizonte, v. 46, p. 71-80, jul.-dez. 2007.

Outro exemplo para lá de esdrúxulo envolve um empregado chamado José, cujas tarefas eram desempenhadas havia quatro anos. Apontado como paradigma por João, que exercia as mesmas atribuições havia dois anos e dois meses, houve o ganho de causa por este último, uma vez que a diferença de tempo na função era menor do que dois anos. Entretanto, Júlio, que também executava idênticas tarefas que os demais havia apenas seis meses, pleiteou equiparação com João. Acaso fosse aplicado o inciso VI da Súmula nº 06 do TST, também haveria ganho de causa, não obstante ser de mais de dois anos a distância no tempo funcional entre Júlio e José.

Por fim, o absurdo pode ser encontrado na seguinte situação: Mário pediu equiparação com um empregado readaptado chamado Antônio e teve o seu pedido julgado improcedente. Todavia, Claudia, colega de trabalho e ocupante do mesmo cargo que Mário, ajuizou ação idêntica, inclusive com o mesmo paradigma, viu seu pleito ser julgado procedente e, o que é melhor, com trânsito em julgado da sentença. Ao tomar conhecimento deste caso, Mário ajuíza nova demanda, mas, desta feita, indica Claudia como modelo a ser com ele comparada e requer a utilização do inciso VI da Súmula nº 06 do TST. Não é uma maravilha?

Os três exemplos, mais do que o exercício de uma imaginação pessimista, apontaram fraturas expostas no raciocínio embutido neste verbete sumular, pois, em todos eles, permite-se "o deferimento da equiparação salarial em casos nos quais não há identidade de função ou trabalho de igual valor, desvirtuando-se, assim, a finalidade da norma que é evitar a discriminação".[30] Diante de críticas contundentes como esta, o TST acabou por alterar a redação do enunciado do inciso VI de sua Súmula de nº 06 no ano de 2010 para, logo em seguida, aperfeiçoá-la no ano de 2012, deixando-a com este formato: "Presentes os pressupostos do art. 461 da CLT, é irrelevante a circunstância de que o desnível salarial tenha origem em decisão judicial que beneficiou o paradigma, exceto se decorrente de vantagem pessoal, de tese jurídica superada pela jurisprudência de Corte Superior ou, na hipótese de equiparação salarial em cadeia suscitada em defesa, se o empregador produzir prova do alegado fato modificativo, impeditivo ou extintivo do direito à equiparação salarial em relação ao paradigma remoto". Melhor assim.

Ao nos acercarmos do inciso VII da Súmula nº 06 do TST, algumas perguntas desconcertantes nos pedem passagem: É possível compararmos o trabalho de Édith Piaf com o de Frank Sinatra? Há um critério

---

[30] *Ibidem*, p. 75.

objetivo para equipararmos o agir laboral do brasileiro Neymar da Silva Santos com o do argentino Lionel Messi? E as atividades docentes de Jacques Derrida e de Michel Foucault, eram passíveis de medição?

Durante muitos anos a jurisprudência trabalhista brasileira oscilou, ora inclinando-se pela resposta positiva a estas indagações,[31] ora pela resposta negativa.[32] Contudo, desde, pelo menos, o ano de 1997, através do julgamento paradigmático do AG-E-RR nº 197.754/95.1, cujo relator foi o Ministro Milton de Moura França, a mais alta Corte desta Justiça federal especializada disse que sim, que é factível a equiparação de trabalho intelectual.[33] Um pouco adiante, estabilizou-se este entendimento, tendo sido ele resumido no seguinte enunciado: "Desde que atendidos os requisitos do art. 461 da CLT, é possível a equiparação salarial de trabalho intelectual, que pode ser avaliado por sua perfeição técnica, cuja aferição terá critérios objetivos".[34] E a certeza se solidificou ainda mais no ano 2005, com a incorporação desta diretriz no inciso VII da Súmula nº 06 do TST, mantendo-se a mesma redação.

Pois bem. Posta a premissa normativa, perguntamos: onde está o tão propalado critério objetivo? Para espanto de todos os que leram o acórdão e as notas taquigráficas do julgamento do AG-E-RR nº 197.754/95.1, informamos que ele nunca existiu. Repetimos para que não haja mal-entendido: nem antes, nem durante e tampouco depois do julgamento daquele *leading case* objetivou-se um critério prático para equiparação de trabalho intelectual. Um caso que, diga-se de passagem, obteve inicialmente um empate de seis a seis, fazendo com que o Ministro Wagner Pimenta se visse obrigado a alterar seu voto em 180º. Ou seja, obteve-se um resultado extremamente apertado, com o placar final de sete votos favoráveis contra cinco rejeitando a tese. Resgataremos rapidamente as discussões entre os Ministros, para que o leitor adquira uma melhor compreensão deste imbróglio.

À partida, é relevante destacar o fato de o relator Ministro Milton de Moura França ter se mostrado contrário a esta espécie de equiparação. Na situação concreta, discutiu-se a possibilidade de tratamento isonômico de dois jornalistas especializados em noticiário político, estando um designado para cobrir a Câmara dos Deputados, enquanto

---

[31] TST-RR nº 69.051, Ac. 2ª Turma nº 3.595, Rel. Min. José Francisco da Silva, *DJ* 03.12.1993.
[32] TST-RR nº 99.580, Ac. 1ª Turma nº 1.884, Rel. Min. Indalécio Gomes Neto, *DJ* 20.05.1994.
[33] Para o inteiro teor do acórdão, cf. <http://acordaos.tst.jus.br/c2/80/02/4c/a6.pdf>. Acesso em: 19 jun. 2018.
[34] Redação da antiga Orientação Jurisprudencial nº 298 da Seção de Dissídios Individuais I do TST, sedimentada em 11.08.2003.

o outro esteve lotado no Palácio do Planalto. Depois de muitas idas e vindas processuais, o conflito desaguou na pauta da Seção de Dissídios Individuais – Plena (SDI-Plena). E foi por lá que o Ministro relator externou sua opinião.

De acordo com o Ministro Moura França, a comparação entre trabalhos intelectuais é virtualmente impossível, porquanto induz a um verdadeiro curto-circuito analítico quando exige o exame objetivo de elementos naturalmente subjetivos. Forma de exposição de argumentos e ideias, versatilidade, carisma, prestígio pessoal, enfim, a execução de atividades do intelecto não seria passível de uma avaliação cartesiana, sobretudo se atentarmos "para a formação cultural (...) e a forma pessoal e intransferível do profissional a realizar seu trabalho, trazendo a marca indelével de seu estilo e de seu senso crítico, todos ligados ao maior ou menor grau de seu dom para o exercício da atividade profissional". E disse mais. Aludindo ao precedente RR nº 69.051, de relatoria do Ministro José Francisco da Silva, o Ministro Moura França transcreveu importante passagem, segundo a qual os valores, o estilo literário, a imaginação, as diferenças culturais e mesmo a vivência de cada intelectual demarcariam a singularidade do seu trabalho, "tornando-o marcante e reconhecível a sua procedência autoral".

No entanto, depois de ser acompanhado pelos votos dos Ministros Nelson Daiha e Wagner Pimenta (sublinhando, este último, a impossibilidade de "mensurar-se o volume do trabalho bem como a perfeição com que ele é realizado", já que o intelecto humano é talhado, dentre outros, por fatores de ordem cultural, religiosa e ética), abriu-se a divergência com o voto da Ministra Cnéa Moreira. Sem grande elaboração de sua justificativa, a Ministra ressaltou que ambos – empregado e paradigma – eram repórteres políticos. Assim, em virtude de exercerem a mesma função, e a despeito da diferença do local de trabalho ou da proficiência em outros idiomas, a isonomia deveria ser declarada.

Para o mesmo sentido caminhou o Ministro Vantuil Abdala, mas com passadas mais largas e firmes. Em princípio, o Ministro sugeriu uma distinção conceitual entre trabalho intelectual e trabalho artístico. O primeiro "exige um conhecimento técnico-científico", ao passo que o segundo representa um trabalho "de criação, do espírito (...) sempre subjetivo". Um, o intelectual, não estaria sujeito ao direito autoral, o que acontece com o outro, o artístico. E, para culminar, o trabalho intelectual estaria, sim, sujeito à equiparação; já o artístico, não. Salientou, entretanto, que certas atividades dirigidas ao grande público, mesmo que intelectuais, fogem desta regra geral, pois agregam simpatia (um atributo da personalidade) e empatia com o destinatário, ambas de difícil medição. Como exemplo, mencionou os locutores de rádio, os apresentadores de televisão ou, ainda, os colunistas de jornais, os quais redigem e assinam a matéria, têm valorizados seu estilo e opinião pessoal e se identificam perante os leitores. Portanto – e retornando para o caso dos autos – o Ministro fez questão de distanciar estas exceções pontuais dos sujeitos do processo à sua frente. Na hipótese em exame, a atividade dos dois não possuía qualquer traço de criatividade, resumindo-se a cobrir matéria política e a enviar "notícias do que estava acontecendo (...) [havendo] um coordenador da própria empresa jornalística para coordenar o trabalho dos vários repórteres". Daí porque concluiu pela equiparação.

O Ministro Leonaldo Silva relembrou a existência de três precedentes da SDI deferindo a equiparação de trabalho intelectual (E-RR nº 53.706, Min. Rel. José Luiz Vasconcellos, E-RR nº 69.051, Min. Rel. Francisco Fausto e E-RR nº 463/88, Min. Rel. Barata e Silva), para, ato contínuo, acompanhar a divergência. Empate alcançado: três a três.

E nesta mesma toada prosseguiu o Ministro Lourenço Prado. Enfatizou o fato de os dois jornalistas possuírem graduação em curso superior e autorização para o exercício profissional concedida pela Delegacia do Trabalho. Ao não constatar absolutamente nada que distinguisse o modelo do empregado-autor (inexistência de atividade criativa e/ou autêntica, própria da pessoa), mas, ao contrário, verificando que ambos estavam voltados para o mesmo trabalho de "buscar, de fazer um apanhado do que acontece em determinada área [e] comunicar isso para o seu superior imediato", também concluiu pela equiparação. Neste momento o placar se inverteu para quatro a três. O que durou poucos segundos, visto que o Ministro Valdir Righetto, em duas linhas, acompanhou o voto do Ministro relator. Novamente o empate: quatro a quatro.

O desempate ocorreu mais uma vez, agora com o voto do Ministro Ronaldo Leal. Na sua opinião o aspecto central é a "expressão pessoal" do trabalho, o "talhe da personalidade (...) [que o] torna realmente incomparável". Criativo ou não, o elemento definitivo é a projeção da própria personalidade na matéria jornalística. Como o caso em apreço tratava de um "setorista", cujo mister se reduzia à colheita de notícias para enviá-las à matriz, que ficaria com a decisão final de editá-la ou mesmo de não publicá-la, inexistiria impedimento à equiparação. Haveria, no máximo, uma distinção entre as fontes de ambos na obtenção das notícias, já que atuavam em locais distintos, e nada mais. Placar: cinco a quatro.

Depois de um breve debate entre os Ministros Moura França e Vantuil Abdala, cada qual reforçando seus argumentos anteriores, passou-se a palavra ao Ministro Rider de Brito. Na abertura de sua exposição, o Ministro pôs à tona a enorme dificuldade de se afirmar peremptoriamente que os dois jornalistas exerciam trabalho de igual valor. Isso porque "ainda que se admitisse que eles apenas repassariam dados objetivos para serem trabalhados nas redações (...) As notícias recebem o tratamento e interpretação do repórter que com elas trabalha". Foi ao extremo e observou que se fosse o caso de fornecimento de informações para o diário oficial (imprensa oficial), poderia até reconsiderar sua posição. Mas com relação a uma empresa privada de notícias, ninguém melhor do que ela para saber qual o profissional mais qualificado para trabalhar os fatos. A própria circunstância de o autor e o paradigma atuarem em locais distintos já coloca o julgador na defensiva, visto que as dificuldades e facilidades do exercício profissional destoam entre si. E, seguindo esta linha argumentativa, pôs em dúvida a suposta objetividade da colheita da notícia, pois o repórter não se contenta com o que lhe é passado pela assessoria de imprensa. Ele fuça, investiga na busca incessante do furo, algo "importantíssimo do ponto de vista jornalístico". Dito isso, concluiu que o trabalho intelectual, seja ou não ele executado por alguém com certo nome (já que "nenhum dos grandes jornalistas nasceu grande jornalista"), é de difícil mensuração e comparação. Novo empate: cinco a cinco.

A seguir veio o voto do Ministro João Oreste Dalazen. Ao discorrer sobre o caso em discussão, observou que seria "sobremodo difícil, senão impossível, apurar-se a identidade qualitativa entre o trabalho de duas pessoas que prestam serviço eminentemente intelectual ou exclusivamente intelectual". Foi ainda mais incisivo e asseverou que lhe parece "inviável aquilatar-se a identidade de perfeição técnica entre o serviço desenvolvido pelo equiparando e pelo paradigma". Citou exemplos, como o do médico altamente especializado em uma técnica cirúrgica não dominada pelo outro colega, ou o do advogado cuja incumbência restringe-se à formulação da defesa para apresentação em audiência e aquele outro, cujo trabalho é o de interpor recurso de revista para o TST ou recurso extraordinário para o Supremo Tribunal Federal (STF). Mais adiante o Ministro Dalazen questionou a distinção conceitual sugerida pelo Ministro Vantuil Abdala, indagando se "o atleta profissional de futebol necessariamente desenvolve um trabalho artístico". Pois, caso não seja assim, abre-se a possibilidade de equiparar-se um renomado jogador com um jovem atleta em início de carreira, o que não seria razoável. E conclui suas ponderações, alertando que um repórter político pode ter maior propensão para o jornalismo investigativo, apurando os fatos com maior sagacidade do que o outro profissional. Enfim, deu-se outro desempate, agora com o placar de seis votos contrários à equiparação de trabalho intelectual contra cinco votos a favor.

Convergindo para o fim do julgamento, o Ministro Presidente Ermes Pedrassani sublinhou a fundamentação do acórdão regional, de acordo com a qual a equiparação seria viável em razão da identidade de função, "mensurada (...) pela similitude do produto buscado, ou seja, matérias políticas a serem divulgadas e de idêntico gabarito". Neste passo, o Ministro resgatou a importância da análise em concreto daquele problema para concluir que o autor e o paradigma "eram repórteres políticos que produziam matéria para jornal em idênticas condições". Empate: seis a seis.

Mas, como dissemos há pouco, o placar rapidamente se desfez, pois o Ministro Wagner Pimento alterou seu voto, dizendo-se convencido pelo Ministro Vantuil Abdala. Placar final: sete votos a favor da equiparação do trabalho intelectual contra cinco votos pela rejeição. E, neste instante, surgiu outra sinuca de bico. O Ministro Dalazen perguntou se a decisão tomada naquele caso concreto balizaria outras equiparações de trabalho intelectual dali por diante. O julgamento era "em tese" e seria um precedente para casos futuros ou não?

A resposta já está dada: basta a leitura do inciso VII da Súmula nº 06 do TST.

Entretanto, não podemos deixar de dizer que este resultado final não reflete, nem de longe e menos ainda de perto, a *ratio decidendi* (ou as *rationes decidendi*) do precedente mais importante dos bastidores processuais deste verbete sumular.[35] Pior do que isso: a gigantesca dificuldade de se ultrapassar a intuitiva incomensurabilidade do trabalho intelectual foi comprimida em uma única linha. Uma linha que, de tão lacônica, produziu uma regra generalíssima cuja aplicação acarretará incontáveis discriminações às avessas. O empregado que se dispuser a sair do lugar-comum, a buscar a ideia, a novidade, o furo, a inovação, acabará paralisado pelo peso gravitacional do seu colega de trabalho, satisfeito com o feijão com arroz da rotina diária, da labuta mecânica.

Ao fim e ao cabo, será o indivíduo indolente que fixará o patamar remuneratório dos demais, pois quem irá ousar em prol do trabalho de ponta, quem se arriscará a fazer a diferença para a

---

[35] Para uma visão geral do sistema de precedentes e da inglória tarefa de identificação da *ratio decidendi* e da tarefa ainda mais ingrata de separá-la do *obiter dictum*, cf. MACCORMICK, Neil; SUMMERS, Robert; GOODHART, Arthur. *Interpreting precedents*: comparative study. Farnham: Ashgate, 1997.

empresa, agregando-lhe prestígio, credibilidade, valor moral e aumento patrimonial? Pois não devemos subestimar os riscos envolvidos nesta empreitada. O lançar-se no escuro traz consigo, dentre outras misérias da alma humana, o medo do erro e da rejeição. Se já é complicado sair da zona de conforto intelectual, na qual só se diz amém e se reverbera comportadamente a *opinio doctorum*, imagine como isso se dificulta ainda mais sem um mínimo estímulo remuneratório. Definitivamente, o trabalhador intelectual inquieto, aquele que efetivamente exercita suas faculdades mentais para refletir sobre si, sobre o outro e sobre o mundo a sua volta está em maus lençóis. Pobre trabalhador intelectual, foi juridicamente lobotomizado pelo TST.

Os dois incisos derradeiros da Súmula nº 06 do TST são, respectivamente, o IX e o X.[36]

Sobre o inciso IX, ele faz referência ao prazo prescricional de cinco anos para o pagamento das diferenças salariais devidas ao empregado equiparado. Por falta de tempo e espaço não nos é possível discorrer sobre as figuras da prescrição total e parcial elaborada pelo TST em sua Súmula nº 294.[37] Mas para fins de entendimento, basta dizer que o art. 7º, XXIX da Constituição de 1988 e o art. 11 da CLT fixaram o prazo quinquenal para a reparação de lesões ocorridas no bojo do contrato de emprego, prazo este que, quando deflagrado por violação de deveres legais (e não só contratuais), renova-se mês a mês em virtude da natureza sucessiva desta espécie de ajuste.

Por fim, o inciso X esclarece o conceito indeterminado "localidade", positivado no *caput* do art. 461 da CLT. Nele estão abrangidos empregados que atuam no mesmo Município ou em Municípios que pertençam à mesma região metropolitana. O fio condutor desta construção hermenêutica foi a convivência profissional em semelhante contexto socioeconômico, circunstância apurada, via de regra, em regiões territoriais limítrofes. O custo do transporte, da alimentação, da moradia, do vestuário, da higiene, do lazer, da educação, da luz, da água, do telefone, enfim, das necessidades básicas dos empregados confrontados deve ser semelhante.[38] Caso contrário, não haverá razoabilidade no pagamento nominal de salário igual para trabalho de igual valor, se,

---

[36] O inciso VIII já foi referido, de modo ligeiro, na abordagem do inciso III da Súmula nº 06 do TST.

[37] "Tratando-se de ação que envolva pedido de prestações sucessivas decorrente de alteração do pactuado, a prescrição é total, exceto quando o direito à parcela esteja também assegurado por preceito de lei".

[38] Sobre o conceito de necessidades básicas como aquelas que independem da nossa vontade, cf. NINO, Carlos Santiago. Autonomia y necesidades básicas. *Doxa*, n. 7, 1990.

sob a perspectiva do poder aquisitivo (ou da dimensão alimentar) da remuneração, houver uma discrepância a olhos vistos.

3 Conclusão

Como advertimos na abertura deste ensaio, a vastidão temática do princípio da igualdade no direito do trabalho não é uma figura retórica. Por isso escolhemos abordar somente o art. 461 da CLT, uma pequena parcela dentre as suas várias possibilidades normativas, as quais, no Brasil, tendem a se multiplicar. De fato, por estas paragens já chegou com força a dimensão objetiva dos direitos fundamentais, com os seus consectários dever de proteção e eficácia irradiante.[39] E quando nos referimos à força desta chegada, não seria exagero a ela adicionarmos o adjetivo "retumbante", pois, em um curto intervalo de tempo, a teoria avançou para a prática dos tribunais, com especial destaque para o Tribunal Superior do Trabalho, tido, inclusive, como uma Corte de vanguarda nesta matéria.[40]

Recentemente, o TST editou a Súmula nº 443,[41] um exemplo acachapante de eficácia direta do direito fundamental contra a dispensa discriminatória dos empregados brasileiros, mesmo diante (ou em razão) da indesculpável inércia legislativa.[42] Com renovadas ferramentas discursivas em mãos, fornecidas pelo que se convencionou chamar de neoconstitucionalismo ou pós-positivismo, um sopro de novidade vem bafejando os teóricos brasileiros.[43]

Mas também vem conferindo desenvoltura ao TST, já que este tribunal tem se mostrado cada vez mais atuante e, de certo modo, tem dançado conforme a música institucional tocada pelo próprio STF. Tanto assim que, por vezes, os dois tribunais se esbarraram e deram ensejo a decisões diametralmente opostas.[44] Entretanto, em outras

---

[39] Por todos, cf. SARMENTO, Daniel. *Direitos fundamentais e relações privadas*. Rio de Janeiro: Lumen Juris, 2004.
[40] Neste sentido, STEINMETZ, Wilson Antônio. *Colisão de direitos fundamentais e princípio da proporcionalidade*. Porto Alegre: Livraria do Advogado, 2001.
[41] "Presume-se discriminatória a despedida de empregado portador do vírus HIV ou de outra doença grave que suscite estigma ou preconceito. Inválido o ato o empregado tem direito à reintegração no emprego."
[42] A proibição de dispensa arbitrária, positivada no art. 7º, I da Constituição brasileira de 1988, está pendente de regulamentação desde a sua promulgação, em 05.10.1988.
[43] BARROSO, Luis Roberto. Neoconstitucionalismo e constitucionalização do direito. *Revista de Direito Administrativo*, Rio de Janeiro, Renovar, v. 240, abr.-jun. 2005.
[44] Para uma análise de diversos casos nos quais houve decisões conflitantes entre o TST e o STF envolvendo direito constitucional do trabalho, cf. GOMES, Fábio Rodrigues. *Direitos fundamentais dos trabalhadores*. p. 276 et seq.

ocasiões, mostraram-se bastante afinados. Um caso bem atual e que gerou bastante repercussão na mídia foi o da recepção do art. 384 da CLT. Este dispositivo foi considerado, por ambas as Cortes superiores, compatível com a Constituição brasileira de 1988, apesar de permitir exclusivamente às mulheres usufruir do intervalo de 15 minutos pós--jornada regular e pré-jornada extraordinária. Negou-se, portanto, a sua extensão aos trabalhadores do sexo masculino.[45]

Além disso, não foram apenas as mulheres as beneficiárias de ações afirmativas. Outras opções também estão presentes no cardápio de possibilidades normativas do princípio da igualdade no direito do trabalho brasileiro. Todas elas acarretando novos problemas a partir de renovadas reflexões a respeito da sua quase inesgotável modulação hermenêutica. Neste sentido, podemos mencionar o dever de o empregador com mais de mil empregados contratar pelo menos cinco por cento do seu pessoal dentre os trabalhadores deficientes ou readaptados.[46]

Mas e se as empresas possuírem uma finalidade de alto risco e, por isso, não contratem ou contratem um número bem reduzido de trabalhadores deficientes? Pense, por exemplo, no caso de empresas de navegação de cabotagem, nas quais cerca de 70 a 80 por cento dos empregados são marítimos. É justo que este contingente integre a base de cálculo daquele percentual fixado em lei, apesar dos rígidos requisitos de aptidão física exigidos para o desempenho da função? Ou, não obstante inexistir exceção escrita no tipo legal, pode o juiz, à moda alexiana, ponderar os princípios sobrejacentes e, no caso concreto, construir uma exceção não escrita?[47]

Para estas e outras questões cotidianas, novas Súmulas devem estar a caminho. Que venham, pois. Provavelmente mal não farão, ao menos não de forma permanente. Sem deslumbramentos e com cautela redobrada, estamos todos aqui no Brasil apenas começando a enxergar os intrincados meandros normativos que o princípio da igualdade poderá proporcionar ao direito do trabalho.

A simbiose permanece e, pelo visto, jamais será desfeita e, sim, diuturnamente refeita.

---

[45] TST-IIN-RR nº 1.540/2005-046-12-00.5, Min. Rel. Ives Gandra Martins Filho, *DJ* 04.05.2009 e STF-RE nº 658.312-SC, Min. Rel. Dias Toffoli, *DJ* 10.02.2015.

[46] Art. 93, IV da Lei nº 8.213/91.

[47] Apreciamos este caso concreto no exercício da jurisdição trabalhista perante a 41ª Vara do Trabalho do Rio de Janeiro, por meio do processo nº 0011332-32.2013.5.01.0041. Para conferir o inteiro teor da decisão, acesse <www.trt1.jus.br>.

O NOVO DIREITO DO TRABALHO

1 Introdução

A novidade sempre provoca reações desencontradas. Para uns, causa desconforto, negação, sensações de perda, angústia e incerteza. Para outros, é um bálsamo: reanima, instiga e produz sensações de ânimo e frescor. Mas como isso é possível? Como sentimentos tão díspares convivem de maneira tão próxima e vindo todos do mesmo fato (*in casu*, da Lei nº 13.467/17)?

Você, caro leitor, como se sente a respeito da Reforma Trabalhista? Estupefato ou embevecido? Choro e ranger de dentes ou música para os seus ouvidos?

Veja bem. Questionar-se sobre o seu estado de espírito é o primeiro passo para desenvolver sua inteligência emocional. As etapas seguintes são descobrir a causa para, depois (e talvez), conquistar o autocontrole. Eis aí as tarefas a que poucos se entregam, sendo menos ainda os que dela conseguem se desincumbir.[1] As paixões nos serviram por milênios, ajudando-nos a sobreviver, a evoluir e a nos tornarmos o que somos hoje. E durante todo esse processo, ora fomos levados a temperá-las com uma dose de razão, ora fomos tentados a deixá-las correrem soltas, *in natura*, sem limites.[2]

Atualmente, já se sabe que razão e emoção não são antagônicas ou passíveis de serem isoladas. Ao contrário, razão sem emoção é

---

[1] Sobre o tema, cf. GOLEMAN, Daniel. *Inteligência emocional*: a teoria revolucionária que redefine o que é ser inteligente. Tradução de Fabiano Morais. Rio de Janeiro: Objetiva, 1995.

[2] HARARI, Yuval Noah. *Homo Deus*. Uma breve história do amanhã. Tradução de Paulo Geiger. São Paulo: Cia. das Letras, 2015.

diagnosticada como uma psicopatia, da mesma forma que a emoção em estado puro é um risco à sanidade mental.³ Recorrerei a um exemplo famoso, para tornar mais palpável estas divagações iniciais. Falo do dilema do bonde.⁴ Imagine que um bonde está fora de controle e no seu caminho há cinco pessoas amarradas aos trilhos. Na sua frente está a alavanca que, se puxada, permitirá ao bonde alterar sua trajetória, evitando a matança. Entretanto, no caminho alternativo encontra-se uma única pessoa também amarrada aos trilhos. Você puxa ou não a alavanca?

Se, de um lado, adotarmos um ponto de vista moral, o dilema é insolúvel. Matar uma pessoa ou matar cinco dá no mesmo, pois a vida humana é sempre valiosa, independentemente da sua quantidade. Se, de outra parte, adotarmos um raciocínio utilitarista, fará mais sentido puxar a alavanca, pois perder uma vida humana será menos traumático do que perder cinco. Mas a realidade nunca é completamente neutra e nós nunca fomos, somos ou seremos completamente frios e calculistas, por mais que nos esforcemos. E um dos motivos é a emoção que compõe – inexoravelmente – o nosso modo de pensar. Imagine que aquela pessoa sozinha, amarrada ao trilho alternativo, fosse a sua mãe. Acredito que muito provavelmente você sacrificaria as outras cinco para salvá-la. A tortuosa missão de sofisticar este exemplo é infinita e, para o que me proponho, o que disse já me basta.

Sabedores de que raciocinamos e sentimos ao mesmo tempo, às vezes enfatizando mais um dado objetivo e em outras mais uma emoção em ebulição, acaso desejemos analisar a Lei nº 13.467/17, é fundamental que façamos uma autoanálise para (1) identificar o que estamos sentindo, (2) descobrir por que estamos nos sentindo assim e (3) tentar controlar nossas emoções. Talvez, com isso, consigamos evitar que elas nos conduzam para falsas premissas e/ou para falsas conclusões. Esta é outra evidência psicológica muito realçada nos dias de hoje. Daniel Kahneman, psicólogo vencedor do prêmio Nobel de economia, não me deixa mentir.

Em seu badalado livro *Thinking, fast and slow*, ele demonstrou que o nosso cérebro possui dois sistemas de raciocínio.⁵ O primeiro,

---

³ DAMÁSIO, António. *O mistério da consciência*: do corpo e das emoções ao conhecimento em si. São Paulo: Cia. das Letras, 1999 e DAMÁSIO, António. *O erro de Descartes*: emoção, razão e cérebro humano. São Paulo: Cia. das Letras, 1994.
⁴ Por todos, cf. FOOT, Philippa. *The problem of abortion and the doctrine of the double effect in virtues and vices*. Oxford: Basil Blackwell, 1978.
⁵ KAHNEMAN, Daniel. *Thinking, fast and slow*. New York: Farrar, Straus and Giroux, 2011.

automatizado, a partir do qual agimos intuitivamente com base em nossas emoções, em nosso aprendizado, em nossas habilidades inatas e também naquelas adquiridas através dos nossos hábitos. O segundo, mais lento e analítico, registra a informação e a decompõe, de maneira a extrair as possíveis consequências, opções e estratégias de ação para que, ao final, possamos decidir o que fazer. Você já deve estar se perguntado: onde ele quer chegar? Este artigo não é sobre a Reforma Trabalhista? Estou comprando gato por lebre?

Posso lhe assegurar que não. Só aparentemente este introito é inusitado ou fora de lugar. O que quis dizer com tudo isso é que muitos de nós, ao nos depararmos com a Lei nº 13.467/17, deixamos as emoções no comando e, com base nos nossos velhos hábitos, nas lições colhidas nos antigos manuais de direito do trabalho, nas nossas impressões e intuições mais primevas (até mesmo aquelas profundamente enraizadas em nosso inconsciente), criamos uma polarização, à moda do tudo ou nada: ou a repudiamos veementemente ou a congratulamos entusiasticamente. Suponho que é daí, deste vício de origem psicológico, que surgem os "achismos" para todos os gostos, tanto os catastrofistas, quanto os excessivamente otimistas.

Neste ensaio, buscarei identificar e refrear minhas emoções, raciocinar com vagar e, é claro, fugir das previsões arbitrárias sobre o futuro do direito do trabalho. No entanto, uma coisa é certa e eu já posso afirmar, sem medo de errar: estamos diante de um novo direito do trabalho.

2 As velhas premissas do direito do trabalho

Tornando uma longa história curta, podemos resumir o velho direito do trabalho em três premissas:

(1) O direito do trabalho deve ser inflexível. Salvo raríssimas exceções – topicamente positivadas no art. 7º, VI, XIII e XIV da CF/88 – a jurisprudência e a doutrina especializadas não simpatizavam nem um pouco com a negociação contratual.[6]

Para as tratativas individuais, além do enorme desestímulo promovido pelo art. 468 da CLT,[7] via de regra costumava-se usar conceitos

---

[6] Por todos, cf. DELGADO, Maurício Godinho. *Curso de direito do trabalho*. 14. ed. São Paulo: LTr, 2015.

[7] "Nos contratos individuais de trabalho só é lícita a alteração das respectivas condições por mútuo consentimento, e, ainda assim, desde que não resultem, direta ou indiretamente, prejuízos ao empregado, sob pena de nulidade da cláusula infringente desta garantia."

indeterminados, obscuros por natureza. Deste modo, eles funcionavam como uma carta em branco para que o advogado, o procurador, o juiz e o professor escrevessem o que bem entendessem. E as duas noções mais difundidas, presentes em 11 de cada 10 manuais de direito do trabalho, são as de hipossuficiência e indisponibilidade de direitos.

Comecemos pela primeira. A velha ideia de hipossuficiência talhada por Cesarino Júnior é conhecida de todos que já estudaram direito do trabalho no Brasil.[8] Geralmente era associada ao indivíduo fraco economicamente, ao vulnerável, necessitado de recursos para sobreviver ou melhor dizendo, ao que não dispõe dos meios suficientes à satisfação de suas necessidades básicas, daquelas sobre as quais não podemos transigir, sob pena de morte certa.[9] Comer, dormir e abrigar-se são exemplos corriqueiros destas constantes antropológicas. O núcleo do conceito está, portanto, na diminuta capacidade econômico-financeira da pessoa. Se está bem financeiramente, não é hipossuficiente; se está mal, bem-vindo ao conceito.

Dito isso, volto de mãos dadas com este conceito para utilizá-lo no contrato de trabalho. As pedras de toque aqui são duas: a real liberdade de decisão e a qualidade da informação.

Asseverar, com certeza absoluta, que o empregado não detém liberdade decisória e/ou que está desinformado sobre a decisão a ser tomada é uma impossibilidade fática. Do mesmo modo que afirmar o contrário também o é. Por isso, neste campo de investigação trabalha-se com a presunção razoável. Razoabilidade, aqui, no sentido aristotélico de equidade, daquilo que normalmente acontece em nosso cotidiano.[10]

As perguntas subjacentes são as seguintes:

(i) É razoável aceitar a ideia de o empregado comprometido em sua capacidade decisória antes ou durante a vigência do contrato?

(ii) É razoável aceitar a ideia de o empregado plenamente capaz de decidir as suas pendências com o empregador após o término do contrato?

---

[8] Cf. O princípio da proteção: de Cesarino Junior a Arion Romita. *Arquivos do Instituto Cesarino Júnior*, n. 33, 2009. Disponível em: <http://www.institutocesarinojunior.org.br/revista33-2009.pdf>. Acesso em: 20 jun. 2018.

[9] Para uma conceituação das necessidades básicas como aquelas que devem ser satisfeitas para a sobrevivência do indivíduo, independentemente de sua vontade, cf. NINO, Carlos Santiago. Autonomia y necesidades básicas. *Doxa*, n. 7, 1990.

[10] ÁVILA, Humberto. *Teoria dos princípios*: da definição à aplicação dos princípios jurídicos. 8. ed. São Paulo: Malheiros, 2008. p. 152-155.

No primeiro caso, não se exige muito esforço discursivo para convencer o brasileiro de que o empregado regular, aquele fora do topo da pirâmide hierárquica da empresa, não está livre, leve e solto para abrir mão de resolver seus problemas no Judiciário. O temor reverencial, a dependência econômica, o receio do desemprego, enfim, há fortes indícios de uma "coação" pairando no ar, intoxicando, ainda que inconscientemente, a liberdade individual em toda a sua extensão. No mais das vezes, para qualquer empregado normal seria uma operação de altíssimo risco opor-se às cláusulas impostas unilateralmente pelo empregador, geralmente quem as apresenta no contrato de adesão. Além de mostrar-se como um encrenqueiro, ele estaria pondo em perigo o seu sustento e de seus familiares. Valendo-me de uma categoria do direito constitucional, o seu mínimo existencial[11] – aquilo de que precisa para suprir suas necessidades básicas e a de seus familiares – estaria comprometido por uma dispensa imediata ou iminente.[12]

Já na segunda situação, o desate do nó jurídico passa justamente pela ruptura contratual. Este procedimento talvez amenize ou, muito provavelmente, retire do trabalhador os constrangimentos porventura existentes. Digo talvez porque, como salientado antes, estamos falando de presunções razoáveis. Neste sentido, o que existiu – se existiu de fato – provavelmente deixou de existir ou, quando muito, deixou de influir primariamente na decisão a ser tomada. Ora, não se deve perder de vista que pior que poderia acontecer já aconteceu.

Portanto, daí em diante, escolher o método de solução das sequelas derivadas de um rompimento truncado está dentro do âmbito de liberdade decisório do indivíduo.[13] Desde que não haja vício de consentimento, o ex-empregado está plenamente apto a conversar e combinar, de comum acordo com o empresário, qual o melhor mecanismo institucional para apararem suas arestas. Já antecipando um pouquinho do novo direito do trabalho, o cardápio ao qual os empregados e empregadores serão apresentados contém arbitragem, plano de demissão incentivada, distrato, acordo extrajudicial ou Justiça do Trabalho.[14] Qual escolher? Eles que decidam.

---

[11] Sobre o mínimo existencial, cf., por todos, TORRES, Ricardo Lobo. *O direito ao mínimo existencial*. Rio de Janeiro: Renovar, 2009.
[12] Para uma análise da proibição do gênero dispensa arbitrária e da permissão forte de uma de suas espécies, a dispensa sem justa causa, cf. GOMES, Fábio Rodrigues. *O direito fundamental ao trabalho*: perspectivas histórica, filosófica e dogmático-analítica. Rio de Janeiro: Lumen Juris, 2008.
[13] Cf. GOMES, Fábio Rodrigues. *Direitos fundamentais dos trabalhadores*: critérios de identificação e aplicação prática. São Paulo: LTr, 2013. p. 119 e ss.
[14] Arts. 477-B, 484-A, 507-A e 855-B da CLT, de acordo com a redação da Lei nº 13.467/17.

Caso contrário, estaríamos partindo esta pessoa ao meio com um machado ideológico completamente cego para a realidade. Reflita comigo. Na sua esfera privada, o empregado pode casar-se, comprar ou financiar um imóvel, responsabilizar-se pela educação de seus filhos ou ser punido pela prática de um crime. Apenas em um fragmento de sua vida, o profissional, sofreria uma *capitis diminutio*.[15]

Tal como um experimento de laboratório, o todo é ignorado e isola-se, em tese, apenas o pedacinho laboral, como se tudo o mais com ele não se misturasse. Dentro deste tubo de ensaio fictício, adiciona-se a ideologia segundo a qual é indispensável o monopólio do Estado-Juiz para decidir pelo empregado dispensado. O que ele deve ou não deve fazer? Chame o Juiz. Uma cisão artificial de sua autonomia da vontade sem o menor respaldo no mundo de hoje, complexo e plural. Ao menos não se vê isso em quantidade o bastante para gerar uma presunção razoável de que vá se repetir com habitualidade.

Aliás, este desapreço pela autonomia não se restringe à esfera individual do hipossuficiente "em abstrato". Ele também se projeta para o exercício da autonomia coletiva. Pois não são poucos os casos em que árduas e demoradas negociações entre sindicatos e empresários são descartadas pelo Judiciário, sob o argumento de que violam normas de proteção à saúde e segurança do trabalhador. Ou seja, mesmo que os trabalhadores reúnam-se em grupo e, de forma livre e informada, venham a customizar as suas condições de trabalho com o empregador, correm o risco de tomarem um "puxão de orelha" do Estado-Juiz. É enorme a chance de serem advertidos e relembrados de que continuam a ser hipossuficientes tutelados e que, como tal, não estão habilitados a dispor dos seus direitos. Decidir sozinho o seu próprio destino? Nem pensar. A rigor, nem em grupo a decisão estará permitida.

Definitivamente, a jurisprudência trabalhista não é afeita a liberar os sindicatos a construir as suas próprias normas. As tratativas em grupo – apesar de realizadas entre sujeitos com semelhante poder de barganha – sempre foram controladas bem de perto pela Justiça do Trabalho e, nos últimos tempos, com bastante intensidade.

Para ilustrar o que estou dizendo, vale mencionar o RR nº 1928-03.2010.5.06.024, publicado em 20.02.2014 e cujo relator foi o Ministro Lelio Bentes Corrêa.

---

[15] Em sentido semelhante, cf. MENDONÇA, José Vicente Santos de. *De boas intenções e maus resultados*. Disponível em: <http://jota.info/de-boas-intencoes-e-maus-resultados>. Acesso em: 20 jun. 2018.

Nesta decisão, o TST invalidou instrumento normativo que excluía o direito à contagem das horas *in itinere* em troca da concessão de outras vantagens aos trabalhadores, tais como fornecimento de cestas básicas durante a entressafra, seguro de vida e acidentes de trabalho além do obrigatório e sem custo para os empregados, pagamento do abono anual aos trabalhadores com ganho mensal superior a dois salários-mínimos, pagamento do salário-família além do limite legal, fornecimento de repositor energético e adoção de tabela progressiva de produção além da prevista na Convenção Coletiva. Os Ministros componentes da Seção de Dissídios Individuais I – com exceção apenas do Ministro Ives Gandra da Silva Martins Filho – deliberaram que a supressão da contagem das horas de deslocamento entre a residência e o trabalho violava "os preceitos constitucionais asseguratórios de condições mínimas de proteção ao trabalho". Daí porque esta decisão não encontraria respaldo no art. 7º, XXVI da CF/88. Disseram, ainda, que o art. 58, §2º da CLT é norma de ordem pública, prescrevendo direito indisponível à vontade das partes. Mas indisponível por quê? Esta é a pergunta que não quer calar.

Portanto, nada melhor do que me aproveitar desta linha de raciocínio e falar um pouco sobre a tão propalada indisponibilidade de direitos.

No velho direito do trabalho, costuma-se afirmar de olhos fechados a indisponibilidade dos direitos dos trabalhadores.[16] Embora não se apresente um critério seguro e objetivo sobre quais devem ser assim classificados, a crença generalizada é a de que o empregado está em desvantagem econômica, desconhece a integral dimensão dos seus direitos, corre o risco de ser coagido a renunciá-los e de que há normas trabalhistas de ordem pública, tais como os arts. 9º, 444 e 468 da CLT, que o protegem de si mesmo.[17] Neste sentido, em 29.05.2009, no julgamento do RR nº 795/2006-028-05-00.8, de relatoria do Ministro Alberto Luiz Bresciani de Fontan Pereira, foi dito que: "A vocação protetiva que dá suporte às normas trabalhistas e ao processo que as instrumentaliza, a imanente indisponibilidade desses direitos e a garantia constitucional de acesso a ramo judiciário especializado erigem sólido anteparo à utilização da arbitragem no Direito Individual do Trabalho".

Novamente uma idealização sem dados empíricos que a escorem. Para que se tenha ideia de como o "sólido anteparo" esfarela-se

---

[16] Cf. DELGADO, Maurício Godinho. *Op. cit.*, p. 204-205 e 218-223.
[17] *Ibidem*.

rapidamente diante da primeira brisa de outono, menciono as transações realizadas aos borbotões na Justiça do Trabalho. Basta adentrar em quaisquer das salas de audiência espalhadas por este país continental para que partes, advogados e juízes sejam "flagrados" negociando valores para pôr termo ao conflito. A difamação, a agressão física, o assédio moral gerador de síndrome de *burnout*, o acidente que acarreta grave e definitiva deficiência física ou um grotesco dano estético, a discriminação racial, todas são questões aptas a serem discutidas, sopesadas e, se tudo correr bem, encerradas através da conciliação. Um acordo que, via de regra, se efetiva com o pagamento de valores em pecúnia e que possui cláusula de quitação geral quanto ao extinto contrato de trabalho.[18]

Sendo assim, pergunto eu: que indisponibilidade é essa? E a conversão da solução em dinheiro? Há ou não há uma patrimonialização inexorável nessa história?

Quando formos abordar este assunto, logo de pronto devemos respirar fundo e contar até 10. Trata-se de um tema que há muito merece uma reflexão menos apaixonada dos doutrinadores trabalhistas.

Já tive a chance de expor as minhas impressões e de tentar afastar algumas pré-compreensões profundamente enraizadas no imaginário teórico e jurisprudencial brasileiro.[19] Por razões de tempo e espaço, peço licença aos mais interessados e sugiro a leitura daquilo que já escrevi mais detidamente em outra ocasião. Todavia, algumas breves considerações devem ser transportadas para cá, pois servirão de luz no fim deste extenso túnel em direção à legitimação do novo direito do trabalho.

O que significa dispor de um direito? Significa que o seu titular pode consentir em um certo grau de enfraquecimento de sua posição jurídica, a fim de permitir que alguém atue de uma forma tal que não o faria, se o consentimento não existisse.[20]

Cuida-se, na quase totalidade dos casos, de uma autorrestrição temporária e circunstancial.[21] Imagine, por exemplo, um transplante de coração ou uma exposição pública no Big Brother Brasil. Nestas situações há a permissão do titular do direito (à integridade física ou à privacidade) para que alguém (o cirurgião ou a rede de televisão) aja

---

[18] Esta previsão encontra guarida na OJ nº 132 da SDI-2 do TST.
[19] GOMES, Fábio Rodrigues. *Direitos fundamentais dos trabalhadores*, p. 405-428.
[20] *Ibidem*, p. 407.
[21] Exceção digna de nota (e que dá o que falar) é a eutanásia, pois esta é uma disponibilidade de natureza permanente.

de maneira tal que não poderia fazê-lo, se a autorização não existisse. Se quiserem ampliar a imaginação, pensem na luta de boxe, na partida de futebol, nos filmes pornográficos, nas redes sociais da internet e em toda uma infinita gama de exemplos capazes de evidenciar o óbvio: a disponibilidade de direitos fundamentais é extremamente corriqueira no mundo contemporâneo.

A dúvida a ser dirimida é outra. Para conjugarmos direitos fundamentais e autorrestrição, o problema a ser dirimido gira em torno dos limites impostos à disponibilização. Até onde pode o titular do direito enfraquecer sua própria posição jurídica?

A resposta é cartesiana: até o ponto em que a sua liberdade de escolha esteja correndo o risco de desaparecer. Se o indivíduo, ao decidir disponibilizar seu direito, atinge em cheio a sua própria capacidade de decisão, aquela linha tênue entre o paternalismo e a intervenção sadia é por ele atravessada. Outro exemplo vem bem a calhar. Pense na hipótese de o candidato ao emprego aceitar receber menos de um salário mínimo. Certamente que esta decisão estará maculada naquilo que ela possui de mais fundamental: a liberdade de escolha.[22] Nenhum ser humano premido pelas necessidades básicas ou fisiológicas é verdadeiramente livre.[23] Decidir com o estômago não é a descrição mais acurada de decidir com sabedoria.

Sejamos redundantes: a liberdade de decidir livremente é o núcleo essencial da disponibilidade dos direitos fundamentais pelo seu titular. Munido de uma mínima cobertura econômica capaz de suprir suas necessidades básicas, bem informado sobre o que está em jogo e sobre suas alternativas de ação e colocando-se imune à pressão, à ameaça ou coisa que o valha, o indivíduo estará pronto para decidir sobre o tempo, o modo e as condições em que aceitará dispor dos direitos que lhe pertencem. Repito: direitos que pertencem a ele! E não ao Estado-Juiz, adepto do perfeccionismo moral, e que almeja ser mais realista do que o rei, arrogando-se a prerrogativa de saber melhor do que o próprio sujeito aquilo que é bom para a sua vida.

Como frisei antes, é a qualidade do consentimento que deverá nortear a fiscalização judicial do que foi flexibilizado/disponibilizado,

---

[22] Cf. GOMES, Fábio Rodrigues. *Direitos fundamentais dos trabalhadores*, p. 60 e ss., onde encaro este problema valendo-me da análise econômica do direito e, mais especificamente, da teoria dos jogos.

[23] Para esta instigante discussão filosófica e de outras tão ou mais desafiadoras, cf. SANDEL, Michael. *Justiça*: o que é fazer a coisa certa. 6. ed. Rio de Janeiro: Civilização Brasileira, 2012.

individual ou coletivamente. Por vezes, a suposta hipossuficiência existe de fato (em concreto) e compromete a liberdade indispensável à validação da renúncia ou transação. Em outras circunstâncias, a alegada hipossuficiência não passa de uma quimera, fruto de ideologias teimosas, que embotam o olhar de quem não quer ver a realidade. Entretanto, era esta última opção que representava o primeiro pilar de sustentação do velho direito do trabalho. A despeito de todas as fragilidades axiológicas, normativas, lógicas e sociológicas apontadas, a ideia de inflexibilidade quase absoluta era irmã siamesa da indisponibilidade também petrificada, a qual, por sua vez, estava ancorada em uma hipossuficiência em abstrato, cantada em prosa e verso, por décadas, nos manuais brasileiros.

Agora, vejamos a segunda premissa do velho direito do trabalho.

(2) O Estado brasileiro possui o dever de intervenção máxima nas relações de emprego. Segundo a interpretação de muitos estudiosos, o *caput* do art. 7º da CF/88 impõe ao Estado a obrigação constitucional de sempre ampliar o leque de direitos trabalhistas. Dizendo de outro modo: o Estado brasileiro está proibido de retroceder ou de deixar que retrocedam.[24]

Perceba que, tradicionalmente, o direito do trabalho no Brasil decorreu da interferência oficial nas relações privadas. No livro *Cidadania no Brasil*, o professor José Murilo de Carvalho relembra o fato de a nossa sucessão histórica de direitos não ter obedecido ao movimento linear catalogado pelo inglês Thomas Marshall.[25]

Aqui, nos trópicos, não partimos dos direitos individuais e políticos, para depois construirmos os direitos sociais e, em sequência, os metaindividuais. Não, em *terra brasilis*, os direitos individuais sempre foram maltratados e pouco valorizados, transferindo-se o protagonismo para os direitos sociais.[26] Seja durante os longos invernos ditatoriais, seja durante os pequenos soluços democráticos de verão, os direitos sociais, e, mais especificamente, os direitos dos trabalhadores foram benesses concedidas pela vontade férrea do Estado. E como o hábito fez, sim, o monge, acabou-se por internalizar cada vez mais fundo aquela crença cega na hipossuficiência em abstrato. Os empregados, ainda que

---

[24] Neste sentido, cf. MELO, Geraldo Magela. A vedação ao retrocesso e o direito do trabalho: the seal backtracking and labor law. *Revista do Tribunal Regional do Trabalho da 3ª Região*, Belo Horizonte, v. 52, n. 82, p. 65-74, jul.-dez. 2010.

[25] CARVALHO, José Murilo de. *Cidadania no Brasil*. O longo caminho. 3. ed. Rio de Janeiro: Civilização Brasileira, 2002. p. 9-10.

[26] *Ibidem*, p. 11-12.

sindicalizados, não seriam capazes de construir o seu próprio destino, tornando-se dependentes da intervenção estatal. Pior, acreditou-se piamente que os direitos e garantias trabalhistas só deveriam avançar em uma via de mão única, sempre adiante, ainda que não existisse fonte de custeio ou de ela estar em vias de se esgotar.

Mas o ponto a ser frisado não é a ideia em si. Por mais discutível que ela seja, o fato é que não ficou restrita ao mundo dos livros. Parafraseando o antigo decano de Harvard e precursor da *sociological jurisprudence*, Roscoe Pound, esta ideia ganhou vida e tornou-se *law in action* com a sua implementação prática pela Justiça do Trabalho. Neste sentido, o melhor exemplo jurisprudencial desta crença de que os direitos dos trabalhadores deveriam somente se expandir e jamais retroceder pode ser vislumbrado, didaticamente, na modulação sofrida pela Súmula nº 277 do TST.

A sua redação original data de 03.03.1988. Nela, afirmava-se que "As condições de trabalho alcançadas por força de sentença normativa vigoram no prazo assinado, não integrando, de forma definitiva, os contratos". Posteriormente, em 25.11.2009, o seu enunciado foi alterado, para constar: "I – As condições de trabalho alcançadas por força de sentença normativa, convenção ou acordos coletivos vigoram no prazo assinado, não integrando de forma definitiva, os contratos individuais de trabalho; II – Ressalva-se da regra do enunciado no item I o período compreendido entre 23.12.1992 e 28.07.1995, em que vigorou a Lei nº 8.542, revogada pela Medida Provisória nº 1.709, convertida na Lei nº 10.192, de 14.02.2001". E o que dizia a Lei nº 8.542/92? Ela cuidava da "política nacional de salários" e, no seu art. 1, §1º, prescrevia que "As cláusulas dos acordos, convenções e contratos coletivos de trabalho integram os contratos individuais de trabalho e somente poderão ser reduzidas ou suprimidas por posterior acordo, convenção ou contrato coletivo de trabalho". Ou seja, durante cerca de dois anos e meio vigorou uma exceção expressa à proibição contida no §3º do art. 614 da CLT.[27] E, por decorrência lógica, excepcionou-se, também, o entendimento sufragado na Súmula nº 277 do TST. Com a revogação desta exceção legal, tudo voltou como antes no quartel de Abrantes.

Até que, repentinamente, nova mudança aconteceu. Enfatizo o repentino porque ela se deu sem que houvesse precedente. O TST não sinalizou, através de um conjunto de decisões convergentes ao longo

---

[27] "Não será permitido estipular duração de Convenção ou Acordo superior a 2 (dois) anos."

do tempo, estar em vias de alterar seu entendimento colegiado.[28] E, como eu disse, a alteração aconteceu, foi brutal e sem aviso prévio. Assim, a partir de 27.09.2012, a Súmula nº 277 passou a dispor que "As cláusulas normativas dos acordos ou convenções coletivas integram os contratos individuais de trabalho e somente poderão ser modificadas ou suprimidas mediante negociação coletiva de trabalho". Trocando em miúdos: depois desta guinada de 180º, mesmo quando expirada a vigência das normas coletivas, suas prescrições manteriam plena eficácia jurídica, até que norma coletiva posterior ocupasse o seu lugar.

Decretou-se, de uma hora para outra, o fim do vazio normativo. Repristinou-se a Lei nº 8.542/92 através de uma canetada judicial. Antes, se o empregador e o sindicato não chegassem a um bom termo depois de encerrada a vigência de uma convenção coletiva, nada acontecia, salvo se, por comum acordo, ajuizassem dissídio coletivo na busca de uma sentença normativa. Sob o ponto de vista da categoria, existia um vácuo enquanto as partes não decidissem retornar à mesa de negociação. Agora, se ambos não chegassem a um bom termo, o acordo anterior teria a sua vigência estendida *ad aeternum*, salvo se, por mútuo acordo, ajuizassem dissídio coletivo na busca de uma sentença normativa.

A rigor, operou-se um deslocamento do poder de pressão. Antes, em um contexto econômico mais difícil, a faca e o queijo estavam na mão do empresário, que poderia preferir deixar caducar os adendos coletivos e, simplesmente, não renová-los ou substituí-los. Os empregados ficariam apenas com os seus direitos legais e constitucionais. Agora, em circunstâncias adversas, a batuta estava com os sindicatos. Neste cenário, manteriam o que já tinham e ficariam em silêncio. O empresário poderia se esgoelar, argumentar que estava sem recursos, à beira da falência, mas se os empregados quisessem, fariam cara de paisagem e o obrigariam a manter o pagamento das prendas coletivas negociadas na época de bonança. Ele que se virasse nos trinta.

Esta dança das cadeiras do poder negocial pode e deve realizar-se ao longo do tempo. É salutar que, ora um lado possua maior ascendência

---

[28] De acordo com o art. 165 do Regimento Interno do TST, a edição de súmulas deve atender aos seguintes pressupostos: "I – três acórdãos da Subseção Especializada em Dissídios Individuais, reveladores de unanimidade sobre a tese, desde que presentes aos julgamentos pelo menos 2/3 (dois terços) dos membros efetivos do órgão; II – cinco acórdãos da Subseção Especializada em Dissídios Individuais, prolatados por maioria simples, desde que presentes aos julgamentos pelo menos 2/3 (dois terços) dos membros efetivos do órgão; III – quinze acórdãos de cinco Turmas do Tribunal, sendo três de cada, prolatados por unanimidade; ou IV – dois acórdãos de cada uma das Turmas do Tribunal, prolatados por maioria simples".

(por exemplo, em períodos de pleno emprego), ora o outro possa dar as cartas (como no caso referido, de crise). O problema aqui não é esse. A celeuma ocorreu porque o TST (i) tomou a iniciativa de transferir este poder de um lado para o outro (ii) sem precedentes que respaldassem a nova redação da Súmula (tendo sido "fruto de debates") e (iii) com base numa interpretação para lá de duvidosa do art. 114, §2º da CF/88.[29] Do início ao fim deste processo, verificou-se o atropelo da competência privativa do Congresso de legislar sobre direito do trabalho[30] e, o mais alarmante, por meio de um intervencionismo judicial altamente questionável.[31]

Por fim, vejamos a terceira premissa do velho direito do trabalho.

(3) O princípio nº 1 do direito do trabalho é o da proteção do trabalhador. Trata-se de uma máxima difundida no Brasil a partir da obra do professor uruguaio Américo Plá Rodriguez e repetida por praticamente 100% dos nossos manuais.[32] Nas suas palavras: "O princípio da proteção se refere ao critério fundamental que orienta o Direito do Trabalho, pois este, ao invés de inspirar-se num propósito de igualdade, responde ao objetivo de estabelecer um amparo preferencial a uma das partes: o trabalhador".[33]

Não se discute que há um distúrbio de origem na relação de emprego: a sua assimetria congênita. Se alguém propõe trabalho em troca do salário necessário à sua sobrevivência, por certo que esta pessoa está em situação muito mais precária do que aquela outra que tem o dinheiro para oferecer. Que esta desigualdade material já levou a explorações dantescas (algumas delas encontradas, ainda hoje, em nosso país),[34] ninguém duvida. Difícil achar alguém quem discorde desta realidade. Logo, é compreensível que, ao se pensar em direito do trabalho – isso

---

[29] A defesa desta mudança radical da Súmula nº 277 do TST foi feita pelos Ministros Augusto César Leite de Carvalho, Kátia Magalhães Arruda e Maurício Godinho Delgado no artigo "A Súmula 277 e a defesa da Constituição", disponível em: <http://www.veritae.com.br/artigos/arquivos/artigo%20-%20274.pdf>. Acesso em: 20 jun. 2018.
[30] Art. 22, I da CF/88: "Compete privativamente à União legislar sobre: I – direito civil, comercial, penal, processual, eleitoral, agrário, marítimo, aeronáutico, espacial e do trabalho".
[31] Cf. Neste sentido crítico, CARMO, Júlio Bernardo. A Súmula nº 277 e a ofensa ao princípio da legalidade. *Revista do Tribunal Regional do Trabalho da 3ª Região*, Belo Horizonte, v. 55, n. 85, p. 75-84, jan.-jun. 2012.
[32] Por todos, DELGADO, Maurício Godinho. *Op. cit.*, p. 200-202.
[33] RODRIGUEZ, Américo Plá. *Princípios de direito do trabalho*. Tradução de Wagner D. Giglio. 3. ed. São Paulo: LTr, 2000. p. 83.
[34] Segundo dados do Ministério do Trabalho e Emprego, de 1995 a 2015, 49.816 pessoas foram libertadas da escravidão no Brasil. Cf. em: <http://reporterbrasil.org.br/dados/trabalhoescravo/>. Acesso em: 20 jun. 2018.

desde o seu alvorecer (quando se construía a sua autonomia epistemológica) – essa nota distintiva seja sublinhada, negritada e escrita em caixa-alta. Desde sempre, e para além de nossas fronteiras, o princípio da proteção do trabalhador foi lido como o outro lado da moeda deste ramo do conhecimento jurídico. Um não existe sem o outro.[35]

Todavia, no mundo contemporâneo, da modernidade líquida de Zygmunt Bauman,[36] a velocidade dos fatos e da troca de informações, a crescente complexidade social e a sua inerente diversidade, nuances, verdades e pós-verdades fizeram com que esta dicotomia forte/fraco, implícita ao direito do trabalho, deixasse de ser tão simples assim. Há ocasiões em que este binômio se torna tão sutil que fica quase impossível saber onde está a urgência da proteção. Proteger quem e por quê? Pensem, por exemplo, no trabalhador que dispõe de conhecimento rarefeito no mercado (um neurocirurgião ou um engenheiro mecatrônico). Geralmente, ele é senhor de si, bem remunerado e com múltiplas oportunidades de inserção no mercado. Estaria ele precisando de proteção? Ah – dirão – mas você está indicando uma anomalia, e não a regra do dia a dia. Pode ser, reconheço. Mas e o caso do trabalho que, por ser muito penoso e estressante, não é procurado e/ou convive com uma alta rotatividade, especialmente em momentos de prosperidade econômica (aqui no Rio de Janeiro, podemos exemplificar com os motoristas de ônibus).[37] Em situações desta natureza, a balança começa a pesar mais em favor dos trabalhadores. Ainda há assimetria? Certamente, mas não no mesmo patamar encontrado em outras profissões ou em outros segmentos do mercado. E este é o ponto.

Na medida em que o princípio da proteção do trabalhador se transforma em um mandamento sacrossanto, em uma verdade absoluta e, assim, imune a questionamentos – entenda-se ponderações, flexibilizações, disponibilidades e negociações – quando esta diretriz normativa se descola da vida como ela é, com suas incertezas, probabilidades, vicissitudes e idiossincrasias, ela deixa de servir ao seu propósito inicial: orientar, prospectivamente, a construção de soluções para os possíveis conflitos entre os trabalhadores e empresários.[38]

---

[35] Neste sentido, cf. DRAY, Guilherme Machado. *O princípio da proteção do trabalhador*. São Paulo: LTr, 2015. p. 50-51.
[36] BAUMAN, Zygmunt. *Modernidade líquida*. Tradução de Plínio Dentzien. Rio de Janeiro: Zahar, 2001.
[37] Veja esta notícia de 14.05.2013: <https://oglobo.globo.com/rio/deficit-de-motoristas-de-onibus-no-rio-leva-empresas-contratarem-profissionais-com-pouca-pratica-8380654>. Acesso em: 20 jun. 2018.
[38] Sobre a natureza prospectiva dos princípios, cf. ÁVILA, Humberto. *Op. cit.*, p. 71-73.

A determinação – no sentido deôntico da palavra – de o Estado intervir ao máximo numa relação privada, protegendo de maneira inflexível o hipossuficiente abstrato, precisar ser recalibrada. Do contrário, se continuarmos de costas para o que efetivamente ocorre em um mercado de trabalho plural e complexo como o brasileiro, esta paradoxal absolutização de um princípio acabará por nos conduzir a um caminho sem retorno, fomentando um estado de coisas oposto ao que se imaginou.[39] Como tudo na vida, este excesso de proteção do trabalhador acabará por desprotegê-lo, levando-o para o desemprego, o subemprego e a informalidade.

Milhões de trabalhadores brasileiros estão à margem da lei.[40] Será que o fato de o velho direito do trabalho utilizar a ideia romântica e abstrata do indivíduo sempre fragilizado tem alguma culpa no cartório? Será que essa falta de sincronia entre o que se acredita inocentemente e o que ocorre no mundo real afeta a qualidade das nossas leis? Mais do que isso: será que a crença de que o trabalhador é sempre um pobre coitado, sempre uma pessoa pronta a ser usada, mastigada e cuspida fora sem dó nem piedade, influencia a qualidade da nossa jurisprudência? E, na mão contrária, será que estas decisões também partem da premissa do empresário velhaco, maquiavélico e com sangue nos olhos, insensível ao semelhante e disposto a tudo para lucrar a qualquer preço?[41]

A bem de ver, as duas premissas anteriores do velho direito do trabalho acabam por se entrelaçar com esta terceira. Elas são uma coisa

---

[39] Cf. ALEXY, Robert. *Teoria dos direitos fundamentais*. Tradução de Virgílio Afonso da Silva. São Paulo: Malheiros, 2008. p. 111, onde o autor da teoria da norma mais adotada atualmente no Brasil afirma que: "Se existem princípios absolutos, então, a definição de princípios deve ser modificada, pois se um princípio tem precedência em relação a todos os outros em casos de colisão (...) isso significa que sua realização não conhece nenhum limite jurídico, apenas limites fáticos. Diante disso, o teorema da colisão não seria aplicável. (...) ou os princípios absolutos não são compatíveis com direitos individuais, ou os direitos individuais que sejam fundamentados pelos princípios absolutos não podem ser garantidos a mais de um sujeito de direito."

[40] Em números absolutos, mais de 5 milhões de pessoas estão atuando nos chamados subempregos, mais de 13 milhões estão desempregadas e mais de 32 milhões trabalham sem qualquer respaldo legal, na informalidade. Cf. <http://agenciabrasil.ebc.com.br/economia/noticia/2017-04/ibge-total-de-desempregados-cresce-e-atinge-142-milhoes>. Acesso em: 08 jun. 2018.

[41] O detalhe interessante é que, de acordo com pesquisa feita pelo SEBRAE a partir dos dados colhidos no Cadastro Geral de Empregados e Desempregados (CAGED) do Ministério do Trabalho e Emprego, cerca de 70% dos empregos formais do Brasil são oferecidos por micro e pequenas empresas, ou seja, pessoas que normalmente estão ali, ombro a ombro com seus empregados, trabalhando tanto ou mais do que eles. Cf. <http://economia.estadao.com.br/noticias/geral,pequena-empresa-responde-por-70-dos-empregos,70001963654>. Acesso em: 08 jun. 2018.

só, separadas unicamente para facilitar a análise crítica; um movimento retórico, partidário do ditado bélico: dividir para conquistar. Rigidez na última potência, hipossuficiência em abstrato, indisponibilidade total de direitos (sem qualquer critério objetivo) e intervenção máxima do Estado, em suas faces executiva, legislativa e judiciária. São todos pilares convergentes para a mesma e única noção: a de um princípio que determina a otimização de um estado de coisas irreal, voltado para a proteção unilateral, expansiva e absoluta de um trabalhador fictício.

Por essas e outras que o Professor Arion Sayão Romita já dizia que o princípio da proteção estava em xeque.[42]

2.1 Solução tradicional para um caso paradigmático

Para permitir uma melhor comparação entre o velho e o novo direito do trabalho, vou narrar uma história que tem surgido na Justiça do Trabalho com considerável frequência.

Um ator famoso (ou um famoso jornalista) ajuíza uma demanda trabalhista em face de uma Rede de Televisão. Argumenta que foi contratado como autônomo e, posteriormente, como pessoa jurídica. Sua remuneração girou na casa dos R$ 50.000,00 por mês. Obedecia às ordens da diretoria da empresa e possuía jornada pré-definida pelo tomador. Depois de 10 anos de sucessivas contratações, não houve mais renovação. Pleiteia o reconhecimento do vínculo jurídico empregatício com unicidade contratual e o pagamento dos consectários legais. A Rede de Televisão contra-argumenta que o ator (ou o jornalista) aceitou a contratação como autônomo desde o início, que nunca lhe prometeu vínculo de emprego, que a pessoa jurídica do trabalhador existia antes de lhe prestar serviços e que ainda existe nos dias de hoje. Declarou, ainda, que o autor nunca lhe pediu a mudança de regime jurídico e que sempre se mostrou satisfeito com a sua situação.

Pois bem. Imagine você que estes fatos são incontroversos. Logo, na ausência de dúvida sobre o que aconteceu, caberia apenas a decisão final: há ou não há vínculo de emprego a ser reconhecido entre as partes?

A resposta tradicional é um algoritmo bem conhecido. Vamos alimentando os requisitos do art. 3º da CLT: onerosidade (R$ 50.000,00/mês), não-eventualidade (trabalho contínuo por 10 anos), pessoalidade (uma celebridade que, obviamente, não se podia fazer substituir) e subordinação jurídica (obedecia às escalações, as jornadas eram definidas

---

[42] ROMITA, Arion Sayão. *O princípio da proteção em xeque*. São Paulo: LTr, 2003. p. 21-38.

pelo contratante e atendia aos comandos da diretoria). E rapidamente está montada a solução *prêt-à-porter*: procedente o pedido principal de reconhecimento de vínculo de emprego com a unicidade contratual e também os acessórios legais decorrentes. Por baixo, a liquidação de um processo deste calibre ultrapassa os R$ 10.000.000,00. Não, eu não errei os zeros. Escreverei por extenso: ultrapassa os dez milhões de reais.

Dito isso, convido-o a pensar fora da caixa e pergunto: esta solução satisfaz o seu sentimento de justiça? Ou a inflexibilidade legal, somada à falsa hipossuficiência e à indisponibilidade ilusória, propiciaram uma intervenção estatal indevida e, o que é pior, protegeu quem não precisava de proteção?

Guarde esta ideia, pois daqui a pouco voltarei a ela.

3 As novas premissas do direito do trabalho

Karl Popper diferenciava o princípio da racionalidade da racionalidade como atitude pessoal.

O primeiro deve ser compreendido como o princípio da ação apropriada à situação.[43] Não se trata de uma afirmação empírica ou psicológica, no sentido de o ser humano sempre agir racionalmente.[44] Até porque, como mencionei na introdução deste ensaio (e você já deve ter testemunhado isso na sua vida pessoal) nem sempre isso acontece. Então, para que serviria esta máxima da razão humana? Ela nos serve de uma aproximação da verdade, de um postulado metodológico, de uma verdade *a priori* que podemos e devemos utilizar na análise de modelos teóricos que nos permitam entender o que ocorre na sociedade.[45] A premissa da racionalidade é apenas e tão somente uma hipótese testável e não uma teoria explicativa da realidade.

A racionalidade como atitude seria outra coisa. De acordo com Popper, esta seria a adoção de uma postura racional, ou seja, a disposição de corrigir suas próprias convicções e, na sua forma mais desenvolvida, a "disposição de discutir criticamente as próprias crenças e de corrigi-las à luz das discussões críticas com outras pessoas".[46] Esta abertura, contudo, não se dá simplesmente por meio de debates sobre

---

[43] POPPER, Karl Raimund, Sir. *Textos escolhidos*. Organização de David Miller. Tradução de Vera Ribeiro. Rio de Janeiro: Contraponto: Ed. PUC-Rio, 2010. p. 350.
[44] *Ibidem*, p. 351.
[45] *Ibidem*, p. 352.
[46] *Ibidem*, p. 356.

teses. Ao contrário, somente por meio da verificação em concreto é que se poderá constatar os nossos erros de raciocínio, a fim de que possamos corrigi-los. E, neste ponto, Karl Popper faz uma distinção fundamental entre o que considera ser uma pessoa racional e outra, irracional. A primeira não possui convicções incorrigíveis: ela sempre mostra disposição para corrigir as suas crenças.[47] Com relutância? Provavelmente. Mas, ainda assim, estará pronto para "corrigir suas concepções sob a pressão dos acontecimentos, das opiniões sustentadas por terceiros e dos argumentos críticos".[48] Já a segunda, ao mostrar-se "engajada", mantém as suas opiniões rígidas, resistentes a qualquer mudança, a qualquer correção. Nas suas palavras: "como não pode estar na posse da verdade plena (ninguém está), resiste à correção racional até mesmo de convicções absurdamente equivocadas. E continua a resistir, mesmo que a correção delas seja amplamente aceita durante sua vida".[49]

Voltemos para o nosso tema. Havia uma racionalidade implícita ao velho direito do trabalho. Ela foi construída ao longo dos séculos e se originou de uma realidade palpável. Entretanto, esta hipótese ruiu, não existe mais. Não é mais viável, nos dias de hoje, defender a racionalidade de um modelo de direito do trabalho inflexível, calcado em uma hipossuficiência onipresente e numa indisponibilidade intransponível, que exige uma intervenção cada vez mais sufocante do Estado sobre a vida privada, sob o argumento de que se deve proteger o empregado, dando-lhe cada vez mais direitos a qualquer preço, mesmo que, ao fim e ao cabo, isso contribua para o seu desemprego ou subemprego e para jogá-lo na informalidade.

Portanto, a constatação empírica do nosso erro de raciocínio nos obriga a repensar o direito do trabalho como um todo. O que antes era aceitável racionalmente, legítimo, não é mais. E talvez seja a hora de dar uma chance ao novo modelo que nos foi posto pela Lei nº 13.467/17. Acredito ser possível nos apropriarmos do princípio metodológico da racionalidade como a premissa básica do novo direito do trabalho que se apresenta. Se ele será efetivamente racional na prática, só descobriremos quando o aplicarmos e medirmos as suas consequências, sempre com a atitude certa: aberta, crítica e reflexiva. Mas isso não nos impede de, ao menos em tese, dizer que há, sim, argumentos razoáveis para lastrear a validade desta hipótese inicial.

---

[47] *Ibidem*, p. 356.
[48] *Ibidem*.
[49] *Ibidem*.

Para facilitar o nosso diálogo, discorrerei sobre o que penso serem as premissas do novo direito do trabalho, valendo-me das premissas do velho direito do trabalho como contraponto. Então, vamos a elas.

(1) O direito do trabalho deve ser superflexível. De agora em diante, o art. 7º, VI, XIII e XIV da CF/88 alterou sua polaridade: de exceção passou à regra geral.

Primeiro porque, ao permitir a flexibilização do salário e da jornada de trabalho, a Constituição abriu uma janela de oportunidade para que os demais direitos também possam ser negociados. Ora, se o pagamento pelo trabalho (sem o qual haverá o risco da escravidão) e a limitação da quantidade de tempo à disposição para o trabalho (sem a qual – para o mais comum dos empregados – haverá o risco da exploração física e mental) podem ser modulados pelos próprios interessados, por que não permitir que esta transação também ocorra, por exemplo, com as férias, com a participação nos lucros ou com o FGTS? Ficariam sob observação apenas os direitos fundamentais materiais dos trabalhadores subordinados, na medida em que seriam o colchão de segurança da manutenção da sua autonomia da vontade, coletiva e individual. Por serem algo como as condições de possibilidade discursiva de Habermas, os direitos fundamentais especificamente desenhados para os empregados preservariam a sua capacidade de decidir livremente como, quanto e até quando limitar a sua própria vontade e/ou enfraquecer algumas de suas posições jurídicas.[50]

Esta maneira de interpretar os dispositivos constitucionais não é exatamente uma novidade. Trata-se de um *mix* de (i) identificação do núcleo essencial do direito do trabalho com o mínimo existencial extraído da Constituição de 1988,[51] com (ii) a utilização do conhecido argumento *a fortiori*.[52] Já havia precedente neste sentido, mas era voz minoritária.[53] Ocorre que o Parlamento contornou a opinião dominante na Justiça do Trabalho e impôs a sua: promover um direito do trabalho altamente flexível, a partir da confiança depositada na capacidade de decisão dos empregados.

---

[50] Sobre os direitos fundamentais como condições de possibilidade discursiva para a construção legítima de um Estado Democrático e Constitucional de Direito, cf. HABERMAS, Jürgen. *Direito e democracia*: entre facticidade e validade. 2. ed. Tradução de Flavio Beno Siebeneichler. Rio de Janeiro: Tempo Brasileiro, 2003. v. 2, p. 221-247.

[51] GOMES, Fábio Rodrigues. *Direitos fundamentais dos trabalhadores*, p. 137 e ss.

[52] Sobre esta maneira de argumentar, levando a efeito a máxima de quem pode o mais, pode o menos, cf. PERELMAN, Chaïm. *Lógica jurídica*: nova retórica. São Paulo: Martins Fontes, 1998. p. 76-77.

[53] MARTINS FILHO, Ives Gandra. *Manual esquemático de direito e processo do trabalho*. 21. ed. São Paulo: Saraiva, 2013. p. 56-59.

Mas isso não é só. Outra ideia também posta de lado pela Reforma Trabalhista foi a de que esta flexibilização só poderia ser realizada coletivamente. Leia atentamente estes enunciados do art. 7º da CF/88: "VI – irredutibilidade de salário, salvo o disposto em *convenção ou acordo coletivo*; XIV – jornada de seis horas para o trabalho realizado em turnos ininterruptos de revezamento, salvo *negociação coletiva*; XXVI – reconhecimento das *convenções e acordos coletivos de trabalho*". Agora leia o inciso XIII do mesmo artigo: "duração do trabalho normal não superior a oito horas diárias e quarenta e quatro semanais, facultada a compensação de horários e a redução da jornada, mediante *acordo ou convenção coletiva de trabalho*".

Sendo bem direto: a mera análise sintática da redação normativa nos permite afirmar facilmente que o constituinte – ao enunciar *convenções e acordos coletivos* – reservou a flexibilização de salário (art. 7º, VI) e da jornada de seis horas de turnos ininterruptos de revezamento (art. 7º, XIV) para a negociação em grupo, através da deliberação coletiva. Entretanto, no tocante à duração normal do trabalho (art. 7º, XIII), ao enunciar *acordo e convenção coletiva*, autorizou o empregado, individualmente, a negociar, seja para compensar horários, seja para reduzi-los. Vejo nitidamente uma aposta na confiança da capacidade de decisão individual do empregado para a adequação de sua rotina de trabalho, de acordo com os seus interesses e os da empresa. E a razão me parece singela: ninguém melhor do que o próprio trabalhador e o seu empregador para saberem a exata medida desta adequação.

Desta feita, toda a lógica subjacente à flexibilização mudou da água para o vinho. No velho direito do trabalho, ao empregado não era dada uma palavra sequer a respeito de sua própria vida laboral. Tudo o que decidisse, ainda que sem vícios de consentimento, seria precário. Ele teria o direito de se arrepender e voltar atrás, sob o argumento genérico e tendencialmente malicioso de "prejuízos direitos ou indiretos" sofridos em razão da alteração que ele mesmo havia negociado. O art. 468 da CLT o blindava das consequências de suas decisões, caso elas lhe parecessem ruins. A rigor, o antigo modelo tornava-o irresponsável em um segmento altamente importante de sua vida, autorizando-o a testar, não gostar e dizer: "não quero mais". Sem a exigência concomitante da exposição dos motivos relevantes que o levaram a esta desistência, havia o estímulo ao egoísmo e ao capricho pessoal. E do outro lado? Ora, o empregador que suportasse os custos desta mudança brusca e arbitrária de direção, pois a culpa seria sua. Afinal, quem o mandou negociar diretamente com um sujeito de direito que, apesar de plenamente capaz e imputável penalmente, era, sob a ótica trabalhista, uma pessoa para todo o sempre desprovida de liberdade?

Na verdade, os sinais de mudança desta primeira premissa do novo direito do trabalho surgiram antes da promulgação da Lei nº 13.467/17. Eles vieram do Supremo Tribunal Federal. No julgamento do RE nº 590.415/SC, publicado em 29.05.2015 e cujo relator foi o Ministro Luis Roberto Barroso, o STF alterou uma trajetória jurisprudencial do TST que, de tão estável, já havia se tornado orientação jurisprudencial: a OJ nº 270 da SDI-1. Redigida em 27.09.2002, o seu texto dizia o seguinte: "A transação extrajudicial que importa rescisão contratual ante a adesão do empregado a plano de demissão voluntária implica quitação exclusivamente das parcelas e valores constantes do recibo".

Este é um exemplo perfeito do velho direito do trabalho. Basta a leitura dos precedentes que deram ensejo a esta OJ para constatarmos que cuidavam de casos nos quais o empregado havia aderido a um Plano de Demissão Voluntária homologado por acordo coletivo e contendo cláusula de quitação geral. Mais uma vez: o empregado, sem qualquer menção a erro, dolo, coação, lesão ou estado de necessidade, informou-se desta modalidade atípica de distrato oferecida pelo empregador e, contando com a concordância do sindicato, leu, refletiu e aderiu à proposta, recebendo valores bem superiores ao que receberia se houvesse sido dispensado sem justa causa. Embolsou o dinheiro e dias, meses ou até dois anos depois ajuizou ação na Justiça do Trabalho, buscando o pagamento de outras parcelas que não estavam descritas no documento. O detalhe: neste documento, por ele livremente assinado, havia uma cláusula dando plena, geral e irrestrita quitação ao empregador, declarando expressamente que nada mais haveria a reclamar nem pleitear a qualquer título.

O que dizia o TST? Que estas situações, apesar de não serem exatamente uma rescisão contratual típica, deveria submeter-se ao art. 477, §2º da CLT.[54] Contudo, na medida em que o sindicato representante dos empregados havia chancelado o PDV, flexibilizou-se esta determinação legal, o que não era aceito até então. Daí porque considero o julgamento do RE nº 590.415/SC um marco histórico do novo direito

---

[54] "O instrumento de rescisão ou recibo de quitação, qualquer que seja a causa ou forma de dissolução do contrato, deve ter especificada a natureza de cada parcela paga ao empregado e discriminado o seu valor, sendo válida a quitação, apenas, relativamente às mesmas parcelas."

do trabalho brasileiro, uma verdadeira certidão do seu nascimento ou, vá lá, ao menos a sua ultrassonografia jurisprudencial.

Ao longo de suas mais de 28 páginas, o acórdão expressa claramente o principal vetor axiológico a nortear este novo momento: o da crença na autonomia da vontade. Mas não uma crença metafísica. E, sim, um pensar no empregado como uma pessoa dotada de inteligência, sensibilidade e capacidade de, sob condições normais de pressão e temperatura, decidir a sua própria vida.

Na decisão, reconheceu-se que a Constituição de 1988 inaugurou um modelo justrabalhista mais democrático e autônomo, exemplificando com as convenções e acordos coletivos, elevadas a instrumentos legítimos de prevenção e de autocomposição de conflitos. A participação do sindicato fortalece estes mecanismos pelos quais os empregados formulam as normas que regerão a sua própria vida. Este é o espírito sob o qual devemos interpretar as normas infraconstitucionais.

O STF acrescentou, ainda, que (i) na negociação coletiva não há a mesma assimetria de poder presente nas relações individuais de trabalho, que (ii) o princípio da lealdade da negociação coletiva deve nortear a interpretação do seu resultado (no sentido de que deve ele ser interpretado e cumprido com boa-fé e transparência) e que (iii) o princípio da adequação setorial negociada fomenta a prevalência de regras autônomas sobre as heterônomas (desde que não violem direitos fundamentais correspondentes a um patamar civilizatório mínimo). E, em seguida, o Ministro Barroso realçou a relevância do incentivo ao diálogo, ao experimento do autogoverno e ao exercício da habilidade e do poder de influenciar a vida no trabalho e fora do trabalho. O contrário disso promove uma concepção paternalista que recusa aos empregados a possibilidade de tomarem as suas próprias decisões e de aprenderem com os próprios erros, atrofiando as suas capacidades cívicas e, por consequência, excluindo parcela considerável da população do debate público.

Tratar os empregados como cidadãos livres e iguais é um dever de ofício do Judiciário, assim como preservar um ambiente de confiança recíproca, pois essencial ao diálogo, à negociação e à prevenção de conflitos, afirmou o relator. Por isso, o cumprimento do acordado, de forma leal e transparente, é indispensável, até porque o reiterado descumprimento provoca descrédito dos instrumentos coletivos, majorando os seus custos de transação em prejuízo dos próprios trabalhadores. Neste contexto, os PDVs aprovados por meio de convenções e acordos coletivos desempenham uma importante função de minimizar os riscos e danos trabalhistas, especialmente em momentos de crise. De maneira que fazer tábua rasa do que foi combinado prejudica a seriedade destes ajustes, a ponto de empresários não mais os adotarem ou, quando muito, reduzirem drasticamente os benefícios que neles são oferecidos.

Por fim, depois de afastar a ideia constante do acórdão do TST que uniformizou o entendimento sobre a matéria (no sentido de que "o empregado merece proteção, inclusive, contra a sua própria necessidade ou ganância"), o Ministro Luis Roberto Barroso asseverou que "Não se pode tratar como absolutamente incapaz e inimputável para a vida civil toda uma categoria profissional, em detrimento do explícito reconhecimento constitucional de sua autonomia coletiva (art. 7º, XXVI, CF)", votando pela convalidação do ajuste como um todo.

Eis aí o embrião do novo direito do trabalho.

Tanto assim que, algum tempo depois, ele foi encampado pela Lei nº 13.467/17 que, ao criar o art. 477-B da CLT, preceituou: "Plano de Demissão Voluntária ou Incentivada, para dispensa individual, plúrima ou coletiva, previsto em convenção coletiva ou acordo coletivo de trabalho, enseja quitação plena e irrevogável dos direitos decorrentes da relação empregatícia, salvo disposição em contrário estipulada entre as partes".

(2) O Estado brasileiro possui o dever de intervenção mínima nas relações de emprego. A melhor decisão possível deve ser a construída pelos próprios interessados, através do diálogo pautado no igual respeito, consideração e poder de barganha. Na mão inversa, a Justiça do Trabalho deve reconhecer sua limitada capacidade institucional para aferir os variados – e às vezes sofisticados – conteúdos das normas coletivas criadas pelos seus destinatários, devendo abandonar suas pré-compreensões de indisponibilidade absoluta de direitos e, principalmente, de desconfiança nos atores sociais envolvidos.

O paternalismo ilegítimo está com os dias contados. A escassez de recursos (ou a reserva do possível) bateu à porta de todo cidadão brasileiro. Os rombos estratosféricos no orçamento público, o descontrole dos gastos, a ineficiência gerencial e fiscalizatória, as oscilações do mercado de *commodities* – com destaque para o petróleo e o ferro – são exemplos de fatos em estado bruto, que pulverizaram o discurso político-jurídico do Estado eternamente provedor.[55] Não que se tenha abraçado de peito aberto a figura libertária do Estado mínimo. Mas

---

[55] Sobre o tema, vale a leitura de MENDONÇA, Eduardo Bastos Furtado de. *Constitucionalização das finanças públicas no Brasil*: devido processo orçamentário e democracia. Rio de Janeiro: Renovar, 2010.

certamente muitos acordaram para a dura e óbvia realidade ensinada por Milton Friedman há algumas décadas: "não existe almoço grátis".[56]

Neste contexto desértico, torna-se cada vez mais difícil argumentar em favor de uma vedação de retrocesso social *tout court*. Os brasileiros do ano de 2.587 não poderão alterar ou reduzir absolutamente nada do velho direito do trabalho? O modelo reinante na segunda metade do século XX no Brasil é o estado da arte jurídica? Nunca mais se atingirá este nível de perfeição normativa, a não ser que seja para o Estado intervir unilateralmente e ampliar a quantidade de direitos e garantias dos empregados? As normas prescritas na CLT – remendada a torto e a direito desde 1943 – devem ser lidas como intocáveis? Toda e qualquer inovação normativa infraconstitucional ou todo e qualquer detalhamento das normas constitucionais só devem ser autorizados se vierem para majorar direitos dos empregados?

Estas questões me lembraram o título de um filme B, do renomado Jean-Claude Van Damme, que passava na sessão da tarde e preenchia a minha saudosa ociosidade juvenil: *Retroceder nunca, render-se jamais*.[57] Brincadeiras à parte, não me parece razoável interpretar o *caput* do art. 7º da CF/88 desta maneira. Ela estimula a gula normativa de um lado, independentemente da vontade e da situação econômico-financeira do outro. Com isso, está-se isolando o direito do trabalho da realidade, o que não lhe faz bem. E, de igual modo, o isolamento também ocorre quando se pretende a regulamentação estatal e minuciosa de toda a realidade, pois, no mínimo, ou algo será esquecido, ou algo será desconhecido, ou algo será oneroso demais. Em todos os casos, o resultado será o mesmo: o descumprimento, o descrédito e o fim da eficácia social do direito.

Foi justamente esta espécie de camisa-de-força normativa que apareceu no velho direito do trabalho, com a reconfiguração da Súmula nº 277 do TST. E não foi outro o motivo da suspensão dos seus efeitos, através de liminar concedida pelo Ministro do STF, Gilmar Mendes, nos autos da ADPF nº 323.[58]

Ao sublinhar que "o principal fator positivo da ultratividade da norma coletiva seria evitar período de anomia jurídica entre o final da vigência da norma anterior e a superveniência da seguinte",

---

[56] *There's no such thing as a free lunch*: essays on public policy. Open Court Publishing Company, 1977.
[57] Cf. <http://www.adorocinema.com/filmes/filme-3661/>. Acesso em: 15 jun. 2018.
[58] Cf. <http://www.stf.jus.br/arquivo/cms/noticiaNoticiaStf/anexo/ADPF323.pdf>. Acesso em: 18 jun. 2018.

o Ministro Gilmar destacou que "Tal argumentação ignora, todavia, o amplo plexo de garantias constitucionais e legais já asseguradas aos trabalhadores, independentemente de acordo ou convenção coletiva. Na inexistência destes, os empregados não ficam desamparados, pois têm diversos direitos essenciais resguardados". Na visão do Ministro, tratou-se de uma "autêntica jurisprudência sentimental, seguida nos moldes semelhantes à adotada pelo bom juiz Magnaud". E foi além, dizendo que: "É esse ativismo um tanto quanto *naif* que o TST parece pretender seguir na espécie. Também a Justiça do Trabalho não pode perder de vista a realidade e, a partir de visões próprias de mundo, focada a atingir determinado fim que entende nobre, atuar como o bom juiz Magnaud. Há limites que precisam ser observados no Estado democrático de direito e dos quais não se pode deliberadamente afastar para favorecer grupo específico".

Mas não foi apenas neste caso que o STF refreou o ativismo e a maximização intervencionista do velho direito do trabalho. Também o julgamento do RR nº 1928-03.2010.5.06.024 foi reformado, por meio do RE nº 895.759, publicado em 13.09.2016 e relatado pelo Ministro Teori Zavascki.[59] No correr de sua fundamentação, o Ministro Teori afirmou claramente que o STF, já por ocasião do RE nº 590.415, havia declinado de sua posição favorável a prestigiar a autonomia coletiva da vontade "como mecanismo pelo qual o trabalhador contribuirá para a formulação das normas que regerão sua própria vida, inclusive no trabalho". Desta forma, ainda que "o acordo coletivo de trabalho tenha afastado direito assegurado aos trabalhadores pela CLT, concedeu-lhe outras vantagens com vistas a compensar essa supressão", ressaltando, inclusive, o fato de não ter sido rechaçada, no processo, a validade da votação da assembleia geral que deliberou pela celebração do acordo coletivo.

Portanto, e após registrar que a Constituição admitiu que normas coletivas dispusessem sobre salário (art. 7º, VI) e jornada de trabalho (art. 7º, XIII e XIV), "inclusive reduzindo temporariamente remuneração e fixando jornada diversa da constitucionalmente estabelecida", o relator constatou não ter o acordo coletivo extrapolado os limites da razoabilidade, ao suprimir a contagem das horas *in itinere* em troca de outras vantagens, com base na válida manifestação de vontade da entidade sindical.

---

[59] Cf. <http://www.stf.jus.br/portal/processo/verProcessoAndamento.asp?incidente=4794743>. Acesso em: 18 jun. 2018.

Vê, pois, que, mesmo antes da Lei nº 13.467/17, já estava aberto o caminho para o negociado prevalecer sobre o legislado. E foi exatamente isso – e um pouco mais – o que se positivou.

Começando pelo fim, saliento que o *caput* do art. 611-A da CLT explicitou a prevalência da convenção e do acordo coletivo sobre a lei formal. Ocorre que o Legislativo se adiantou e listou uma série de 15 incisos, nos quais apontou os assuntos sobre os quais os sindicatos terão permissão para negociar. Ou seja, acredito que para diminuir potenciais conflitos em juízo a respeito de rolos compressores de maiorias sindicais eventuais, o Parlamento optou por, ele mesmo, positivar o que poderá ser posto na mesa de discussão.

Para confirmar esta minha suspeita, veio em sequência o art. 611-B da CLT. Em um raro exercício de hermenêutica legislativa, o Congresso prescreveu o que não poderá ser negociado. Em 30 incisos, elencou o que constituirá objeto ilícito de convenção ou acordo coletivo, na hipótese de estes instrumentos virem a suprimi-los ou reduzi-los. A rigor, o art. 611-B da CLT esclareceu o que é considerado direito materialmente fundamental pelos parlamentares, pois acabaram por reproduzir diversos dispositivos constitucionais positivados no art. 7º.[60]

Tivesse ficado só nisso, já haveria centenas de metros de pano para manga. Entretanto, o diálogo institucional prosseguiu e os legisladores passaram mais recados à Justiça do Trabalho.[61] De baixo para cima: (i) o §3º do art. 614 da CLT enfatizou a proibição de ultratividade e da duração de convenção ou acordo coletivo por mais de dois anos (sepultando o que já estava posto em coma pela ADPF nº 323); (ii) o parágrafo único do art. 611-B da CLT realizou uma interpretação redutora de sentido da expressão "normas de saúde, higiene e segurança do trabalho", para dela excluir as "regras de duração do trabalho e intervalo" como suas possibilidades semânticas; (iii) os parágrafos do art. 611-A da CLT trouxeram uma série de limitações à atuação judicial, dentre as quais destaco apenas os §§2º e 1º.

Ao manter a validade de normas coletivas desprovidas de indicação expressa de contrapartidas recíprocas, creio que os congressistas acabaram reforçando, de maneira até um tanto quanto redundante, a

---

[60] Sobre os critérios desenvolvidos por mim para a identificação dos direitos materialmente fundamentais positivados na Constituição de 1988, cf. GOMES, Fábio Rodrigues. *Os direitos fundamentais dos trabalhadores*, p. 135 e ss.
[61] Sobre a importância do diálogo institucional no Estado Constitucional e Democrático de Direito, cf. BRANDÃO, Rodrigo. *Supremacia judicial versus diálogos constitucionais*: a quem cabe a última palavra sobre o sentido da Constituição? Rio de Janeiro: Lumen Juris, 2012.

sua confiança na autonomia da vontade coletiva. Afinal, não é racional que o sindicato aceite abrir mão de benesses ou flexibilize direitos sem nada receber em troca. Atuar contra os seus próprios interesses, *rectius*, contra os interesses dos seus associados não é o comportamento normalmente esperado desta entidade. Logo, se o sindicato flexibilizou algo sem contrapartidas explícitas, presumiu o Parlamento que algum ganho obteve, ainda que não mencionado, ainda que implícito. Basta pensar, por exemplo, em um empresário prestes a fechar as portas e que, para evitar a bancarrota, põe as cartas na mesa e costura um acordo coletivo para fracionar o pagamento do 13º salário dos seus empregados, mais nada sendo escrito. Neste caso concreto, haverá invalidade?

Este é o segredo. O juiz não poderá trabalhar amparado naqueles conceitos do velho direito do trabalho. A etérea hipossuficiência e a indisponibilidade de tudo são coisas do passado. De agora em diante deverá analisar o varejo, a realidade e perceber qual a intenção efetiva por detrás destas costuras normativas. Claro que isso não colocará a salvo circunstâncias envolvendo fraude, erro, dolo e situações que tais, nas quais sejam desvendadas ilicitudes e/ou vícios de consentimento de parte a parte.

O §1º do art. 611-A da CLT, por sua vez, faz remissão ao §3º do art. 8º da CLT. E o que nos diz este dispositivo? Ele prescreve que: "No exame de convenção ou acordo coletivo de trabalho, a Justiça do Trabalho analisará exclusivamente a conformidade dos elementos essenciais do negócio jurídico, respeitado o disposto no art. 104 da Lei nº 10.406 de 10 de janeiro de 2002 (Código Civil), e balizará sua atuação pelo princípio da intervenção mínima na autonomia da vontade coletiva".

Aproveito o ensejo para reproduzir também o §2º do mesmo art. 8º da CLT, no qual se prescreve que: "Súmulas e outros enunciados de jurisprudência editados pelo Tribunal Superior do Trabalho e pelos Tribunais Regionais do Trabalho não poderão restringir direitos legalmente previstos nem criar obrigações que não estejam previstas em lei". Vamos daqui e depois eu volto para lá.

Acredito que eu e você estejamos de acordo com a mensagem telegrafada a partir da Praça dos Três Poderes: juízes do trabalho, contenham-se! Mais do que a mera sugestão de uma postura minimalista, a ideia aqui foi – sem meias palavras – a de domesticar a Justiça do Trabalho, de cima a baixo. Como já expus antes, a Reforma Trabalhista possui um viés reativo. O STF já havia iniciado a mudança de rumos e, querendo ou não, passou o bastão para o Congresso Nacional, que acelerou o passo. Acontece que, em relação ao §2º do art. 8º da CLT, os legisladores tropeçaram nas suas próprias pernas.

Para início de conversa, não são os juízes os primeiros a pular a cerca e fugir da prisão formalista. Ir além do texto normativo é tarefa corriqueira dos advogados, que provocam o Judiciário e lhe apresentam teses nem sempre fieis à estrita redação legal. Neste sentido, o professor italiano Riccardo Guastini nos ensina o óbvio: que o advogado é fiel aos interesses do cliente.[62] E diz mais: os advogados "não dão como deduzida alguma obrigação (moral) de si mesmos ou de seus clientes no sentido de obedecer à lei enquanto tal (...) não se perguntam qual é o "verdadeiro" significado da lei ou qual teria sido a "verdadeira" intenção do legislador. Perguntam-se: como posso interpretar ou manipular as formulações normativas existentes em vista dos objetivos do meu cliente?".[63]

Pronto. Logo à queima-roupa, retiramos parte do fardo criativo dos ombros dos magistrados. Nem toda a culpa do universo está em nossa conta. Mas ainda que não houvesse essa dose de natureza humana na formulação das pretensões, existem outros obstáculos intransponíveis a esta intenção castradora. Qualquer teórico de meia pataca sabe muito bem que tentativas deste jaez são fruto de uma doce e anacrônica ilusão montesquiana. Em linhas gerais, desde a Revolução Francesa o modelo do *civil law* mantém o controle sobre o juiz através da obrigação de motivar.[64] Mas não se restringe a isso. Há também a obrigação de conferir publicidade aos seus atos (expondo-o à crítica social) e, dentro de determinados limites, há a organização judiciária em instâncias recursais. E há, também, como não poderia deixar de ser, a sujeição do julgador à lei.[65] E aqui voltamos ao ponto.

Sujeitá-lo à lei não significa aprisioná-lo à linguagem da lei. Por encaixar-se como uma luva nesta falsa polêmica, peço permissão para transcrever a lição do professor Chaïm Perelman, segundo a qual: "O fato de o juiz submeter-se à lei ressalta a primazia concedida ao poder legislativo na elaboração das regras de direito. Mas disso não resulta, de modo algum, um monopólio do legislativo na formação do direito. O juiz possui, a este respeito, um poder complementar indispensável que lhe permitirá adaptar a lei aos casos específicos. Se não lhe reconhecessem tal poder, ele não poderia, sem recorrer a ficções, desempenhar sua missão, que consiste no solucionamento de conflitos: a natureza

---

[62] GUASTINI, Riccardo. *Das fontes às normas*. Tradução de Edson Bini. São Paulo: Quartier Latin, 2005. p. 144.
[63] *Ibidem*.
[64] PERELMAN, Chaïm. *Op. cit.*, p. 183-184 e 209-210.
[65] GUASTINI, Riccardo. *Op. cit.*, p. 264-266.

das coisas obriga a conceder-lhe um poder criativo e normativo no domínio do direito".[66]

A rigor, esta trivialidade hermenêutica já havia sido denunciada bem antes de Perelman, por um dos mais notórios detratores do formalismo jurídico: Oliver Wendell Holmes Jr. Tido como um dos fundadores do realismo jurídico norte-americano, este ex-professor de Harvard e juiz da Suprema Corte dos EUA defendeu que o direito é a previsão do que as cortes farão de fato, e nada mais pretensioso do que isso.[67] Desafio você a encontrar visão mais cética do que esta, a respeito da importância do conceitos, teorias e demais rapapés academicistas na definição do que é o nosso direito de cada dia.

Para afastar esta verdadeira angústia interpretativa (pois poucos dormirão tranquilos, sabedores de que a solução dos seus problemas dependerá unicamente dos humores e pendores subjetivos do juiz da ocasião), o professor inglês Herbert Hart indicou um roteiro intermediário. Nem o nobre sonho formalista, nem o pesadelo realista.[68] No fim das contas, os juízes tendem a deixar o seu ego de lado e a seguir a opinião dominante nos casos fáceis (naqueles em que não há dúvida sobre a norma a ser aplicada ou o sentido que lhe deva atribuído). Apenas nos casos difíceis (naqueles em que há uma zona de penumbra, ou porque não há norma aplicável, ou porque os sentidos são múltiplos ou indecifráveis) é que ele fica livre para criar a solução normativa.[69] Ou seja, nem tanto ao mar (como na rigidez prevista no §2º do art. 8º da CLT), nem tanto à terra (na medida em que os *hard cases* seriam pontuais).

Ocorre que, por mais boa vontade que se tenha com a teoria proposta pelo professor Hart, o olhar realista do mundo me impede de aceitá-la tranquilamente. Para quem já se aventurou pelos meandros da consciência e da linguagem[70] ou se aproximou da interdependência entre o direito e a linguagem,[71] acreditar na possibilidade de limitar,

---

[66] *Op. cit.*, p. 203.
[67] HOLMES JR. Oliver Wendell. *The path of law*. New York: Kaplan Publishing, 2006. p. 6.
[68] HART, Herbert. L. A. American Jurisprudence through English Eyes: the nightmare and the noble dream. In: *Essays in Jurisprudence and Philosophy*. New York: Oxford University Press, 1983. p. 123-144.
[69] HART, Herbert L. A. *O conceito de direito*. 3. ed. Tradução de A. Ribeiro Mendes. Lisboa: Fundação Calouste Gulbenkian, 1994. p. 137-168.
[70] Para quem tiver coragem, aconselho a leitura de SEARLE R. John. *Consciência e linguagem*. Tradução de Plínio Junqueira Smith. São Paulo: Martins Fontes, 2010 e MARCONDES, Danilo. *Filosofia, linguagem e comunicação*. 4. ed. São Paulo: Cortez, 2001.
[71] Cf. WARAT, Luis Albert. *O direito e sua linguagem*. 2. ed. Porto Alegre: Sergio Antonio Fabris Editor, 1995; STRUCHINER, Noel. *Direito e linguagem*. Uma análise da textura aberta da linguagem e sua aplicação ao direito. Rio de Janeiro: Renovar, 2002 e NOGUEIRA, Alécio Silveira. *Direito e linguagem*: o processo interpretativo jurídico sob uma perspectiva semiótica. Curitiba: Juruá Editora, 2013.

previamente, as escolhas futuras do julgador sobre o significado das palavras é querer transformá-lo em um autômato. Como isso ainda não aconteceu, penso que esta é mais uma das diversas crenças escondidas pela teoria do direito, disfarçadas de racionalidade. Lembra do Popper? A atitude mais racional nesta situação é relembrar que, antes de tentar acorrentar o juiz nos casos fáceis e de libertá-lo nos casos difíceis, é preciso separar o joio do trigo. A pergunta agora é: quando estaremos diante de um caso fácil ou de um caso difícil? A resposta não veio? Então, reformularei a questão: quem decidirá o que é um caso fácil ou um caso difícil? O juiz, ora bolas.[72] Reproduzindo Neil MacCormick: "Algum tipo de discricionariedade está envolvido aqui. A única questão é saber se isso implica uma escolha judicial puramente subjetiva, ou um julgamento que envolve fatores, em princípio, objetivos. A melhor resposta parece ser a de que há fatores objetivos aqui, mas eles são necessariamente mediados pela subjetividade judicial. O processo aqui é de determinação, não de dedução".[73]

Logo, é uma miragem hermenêutica achar que esta distinção analítica será suficiente para evitar o que denunciou o realismo jurídico há mais de 100 anos: ao menos no Estado Democrático e Constitucional de Direito, as normas são (re)construídas, rematadas e finalizadas nos tribunais. É para lá que os *bad men* direcionam a sua atenção, a fim de traçar as suas estratégias de ação e reação.[74]

Portanto, o que posso dizer aos senhores congressistas é que o recado foi dado e, ao menos por mim, entendido. Mas, quanto à forma da mensagem, escorregaram em uma conhecida casca de banana hermenêutica. Os senhores não foram os primeiros e, provavelmente, não serão os últimos a serem malsucedidos nesta tentativa vã de calar os juízes por meio de expedientes positivistas reducionistas e irrealistas.

Sobre o §3º do art. 8º da CLT, o que posso dizer é que o Legislativo formulou outro tipo de advertência hermenêutica. Neste caso, não se buscou amordaçar o intérprete, impedindo-o de ser quem ele é, proibindo-o de ler, interpretar, refletir/sentir, escolher, opinar e justificar sua opinião.[75] Agora, o aviso foi o de que todo este processo

---

[72] Neste exato sentido, afirmando o equívoco de Hart e também do argentino Genaro Carrió, cf. GUASTINI, Riccardo. *Op. cit.*, p. 148-150.

[73] MACCORMICK, Neil. *Retórica e estado de direito*. Tradução de Conrado Hübner Mendes. Rio de Janeiro, Elsevier, 2008. p. 322.

[74] HOLMES JR., Oliver Wendell. *Op. cit.*, p. 4-7.

[75] Como já dizia Chaïm Perelman: "Espero que as páginas precedentes tenham posto em evidência o fato de que aquele que argumenta e procura exercer com seu discurso uma influência sobre seu auditório não pode evitar fazer escolhas". *Op. cit.*, p. 165.

de construção redacional e de reconstrução prática (de aplicação) da norma coletiva deve ser deixado a cargo exclusivo dos seus idealizadores, os quais são, simultaneamente, os seus destinatários.

Dúvidas de conteúdo devem permanecer à margem dos tribunais, os quais devem interferir o mínimo possível no exercício pleno e informado da autonomia coletiva. Mas é claro que sempre haverá a possibilidade de avaliação judicial, pois, como diz a própria lei, permite-se o questionamento dos elementos essenciais do negócio jurídico (agente capaz, objeto lícito e forma prescrita em lei). E o que é uma norma coletiva que viola desproporcionalmente um direito fundamental do empregado, se não uma norma que carrega consigo um objeto ilícito?

Como realismo jurídico pouco é bobagem, se o juiz quiser, alcançará rapidamente na prateleira alguma metodologia de aplicação normativa, apta a contrabalançar (ou a sopesar) o direito fundamental à autonomia coletiva com algum outro direito fundamental dos empregados que tenha sido restringido.[76] Algo que, se levado adiante, acarretará debates intermináveis, seja sobre a confiabilidade destes procedimentos discursivos, seja sobre os resultados obtidos com a sua implementação.[77]

Em suma: de um jeito ou de outro, se o juiz do trabalho quiser, continuará a maximizar a sua interferência. Caberá a ele escutar a recomendação passada pelo Parlamento – ao preceituar a intervenção mínima – e suavizar a sua desconfiança em relação às partes negociantes.

(3) O princípio nº 1 do direito do trabalho é o da proteção da autonomia do trabalhador. Patamar mínimo civilizatório. Esta foi a feliz expressão utilizada pelo Ministro Luis Roberto Barroso, no julgamento do RE nº 590.415/SC, para delimitar o piso normativo abaixo do qual o empregado, sozinho ou em grupo, não deve negociar. E o art. 611-B da CLT ajudou nesta empreitada, uma vez que listou diversos direitos trabalhistas que o Poder Legislativo considerou inegociáveis. Meio caminho andado.

A outra metade deverá ser percorrida pelos juízes, tendo em vista uma pequena alteração de perspectiva, mas cujo impacto pragmático no novo modelo de direito do trabalho será impressionante. Como já

---

[76] Sobre a famosa ponderação de princípios e o princípio da proporcionalidade desenvolvidos por Robert Alexy, cf. ALEXY, Robert. *Op. cit.*, p. 163-179.
[77] Para uma crítica severa a estas técnicas de argumentação, cf. CAMPOS, Ricardo (Org.); MACEDO JÚNIOR, Ronaldo Porto; LOPES, José Reinaldo Lima (Coord.). *Crítica da ponderação*: método constitucional entre a dogmática jurídica e a teoria social. São Paulo: Saraiva, 2016. Cf., também, o imperdível GRAU, Eros Roberto. *Por que tenho medo dos juízes (a interpretação/aplicação do direito e os princípios)*. 6. ed. São Paulo: Malheiros, 2013.

vinha se esboçando na jurisprudência do STF e veio a ser posteriormente sistematizado na Lei nº 13.467/17, o principal vetor normativo do renovado direito do trabalho, o que lhe dá sentido, é o princípio da proteção da autonomia do trabalhador. Esta é a cola normativa que agrega as diversas partes contidas na CLT e na Constituição de 1988. Notou a sutileza? Não devemos mais falar de princípio da proteção do trabalhador, daquele que pregava dever ser o empregado protegido de sua "própria ganância". Nesta nova fase do direito do trabalho brasileiro, o que deve ser guarnecida é a liberdade real do empregado, é a sua efetiva capacidade de decidir, livremente e informado, sobre os rumos de sua vida profissional, individual ou coletiva. O sinal vermelho se acenderá apenas e tão somente quando estiver em risco a sua própria aptidão para decidir livremente e com o conhecimento das circunstâncias que o cercam. E aí retornamos ao começo: patamar mínimo civilizatório ou mínimo existencial.

Sem querer ser ou parecer cabotino, este foi um dos cernes da minha tese de doutorado. Não me arrisco a abreviar o estudo longo e aprofundado que fiz sobre esta matéria. Mas, para não desperdiçá-lo, peço licença pela última vez para transcrever uma larga passagem do que publiquei:[78]

> Pode ou não pode o empregado abrir mão de sua autonomia? Claro que pode, desde que a sua decisão seja, ela própria, autônoma. O importante é que ele mantenha o seu valor intrínseco, isto é, que ele mantenha a sua "individualidade". Se a autonomia pressupõe a capacidade de o ser humano criar escolhas e efetivá-las, seria um contrassenso menosprezá-lo porque emitiu sua vontade livre e consciente de reduzir seu poder de decisão. Pior do que isso, só mesmo impedi-lo de concretizar o seu plano de vida. Portanto, não façamos confusão. O fato de ele proceder assim não significa que esteja diminuindo o seu valor enquanto agente moral. Levantar essa bandeira é um equívoco. Não há nada mais falso e maniqueísta do que pensar desta maneira.
>
> O importante é perceber se, em tal circunstância, a pessoa mantém sua identidade singular, a continuidade de seus processos mentais, memórias, intenções, a sua unidade individual e a separabilidade de sua perspectiva interna. Enfim: o importante é que reconheça em si mesmo aquela sua "distintividade individual". Se isso estiver garantido, a sua individualidade também estará em lugar seguro. O indivíduo que se autolimitou continuará percebendo a si mesmo como um ser humano livre e racional, merecedor de igual respeito e consideração.

---

[78] GOMES, Fábio Rodrigues. *Os direitos fundamentais dos trabalhadores*, p. 135-137.

O grande embaraço, aqui, é impedir que fatores externos (a escassez de recursos, por exemplo) solapem a vontade do indivíduo, a ponto de ele entrar numa enrascada. Para que sua decisão de comprometer a sua própria autonomia deva ser legitimamente autorizada – algo chamado por Nino de "princípio de dignidade humana" – todos devem analisar, com cuidado, se a espontaneidade da ação está prejudicada por fenômenos causais, que influenciem desigualmente os participantes/contratantes. Porque, quando isso acontece, devemos todos e, institucionalmente, deve o Estado intervir. Haverá um paternalismo, mas um paternalismo legitimado pelo princípio da inviolabilidade do indivíduo, segundo o qual está proibido de "imponer a los hombres, contra su voluntad, sacrificios y privaciones que no redunden em su próprio benefício".

Já vimos esse filme. A vontade humana, quando desprovida de um mínimo de condições materiais, está a léguas de distância da verdadeira autonomia criativa. Daí porque a lembrança recorrente do imperativo categórico kantiano. Os indivíduos (potenciais empregados) que estão jogados no poço sem fundo da miséria, da ignorância, da doença, do desabrigo e do desespero famélico não poderão ser resgatados para o terreno firme da humanidade, enquanto não desfrutarem dos direitos morais que os habilite a estipular, eles próprios, os seus planos de vida. E aqueles outros (potenciais empregadores) que se aproveitam disso para se locupletar, que veem a degradação alheia como uma vantagem à ampliação de suas próprias metas, deverão ser impedidos o quanto antes por quem (ainda) detém força física e moral para tanto. Ou isso, ou estaremos coniventes com a coisificação do ser humano, alienado como um "meio" para realização de fins que lhe são estranhos.

Temos, portanto que a autorrestrição da autonomia não é algo ruim *a priori*. Ao contrário, efetivá-la é uma decorrência lógica da própria valorização da autonomia, O problema está na construção das fronteiras normativas legitimadoras deste tipo especial de decisão. Sem estas linhas divisórias, corre-se o risco de uma autolimitação espontânea tornar-se uma limitação unilateral e arbitrária da autonomia de um pela autonomia do outro (...).

Com o paternalismo legítimo não restringimos a autonomia moral do indivíduo que almeja um emprego. Se ele quer se subordinar ao poder alheio, o Estado não tem nada a ver com isso. Os seus objetivos devem ser outros. De um lado, "garantir a formulação institucional e a preservação efetiva dos direitos morais, vinculados à capacidade de cada um tomar suas próprias decisões".

(...) o Estado estará legitimado a intervir na decisão do indivíduo (...) Não para limitar sua autonomia, mas, sim, para favorecer a concretização das decisões que estabeleceu para si, em vista dos seus próprios interesses.

Dito isso, ao evoluirmos do princípio da proteção do trabalhador para o princípio da proteção da autonomia do trabalhador, penso que o nível da interlocução se altera, e muito.

Até onde o empregado, sozinho ou acompanhado por seus pares, pode negociar? Valendo-me de uma expressão do professor de Harvard, Michael Sandel, quais são os limites morais do mercado em relação aos direitos dos trabalhadores?[79] Quando devemos intervir para impedir a degradação do ser humano, ainda que seja o resultado de algo que ele próprio negociou? Qual o limite da lógica monetária e da mercantilização da vida? O ponto de combustão ocorrerá quando estressarem o mínimo existencial do empregado de tal modo que inviabilizem a sua liberdade decisória. Sempre que estiver em risco aquele patamar mínimo civilizatório necessário à manutenção de sua individualidade, à preservação do seu autorreconhecimento como alguém detentor de igual respeito e consideração, teremos ultrapassado a linha vermelha que separa a negociação permitida daquela proibida. Por quê? Em virtude da baixa qualidade de sua decisão.

Tenho consciência de que estou me repetindo, mas é por uma boa causa. O meu objetivo é ser o mais didático possível e, por isso, falo novamente: quem passa fome pensa com o estômago. Esta é uma presunção *hominis* e deve servir de escudo moral contra a disponibilização indevida de direitos materialmente fundamentais do trabalhador.

E, afinal de contas, onde mora este limite intransponível? Na minha tese eu ousei apontar quais direitos positivados nos arts. 7º a 11 da CF/88 seriam materialmente fundamentais e quais seriam apenas formalmente fundamentais.[80] Contudo, caso você esteja com pressa e precisando de uma resposta imediata, leia os incisos do art. 611-B da CLT, pois ali já estão identificados e blindados, em boa medida, os direitos fundamentais dos trabalhadores.

Mas isso não é só. Para se ter uma ideia do que entrevejo, a inconstitucionalidade do art. 468 da CLT é uma sequela inexorável da entrada em cena do novo direito do trabalho. Em um sistema normativo e antropocêntrico como o nosso, no qual a dignidade humana de matriz kantiana – centrada na autonomia da vontade[81] – é a mola-mestra, como sustentar um dispositivo outorgado em 1943, num contexto hostil à

---

[79] SANDEL, Michael. *What money can't buy*: the moral limits of markets. New York: Farrar, Straus and Giroux, 2012.
[80] GOMES, Fábio Rodrigues. *Os direitos fundamentais dos trabalhadores*, p. 137-157.
[81] Por todos, cf. SARMENTO, Daniel. *Dignidade da pessoa humana*: conteúdo, trajetórias e metodologia. Belo Horizonte: Fórum, 2016.

democracia, à liberdade sindical e às liberdades individuais? Como manter a compatibilidade substantiva entre um preceito cujo fio condutor é a desconsideração da vontade do empregado, sem qualquer menção à qualidade desta manifestação? Pior, como dizer que o art. 468 da CLT ainda é válido, se o que ele afere é simplesmente o prejuízo "direto ou indireto" sofrido pelo empregado, sem ao menos dizer qual o critério para se constatar este prejuízo e, assim, entregando este conceito indeterminado de mão beijada para o preenchimento subjetivo e arbitrário de apenas uma das partes contratantes?

O art. 468 da CLT é o imperativo categórico do velho direito do trabalho, pois reflete, como nenhum outro, dois dos seus principais conceitos: a abstração irreal da hipossuficiência e a absolutização acrítica da indisponibilidade. Afrontoso à ideia de se considerar o empregado como um sujeito detentor de "maioridade cívica", este dispositivo retira violentamente a capacidade do indivíduo de decidir, de forma livre e informada, a sua vida profissional. Francamente, o empregado brasileiro é desrespeitado, infantilizado e tratado como alguém em relação a quem o Estado-Juiz deve ficar sempre de olho, seja para salvá-lo das consequências que ele próprio criou para si, seja para mimá-lo e deixá-lo se arrepender, simplesmente porque não quer mais aquilo que, até pouco tempo atrás, era o seu desejo livre e verdadeiro. Quanto ao desastroso estímulo à má-fé contratual e à mais absoluta falta de lealdade com o empregador, pouco preciso dizer.

Nulidade da modificação das regras do jogo? Depende apenas da qualidade da decisão. Foi tomada à base de erro, dolo, coação, lesão ou estado de necessidade? Então a resposta é sim. Dispôs de algum direito fundamental material que tenha comprometido a sua própria capacidade de decisão? Então a resposta é sim. Do contrário, o empregado traz agora, por presunção razoável, a sua *dignitas*, o seu prestígio pessoal de um indivíduo plenamente capaz, livre para escolher o que considera melhor para si, diante das informações e das oportunidades que lhe são postas. Se as coisas não saíram como esperado, paciência. Isso acontece em várias etapas da vida e em vários segmentos da vida. Ou alguém realmente acredita que irá se casar e ser feliz para sempre?

A Lei nº 13.467/17 bebe desta fonte normativa. Toda ela, do início ao fim, está lastreada na noção de proteção da autonomia do empregado. Uma autonomia que não deve ser apenas guarnecida, como também prestigiada e fomentada. Decidam, decidam livremente, a fim de que construam futuros promissores. Erros ocorrerão, sonhos serão frustrados, prognósticos falharão. Mas também acertos serão cada vez mais frequentes, os conflitos talvez diminuam, a sinceridade e a transparência serão a moeda de troca e, quiçá, este seja o gérmen de uma parceria entre dois sujeitos que, num mercado global altamente competitivo, têm tudo para atuar em sintonia. Já disse antes e não me importo de repetir: é na real autonomia decisória que está o centro de gravidade da Reforma Trabalhista.

Para não acharem que estou exagerando, verifiquem os artigos 442-B, 444, parágrafo único, 477, 484-A, 507-A e 507-B da CLT. Neles encontramos (i) o contrato de trabalho autônomo, (ii) a permissão para que empregados portadores de diploma de nível superior e que percebam salário mensal igual ou superior a duas vezes o limite máximo dos benefícios do Regime Geral da Previdência Social estipulem livremente (e diretamente) com o seu empregador tudo o que está contido no art. 611-A da CLT, prevalecendo esta negociação individual sobre a norma coletiva, (iii) a permissão para o distrato entre o empregado e o empregador, desburocratizando-se a extinção do vínculo jurídico-trabalhista, (iv) a permissão para que seja incluída cláusula compromissória de arbitragem nos contratos de empregados cuja remuneração seja superior a duas vezes o limite máximo dos benefícios do Regime Geral da Previdência Social e (v) a autorização facultativa para que empregados e empregadores firmem termo de quitação anual de obrigações trabalhistas, com o detalhe da chancela sindical compulsória e de o termo só quitar as parcelas específicas que dele constar.

Diante destes singelos exemplos, o que se pode dizer? Eu digo que os parlamentares descartaram a visão preconceituosa, simplória e maniqueísta do empregado como sendo sempre o pobre coitado explorado e do empresário (mesmo o micro e o pequeno) como o vilão inescrupuloso de charuto e cartola. Também eles acreditaram que certas pessoas, com maior nível de instrução formal e cuja remuneração seja acima da média do mercado de trabalho brasileiro, detêm capacidade de decidir livremente os termos do contrato, ainda que seja para afastar, logo de início, a sua natureza jurídico-empregatícia. Na verdade, eles atualizaram a presunção pressuposta ao direito do trabalho. Abandonaram aquela antiga e puseram outra no lugar. Simples assim. Obviamente que, como toda inferência ou generalização extraída da experiência cotidiana, leva consigo os riscos da sobreinclusão ou da subinclusão. No entanto, sendo uma ferramenta indispensável para a atividade legislativa e jurisdicional, melhor uma que esteja mais próxima da realidade.[82]

---

[82] Sobre os defeitos inevitáveis (mas aceitáveis) decorrentes da generalização normativa (por exemplo, colocar coisas demais ou coisas de menos), cf., por todos, SCHAUER, Frederick. *Profiles, probabilities and stereotypes*. Cambridge: Harvard University Press, 2003.

Sei que são muitas as novidades e não são poucas as polêmicas e receios que elas acarretam. Todavia, comentarei apenas uma delas: a contida no art. 442-B da CLT. E vou utilizá-la justamente como uma solução alternativa, oferecida pelo novo direito do trabalho, ao caso paradigmático resolvido no item 2.1, sob a égide do velho direito do trabalho.

3.1 Pequeno excurso sobre o art. 442-B da CLT

Antes de esmiuçar o novo art. 442-B da CLT, gostaria de resgatar uma discussão muito parecida, ocorrida na década de 90 do século passado.

Em 1994, a Lei nº 8.949 inseriu um parágrafo único no art. 442 da CLT, prescrevendo que "Qualquer que seja o ramo de atividade da sociedade cooperativa, não existe vínculo empregatício entre ela e seus associados, nem entre estes e os tomadores de serviços daquela".

Diante desta disposição, rios de tinta foram derramados para se discutir sobre a sua extensão normativa. Todas as cooperativas haviam ganhado passe-livre? As cooperativas "multi-tudo" – prestadoras de serviços que iam desde limpeza, carpintaria e vigilância até enfermagem e física quântica – estariam livres para atuar do jeito que quisessem, para quem quisessem, sem qualquer receio de sanção jurídica e, consequentemente, de condenação judicial?

Deve-se relembrar que este debate teve como pano de fundo as centenas ou, quiçá, milhares de cooperativas fraudulentas que pululavam por aí, com destaque especial para o Estado do Rio de Janeiro e seus vários Municípios. Mas por que fraudulentas? Porque serviam à tosca missão de intermediação de mão de obra. Arregimentavam um indivíduo pouco qualificado profissionalmente, pagavam-lhe um salário fixo (geralmente o salário mínimo), colocavam-no para trabalhar na atividade-fim de um tomador (por exemplo, frentista de posto de gasolina) e a mágica estava feita. De um lado, o tomador desenvolvia sua atividade econômica com pouquíssimos empregados formais e, de outro, o cooperado obedecia às ordens dos gerentes do tomador, podendo ser punido ou até mesmo dispensado por ele. E a cooperativa? O quê? Cooperativa? Já havia sumido do mapa fazia tempo! Assembleias ordinárias, distribuição de sobras e dividendos, eleições de diretoria? Pura ficção para inglês ver.

Situações caricatas como esta (mas, infelizmente, frequentes em juízo), impediram os intérpretes de compreender o parágrafo único do art. 442 da CLT como uma norma válida? Não! Entretanto, reduziram o seu âmbito de incidência (e a sua eficácia jurídica) àqueles casos em que houvesse a constatação de uma cooperativa lícita, na forma da Lei nº 5.764/71 e, atualmente, da Lei nº 12.690/12. Uma típica hipótese hermenêutica de redução semântica do enunciado normativo. Uma ideia lecionada magistralmente por Riccardo Guastini[83] e realizada corriqueiramente pelo Judiciário brasileiro, como o fez, por exemplo, o Supremo Tribunal Federal no julgamento da ADI nº 3.395-6/DF, ao declarar que a expressão genérica "relação de trabalho" não continha a sua espécie "relação de trabalho estatutária". O art. 114, I da CF/88 foi declarado inconstitucional? Por suposto que não. Mas o STF evidenciou que, na opinião da maioria dos seus Ministros, ele dizia mais do que realmente deveria dizer (o "realmente" aqui é destacado como referência à já mencionada escola realista do direito norte-americano e, não por acaso, ao voluntarismo judicial como seu lema).

Repito, pois: o reducionismo semântico é um movimento argumentativo useiro e vezeiro em nossa tradição jurisprudencial.

É claro que, à época, a terceirização da atividade-fim continuava severamente restringida pela Súmula nº 331 do TST, na sua versão prevista na Resolução nº 23/93. Mas e se não estivesse proibida? E se não houvesse esta proibição?

Para mim, a redução semântica ainda seria sustentável por uma razão muito singela: a fraude. Aquelas cooperativas de fachada foram concebidas dolosamente para driblar a lei. Maquiava-se uma relação jurídica de emprego (perfeitamente ajustada aos arts. 2º e 3º da CLT) para engendrar-se uma contratação simulada e menos onerosa para o tomador. E o pior: manipulavam a vontade dos cooperados, pois via de regra tratavam-se de pessoas com pouca instrução formal, zero de especialização (baixa qualificação profissional) e sujeitas a pequenos salários, mas, ainda assim, salários melhores do que nada. Ou seja, as vítimas eram pessoas com pouca ou nenhuma capacidade real de decisão. A rigor, eram migalhas distribuídas a quem estava desempregado, premido pelas necessidades básicas. Eram suficientes para ele sobreviver? Talvez. Mas certamente insuficientes para preservar a sua dignidade. Férias, repouso semanal remunerado, ambiente de trabalho saudável e seguro? Sonhos de uma noite do tórrido verão carioca.

Feitas estas divagações, retorno ao ponto.

---

[83] Op. cit., p. 34-43.

O art. 442-B da CLT é inválido, *rectius*, é inconstitucional? Respondo com outra pergunta: o art. 442, parágrafo único é inconstitucional?

Ambos são constitucionais. O mais antigo, porque simplesmente acenava para o juiz temperar suas pré-compreensões e refrear opiniões açodadas: a cooperativa, tão-somente por ser cooperativa, não deveria dar azo a fraudes. Daí porque as regulares não deveriam ser confundidas com relações de emprego, seja internamente (com os cooperados), seja externamente (com os tomadores). Já o mais novo segue pelo mesmo caminho: juízes do trabalho, não invalidem automaticamente contratos formalizados entre trabalhadores autônomos e os tomadores dos seus serviços. Os que forem lícitos não devem ser confundidos com a relação de emprego preceituada nos arts. 2º e 3º da CLT. Simples assim. Quer dizer, simples para mim, mas não para o Ministério Público do Trabalho.

Descontadas as alusões genéricas à "justiça social", "sociedade justa e solidária", "erradicar a pobreza", "reduzir desigualdades sociais", "existência digna", "função social da propriedade" e "busca do pleno emprego", o MPT trouxe, em sua Nota Técnica nº 8,[84] algumas assertivas bastante duvidosas, quando lidas com cuidado. São elas:

(a) realização material de pessoas não pode ficar sujeita apenas à sua aptidão pessoal e devem ser impulsionadas por normas estatais que garantam um mínimo existencial civilizatório;
(b) a relação de emprego é lastreada na subordinação e deve visar à proteção do economicamente hipossuficiente;
(c) a relação de emprego é direito fundamental reconhecido constitucionalmente com base na desigualdade material das partes contratantes, devendo-se afastar a plena liberdade e garantir-se um conteúdo mínimo de segurança; e
(d) a simples declaração de vontade das partes ou a mera formalização do contrato de trabalho autônomo não deve afastar a configuração da relação de emprego, desconsiderando a desigualdade material das partes que vicia esta vontade.

De fato, lidas em conjunto, estas afirmações misturam alhos com bugalhos de tal maneira, que, ao final, não se compreende muita coisa.

---

[84] Disponível em: <https://portal.mpt.mp.br/wps/wcm/connect/portal_mpt/ce4b9848-f7e4-4737-8d81-6b3c6470e4ad/Nota+técnica+nº+8.2017.pdf?MOD=AJPERES>. Acesso em: 20 jun. 2018.

Na primeira colocação, quando menciona a realização material das pessoas e a determinação de o Estado garantir-lhes um mínimo existencial, o MPT põe na mesa uma das discussões mais intrincadas da teoria dos direitos fundamentais, da filosofia do direito e da filosofia política.

No Brasil, por exemplo, os professores Ana Paula de Barcellos[85] e Ricardo Lobo Torres[86] já ofereceram algumas soluções para dissolver a dúvida a respeito de quais direitos devem compor a "cesta básica" de todo e qualquer ser humano, a fim de lhes resguardar igualdade de oportunidades na vida em sociedade. Mas, tal como sugeri nas entrelinhas, não se deve visar à igualdade de resultados (quando todos só poderiam chegar a um mesmo lugar, independentemente de quem fosse ou do que fizesse), e, sim, igualdade de oportunidades.[87] Para esta, pergunta-se: até onde o Estado, ou melhor, o seu orçamento deve custear bens e serviços ao público, de modo que todos e cada um de nós carregue consigo as habilidades necessárias para buscar a sua felicidade? O que deve ser considerado indispensável para que todos e cada um de nós saia do mesmo ponto de partida, desfrute das mesmas (ou parecidas) condições iniciais de vida para, dada a largada, percorra o seu caminho e, até mesmo, possa competir com os demais? Educação fundamental, média, profissionalizante e superior para todo mundo? Ou apenas fundamental e média? Saúde pública universal ou segmentada apenas aos de baixa renda? Seguro-desemprego por quatro, oito ou dez meses? E por aí vai.

O ponto central é decidir, dentro de um contexto de escassez de recursos (da reserva do possível), como, onde, para quem e porque distribuir os recursos públicos desta ou daquela maneira. E ao transportarmos esta discussão para o direito do trabalho, a pergunta passa a ser como, onde, por que e para que o Estado deve intervir na relação de emprego. Voltamos ao debate de alguns parágrafos acima, sobre o patamar mínimo civilizatório que deve ser resguardado para a proteção da autonomia do trabalhador subordinado.

Contudo, há uma miudeza que complica ainda mais o nosso debate justrabalhista: a intervenção estatal não é para gastar o que arrecada através de suas próprias fontes de custeio. Ao contrário, é para saber até quando e como o Estado deve interferir em uma relação privada, retirando de um lado para entregar ao outro. Para o MPT, o Estado

---

[85] *A eficácia jurídica dos princípios constitucionais*: o princípio da dignidade da pessoa humana. Rio de Janeiro: Renovar, 2002.
[86] *O direito ao mínimo existencial*. Rio de Janeiro: Renovar, 2009.
[87] Por todos, cf. DRAY, Guilherme Machado. *Op. cit.*, p. 91-96.

brasileiro petrificou do art. 7º ao art. 11 da CF/88. Logo, tudo o que está ali representa um modelo intocável de (re)distribuição de recursos entre empregado e empregador, salvo se houver mais (re)distribuição unicamente em prol do primeiro. Nunca menos, sempre mais, mais, mais e mais até explodir... a economia, os empregos e os empregados. Não parecem demonstrar preocupação com a fonte de custeio. De onde vem o dinheiro para pagar essa conta? Repito: parecem não se importar.

E o que tem isso a ver com o contrato de trabalho autônomo? Este, como qualquer indivíduo, empregado ou não, sempre esteve abarcado pelas discussões em torno do mínimo existencial. Mais do mesmo, portanto. Todavia, veio o MPT e disse que o contrato de emprego é pautado pela subordinação e proteção do hipossuficiente.

Ora bem. Eu não divirjo – e acredito que quase ninguém neste país o faça – que a subordinação é o elemento central da relação de emprego. Não que sozinha resolva tudo (até porque o pintor eventual que você contratou para pintar as paredes da sua sala de estar deve obedecer às suas diretrizes sobre onde pintar e qual a cor utilizar), mas sem ela não há empregado. Certo é que a subordinação jurídica admite gradações, pois um cirurgião cardíaco, empregado de um renomado hospital, possui uma liberdade de ação muito maior do que o porteiro de um condomínio residencial. Mas, de novo, sem ela não há empregado. Estamos de acordo.

O que vai gerar o meu desacordo com o MPT está em outro lugar-comum do direito do trabalho: a noção de hipossuficiente.

Como também já vimos, a hipossuficiência sempre foi associada ao indivíduo fraco economicamente, ao vulnerável, necessitado de recursos para sobreviver ou, melhor dizendo, ao que não dispõe dos meios suficientes à satisfação de suas necessidades básicas. O núcleo do conceito está, portanto, na diminuta capacidade econômico-financeira da pessoa. E, aparentemente, o MPT valeu-se desta versão clássica no seu arrazoado, pois, em mais de uma ocasião, enfatizou a "desigualdade material" como característica marcante da relação de emprego, dizendo que a proteção constitucional era dirigida ao trabalhador subordinado "economicamente hipossuficiente" e que a "desigualdade material" vicia a manifestação de vontade da parte contratante.

Mas, se é assim, vejam a armadilha em que o MPT se meteu. Quando vincula a noção de subordinação à de relação de emprego e justifica a proteção dos empregados à sua desigualdade material em face do empregador, ele acabou por excluir os altos empregados (ou os empregados altamente qualificados) da incidência dos direitos constitucionais. Aqueles muito bem remunerados e com fácil colocação no mercado de trabalho tornaram-se párias trabalhistas. Sem qualquer má vontade, eu digo: do conjunto da obra extraída da nota técnica, conclui-se facilmente que só o empregado desprovido de recursos econômicos é titular dos direitos fundamentais positivados na Constituição de 1988. Ao fim e ao cabo, eles ressuscitaram o empoeirado binômio subordinação econômica (só faltou usar "dependência")!

Seguindo esta linha de raciocínio, aquele cirurgião cardíaco referido há pouco, enquanto empregado registrado, com CTPS "assinada", não faria jus às férias, salários e repousos semanais, como todo e qualquer empregado. Afinal, como justificar a cadeia argumentativa "hipossuficiência-subordinação-natureza jurídico-empregatícia-direitos fundamentais", se a sua remuneração ultrapassar, por exemplo, o subsídio de um Ministro do STF? Pois se não é hipossuficiente, não está subordinado; e se não está subordinado, não se insere em uma relação de emprego; e se não é empregado, fim da história. Um tiro no pé! Usaram uma premissa equivocada (de hipossuficiência como pressuposto de subordinação) para tentar defender "a relação de emprego como direito fundamental" e colheram como resultado situações em que a relação de emprego deixou de ser fundamental.

Os mais atentos já devem estar pensando: mas é só acertar a premissa. A subordinação característica do contrato de emprego não é a econômica, é a jurídica! Em consequência, a alta remuneração ou a inexistência de hipossuficiência do cirurgião cardíaco não mais seria relevante para a classificação do seu *status*. Caso fosse contratado com *pessoalidade* (não poderia se fazer substituir, ao menos sem a concordância expressa do hospital), *onerosidade* (muita, por sinal), *não-eventualidade* (escala de 12x36 ou determinado número de plantões semanais) e *subordinação "jurídica"* (por exemplo, obediência às diretrizes do hospital, prestação de contas ao diretor do hospital e jornada de trabalho preestabelecida) *deveria ser* (linguagem normativa, tendo uma ordem como operador deôntico) *classificado como empregado*, na forma do art. 3º da CLT.

Então, art. 442-B da CLT, diga-me a que veio!

Como não se presumem palavras inúteis nas leis, ele veio por duas razões. Uma, eu mencionei acima e repito para quem estiver impaciente. Ele simplesmente acena para o juiz abrandar suas pré-compreensões e refrear opiniões açodadas. Ele brada em alto e bom som: juízes do trabalho, não invalidem automaticamente contratos formalizados entre trabalhadores autônomos e os tomadores do seu serviço. Os que forem lícitos não devem ser confundidos com a relação de emprego preceituada nos arts. 2º e 3º da CLT. Os que forem fraudulentos e contiverem os requisitos contidos nos arts. 2º e 3º da CLT devem ser declarados nulos e ter reconhecido o vínculo de emprego entre as partes.

O MPT usou de inúmeros contorcionismos discursivos para dizer algumas platitudes e defender outras tantas premissas do velho direito do trabalho. Enunciar valores morais travestidos de finalidades constitucionais, sem explicitá-los, é chover no molhado. Falar de mínimo existencial, também sem discorrer sobre seu significado e tentando moldá-lo a fórceps em tudo (do art. 7º ao art. 11 da CF/88), não me convence. Associar hipossuficiência à subordinação é um anacronismo perigoso. E dizer que a relação de emprego é um direito fundamental confunde mais do que esclarece, pois, ao mais desavisado, pode fazer crer que o Estado deve prover o pleno emprego, planejar e dirigir a economia, estatizar os meios de produção e trocar as cores da bandeira nacional para o vermelho rubro. O emprego em si, em uma sociedade baseada na livre iniciativa, justiça social e democracia, é uma faculdade, um merecimento ou, a depender do ponto de vista, uma oportunidade de vida digna, mas direito, data vênia, não é. Tecnicamente falando, direito a ser empregado pressupõe o dever de empregar. E o dever de empregar pressupõe uma norma ordenando que alguém empregue outrem. Esta norma não existe, implícita ou explicitamente, no ordenamento jurídico brasileiro. E, por derivação lógica, inexistem destinatários desta norma inexistente.

O art. 442-B da CLT é um dispositivo que ressalta a importância da autonomia da vontade individual. Ele é um holofote normativo que veio para iluminar uma realidade negada veementemente pelo MPT e por muitos defensores do velho direito do trabalho: existem pessoas que não querem ser empregadas e preferem ser contratadas como autônomos! E para estas pessoas, o contrato formalizado é válido e não deve ser associado, automaticamente, à fraude. Transformá-lo, na marra, em outra coisa é uma violência contra o legítimo exercício do direito fundamental à liberdade individual dos contratantes. Isso sem falar que, na maioria das vezes, incentiva uma deslealdade e uma má-fé desabrida! Nada mais nefasto do que combinar de um jeito e depois utilizar-se de um discurso paternalista para passar a borracha na realidade e dar o dito pelo não dito, apesar de ambos terem se acertado com liberdade, informação e plena consciência das consequências da decisão conjunta para as suas vidas profissional e empresarial.

Diferentemente do que se diz abstratamente em muito livros, não custa repetir à exaustão a ideia diametralmente oposta, já mencionada em diversas passagens deste texto: nem todo trabalhador é hipossuficiente e decide sempre de modo viciado. E mais: nem todo trabalhador subordinado é hipossuficiente e decide sempre de modo viciado. E melhor: a hipossuficiência, quando existe, admite gradações.

A afirmativa do MPT, segundo a qual "a simples declaração de vontade das partes ou a mera formalização do contrato de trabalho autônomo não deve afastar a configuração da relação de emprego, desconsiderando a desigualdade material das partes que vicia esta vontade", é uma ode à desvalorização, em estado bruto, da autonomia de vontade das pessoas.

Como assim, e desde quando, a declaração de vontade de alguém admite os adjetivos "simples" ou "mera"? Tais colocações tratam todos os cidadãos brasileiros como imaturos, de A a Z, independentemente de suas circunstâncias pessoais. É puro e simples paternalismo ilegítimo. Por certo que a desigualdade material pode, no extremo, pulverizar a liberdade decisória. E não foi outra a situação vivenciada pelos cooperados das cooperativas multi-tudo. Mas pressupor que sempre haverá desigualdade material ou que, ainda sem ela, a vontade do trabalhador é sempre falaciosa, é virar-se de costas para o mundo real. E nada mais perigoso do que trancafiar-se em um mundo de fábulas, a despeito da realidade que bate à sua porta!

Para densificar um pouco mais o art. 442-B da CLT, resgatarei aquela história contada no item 3.2.1 deste artigo.

3.2 Solução alternativa para o caso paradigmático

Espero que você ainda se lembre do nosso caso paradigmático. Se não, volte rapidamente ao item 2.1, releia-o e venha de novo para cá. Pronto. Feito isso, renovo o convite: vamos pensar fora da caixa. Agora, diante do art. 442-B da CLT, é possível indagarmos que tipo de *animus contrahedi* aquele trabalhador manifestou. Para tentarmos construir uma resposta racionalmente aceitável, o mínimo que se espera é que contextualizemos melhor o problema.

Primeira e mais importante das contextualizações: Quem era o trabalhador? Era uma pessoa instruída, informada, bem-sucedida, com entrada no seu segmento do mercado de trabalho (e às vezes até em plena atividade quando da contratação), sem qualquer dificuldade financeira. Em suma, o oposto do conceito clássico de hipossuficiente.

Segunda e, não menos importante contextualização: como se desenvolveu a relação jurídica formalizada entre as partes? Houve um contrato válido (agentes capazes, não era uma atividade ilícita e respeitou-se as formalidades eventualmente existentes), a remuneração ajustada era bem polpuda e sempre foi paga regularmente (e a exposição pública, derivada do seu trabalho para a TV, rendeu-lhe ainda outros fartos ganhos adicionais), tendo ocorrido a rescisão contratual exatamente na forma acertada por ambos.

Retorno à questão. Qual o tipo de *animus contrahedi* foi manifestado pelo trabalhador? O de ser um trabalhador autônomo e, depois, o de prestar serviços como pessoa jurídica. E, neste contexto, sua vontade deve ser considerada viciada? Você consegue vislumbrar algum vício de consentimento (erro, dolo, coação, estado de necessidade ou lesão) apto a entortar a sua decisão? Ou ela foi escorreita, lisa, de acordo com o direito?

Eu penso que o ajuste entre os dois foi válido e, no futuro próximo, estará de acordo com o art. 442-B da CLT.

Na verdade, eu julgo assim não é de hoje. Jamais atropelei a vontade real dos contratantes. Nunca fiz vista grossa para o que uma pessoa, em circunstâncias semelhantes às descritas, decidiu para si. Acredito que fazer o contrário é premiar a má-fé e a deslealdade contratual e permitir transformar o Judiciário em uma máquina do tempo, tornando o trabalhador autônomo imune às responsabilidades e consequências das suas próprias decisões. A sentença do juiz adquire ares de um verdadeiro bilhete premiado de loteria. Milhares de reais são auferidos ao longo do contrato livremente combinado e milhões de reais são embolsados depois que ele termina, simplesmente porque o juiz ficou cego, surdo e mudo para o exercício regular do direito fundamental de livre contratação.

Alguns ainda alegam a natureza impositiva das normas trabalhistas. Ora, o trabalhador não pode escolher. Se a sua realidade se encaixa no art. 3º da CLT, a força gravitacional deste dispositivo não lhe dá margem para contestações. Não penso assim. Antes de o juiz reescrever o passado, ele deve lembrar que este dispositivo não é um buraco negro que suga a tudo que está ao seu redor. A bem de ver, esta suposta impossibilidade jurídica advém da proteção da própria autonomia decisória do empregado necessitado, que estará comprometida pela sua urgência alimentar. Quando a necessidade não existe, o juiz não deve continuar a usar uma camisa-de-força amarrada pela figura abstrata e irreal do empregado-Chico Bento. Ele possui o dever de enxergar a vida como ela é e sentenciar, com todas as letras, que a intenção contratual do trabalhador não foi a de ser empregado. Ele quis ser autônomo e, depois, ele quis ser PJ. Liberdade e responsabilidade. Esta é a dupla dinâmica da filosofia do direito, muito bem explicada há séculos por John Stuart Mill[88] e, mais recentemente, por Michael Sandel.[89]

Mas para aqueles que, consciente ou inconscientemente, resistem a dar este passo, aconselho-os a lerem o art. 150 do CC.[90] Dolo recíproco. Se a Rede de Televisão efetivou um contrato de trabalho autônomo para diminuir o custo trabalhista da mão de obra, o ator (ou o jornalista) aceitou esta forma de contratação porque também lhe beneficiava, seja sob o ponto de vista tributário, seja pelos sedutores ganhos diretos e indiretos que surgiriam a partir da assinatura do contrato. Não há santos nessa história. Se houve fraude, ela se deu numa via de mão dupla.

Assim, penso que o art. 442-B da CLT veio para reforçar estes entendimentos. Não é um dispositivo inconstitucional e, menos ainda, um artigo inútil. Ele é um alerta para o juiz e um holofote para a realidade.

A tão propalada primazia da realidade, na esteira do novo direito do trabalho brasileiro, adquire um sentido totalmente diferente.

4 Conclusão

Mudanças nas leis trabalhistas estão ocorrendo pelo mundo todo. Portugal, Alemanha, Espanha e Itália são exemplos da natureza intrinsecamente cambiante desta especial forma de regulação.[91] A França também, apesar de retardatária.[92] O motivo é óbvio: poucas coisas mudam tão rápido nesta nossa modernidade líquida quanto os modos e meios do trabalho humano. Dia sim, outro também, visionários proclamam o fim de metade das atividades profissionais conhecidas para daqui a 50 anos.[93] Até algoritmos aptos a realizar julgamentos estão em gestação.[94] Na medicina, o programa Watson, desenvolvido pela gigantesca IBM, auxilia médicos experientes no aprimoramento de seus diagnósticos, não havendo quem duvide que, no futuro próximo, ele será capaz de

---

[88] *On liberty*. Mineola: Dover Publications, 2016.
[89] *Justiça: o que é fazer a coisa certa*. 6. ed. Rio de Janeiro: Civilização Brasileira, 2012.
[90] "Se ambas as partes procederem com dolo, nenhuma pode alegá-lo para anular o negócio, ou reclamar indenização."
[91] MARTINEZ, Pedro Romano. *Direito do trabalho*. 8. ed. Coimbra: Almedina, 2017. p. 125-127.
[92] Cf. <https://brasil.elpais.com/brasil/2017/08/31/internacional/1504172887_983395.html>. Acesso em: 20 jun. 2017.
[93] Cf. <http://link.estadao.com.br/noticias/empresas,a-grande-extincao-de-empregos,70001909434>. Acesso em: 20 jun. 2018.
[94] Cf. <https://www.tecmundo.com.br/curiosidade/111109-futuro-justica-estudo-mostra-ai-capaz-prever-julgamentos.htm>. Acesso em: 20 jun. 2018.

realizar suas próprias avaliações.⁹⁵ A inteligência artificial, a internet das coisas, as supervelocidades de conexão e a automatização estão cada vez mais presentes em nosso dia a dia, integrando-se de tal forma em nossas vidas que, às vezes, nem mesmo conseguimos percebê-las.⁹⁶

Decerto que o direito, sendo fruto dos valores, da experiência, dos humores, da cultura, enfim, sendo um fenômeno axiológico, social e histórico, datado e geograficamente determinado, não fica imune a esse turbilhão pelo qual estamos passando. Isso sem falar das jabuticabas nacionais. Institucionalmente, o terremoto vem, por exemplo, dos *impeachments*, das ações penais em face de presidentes da república, da prisão de ex-presidentes da câmara dos deputados, de ministros do STF em confronto aberto e direto com procuradores-gerais da república. Da economia, a turbulência foi precificada, com quase três anos de severa recessão, congelamento (quando não inadimplemento) de salários de servidores públicos, déficits orçamentários em progressão aritmética, milhões de desempregados, falências a granel e paralisação de investimentos mínimos em saúde, educação, saneamento, transporte e habitação. Da sociedade, chama a atenção a violência sem hora para chegar, com crimes tão brutais que fariam as tragédias gregas parecerem fábulas infantis de Esopo. De novo: em um contexto arrasa-quarteirão como esse, o direito certamente não fica e – arrisco-me a dizer – não deve mesmo ficar imune.

Adaptação, já dizia Darwin, é a chave do sucesso evolucionário. Tal como ocorre na biologia, o direito também deve evoluir, adaptar-se às novas circunstâncias. Ou isso, ou não dará conta do recado. Correrá o risco de virar letra morta ou, pior, de virar um zumbi normativo, um morto-vivo jurídico que degrada e bagunça as relações entre os vivos. O novo, neste sentido, pode servir como um instrumento capaz de ressuscitar o que estava moribundo.

Penso que ao menos uma chance deve ser dada ao novo direito do trabalho. Despir-se dos preconceitos arraigados, que entorpecem a razão e libertam os sentimentos mais viscerais, é dever de ofício de quem atua no cenário jurídico-trabalhista. Advogados, procuradores e, principalmente, os juízes do trabalho têm a obrigação de abrir a mente e aplicar o novo direito do trabalho positivado pela Lei nº 13.467/17. Devem, no mínimo, acordar para o fato de que o Parlamento decidiu

---

⁹⁵ Cf. <https://www.ibm.com/blogs/digital-transformation/br-pt/o-que-e-watson-plataforma-cognitiva-inteligencia-artificial-robo/>. Acesso em: 20 jun. 2018.
⁹⁶ Cf. <https://tecnologia.uol.com.br/noticias/bbc/2014/12/07/como-a-conexao-5g-mudara-o-mundo.htm>. Acesso em: 20 jun. 2018.

assumir seu lugar de direito em um Estado Democrático: o de protagonista da criação e inovação normativa. E que esta decisão legislativa possui um quê de reação ao intenso ativismo da Justiça do Trabalho. Mas quando digo Justiça do Trabalho não me refiro apenas aos juízes, desembargadores e ministros. Também os advogados e o ministério público devem vestir a carapuça, pois, além de ingressarem nas fileiras judiciais através do quinto constitucional, são eles que nos provocam e retiram o Judiciário da inércia, trazendo suas teses à discussão, muitas das quais com um viés altamente paternalista. Este estado de coisas foi frontalmente rejeitado pela Reforma Trabalhista. Este descolamento da realidade exauriu-se. O eixo do direito do trabalho se deslocou. Agora, o seu centro de gravidade é a autonomia da vontade, individual e coletiva, do empregado e do empregador. Ao invés de discutirmos o sexo dos anjos (se o empregado deve ser protegido de si mesmo, desconsiderando a sua decisão e tornando-o irresponsável pelas suas consequências), estamos impelidos a analisar o que verdadeiramente importa: a qualidade da sua manifestação, a qualidade da sua autonomia. A lealdade e a boa-fé, contratual e processual, agradecem.

O novo direito do trabalho é realista: ele leva a real intenção das partes a sério, descortinando o grau de informação, envolvimento e liberdade das decisões da dupla dinâmica empregado/empregador. O novo direito do trabalho é pragmático: ele molda os resultados normativos a partir da priorização da construção das regras do jogo pelos próprios interessados, presumindo – até prova em contrário – que eles estão habilitados a decidirem por si mesmos os rumos de suas vidas.

Obviamente que o estoque de conhecimento acumulado pelos especialistas do velho direito do trabalho continua aí e não deve ser desperdiçado. Não estamos apagando as páginas do passado. Estamos, sim, escrevendo as páginas do futuro. Antes, vivíamos fadados a reler incansavelmente o que foi, sem parar para ver e dizer que isso não tinha mais nada a ver com o que é. Precisou vir o Legislativo e falar o que poucos queriam ouvir: o rei estava nu havia tempo. Estávamos cegos pela crença, pelo idealismo, pela ideologia. Recebemos uma sacudida normativa. É normal que fiquemos atordoados. Mas isso não nos deve impedir de, eliminado o assombro inicial, interpretar a Lei nº 13.467/17 com boa vontade. Desarmar-se de controles de constitucionalidade e convencionalidade é uma boa medida, pois mostra algum respeito pela opinião alheia, no caso, da larga maioria parlamentar. Façamos um *mea culpa*. Vejamos onde pesamos a mão, onde erramos. Nada melhor do que um exame de consciência para clarearmos nossas ideias e equilibrarmos as nossas razões com as nossas emoções.

O novo direito do trabalho está aí, pronto para ser aplicado e testado no habermasiano mundo da vida.[97] O seu monitoramento, para realização de diagnósticos, de estatísticas e proposição de correções é o que de melhor poderão fazer os mais desconfiados. Coletem dados, analisem-nos com lógica, com coerência, com método, atentem para a realidade futura e comparem-na com a do passado. Sofistiquem o argumento e plantem os pés no chão, deixando de lado os sofismas e o romantismo ilusório. Façam isso, se quiserem criticar o porvir. Pois, do contrário, se insistirem em mais do mesmo discurso raivoso, abstrato e saudosista, a reação poderá vir ainda mais forte, e bem antes do que se imagina.

---

[97] Uma boa introdução à obra bem densa de Jürgen Habermas pode ser encontrada em REESE-SCHÄFFER, Walter. *Compreender Habermas*. 3. ed. Petrópolis: Ed. Vozes, 2010.

O DIREITO DO TRABALHO E A CONSTITUIÇÃO DE 1988: UMA RETROSPECTIVA REALISTA E UM FUTURO PROVÁVEL

1 Introdução

A atual Constituição Federal brasileira está se tornando uma balzaquiana: 30 anos de idade. E, como tal, atingiu a sua maturidade normativa. Ou não?

A bem de ver, nos dias que correm, nada é mais comum do que a síndrome de Peter Pan: adultos que não aprenderam a crescer, demonstrando uma forte imaturidade emocional. Presos à infância, as vítimas desta patologia preferem se afastar psicologicamente do mundo real, refugiando-se no mundo da fantasia, do faz de conta da Terra do Nunca. Aparentemente, são indivíduos felizes e despreocupados, mas, no fundo, guardam sentimentos de insatisfação, ansiedade, insegurança e dependência pessoal. Frágeis, recusam a frustração, buscam a proteção alheia e não assumem responsabilidades pelas suas ações.[1]

Dito isso, refaço a afirmação inicial em forma de questionamento: a Constituição Federal de 1988 é uma balzaquiana ou padece da síndrome de Peter Pan? O Brasil finalmente atingiu a sua maturidade normativa e institucional ou ainda patina na abstração das boas intenções?

Por mais difícil que possa parecer – diante da grande dose de otimismo aspirado pelo texto constitucional e da realidade diametralmente

---

[1] RODRIGUES, Aroldo; ASSMAR, Eveline Maria Leal; JABLONSKI, Bernardo. *Psicologia social*. 32. ed. Petrópolis: Vozes, 2015.

oposta em que vivemos, imersos numa verdadeira balbúrdia social, econômica e política – acredito que, ao menos na esfera trabalhista, avançamos algumas quadras. De 05 de outubro de 1988 até o dia em que escrevo estas linhas, o direito do trabalho brasileiro passou da infância à adolescência, experimentando os primeiros passos na idade adulta. Encarar a realidade como ela é, aceitar suas limitações e enxergar as consequências práticas de suas prescrições: estas são algumas notas características do amadurecido direito do trabalho, lido e sentido na legislação atualmente em vigor. Mas será que estou vendo demais?

Para clarear melhor as ideias, compartilharei aqui algumas impressões baseadas em nossa história. Mas, diferentemente das retrospectivas encontradas fartamente na literatura especializada, não pretendo descrever a cronologia das nossas leis e de outros diplomas normativos que alimentaram o direito do trabalho antes, durante e depois da redemocratização do país. Pretendo, ao invés disso, passar a limpo os bastidores deste desenvolvimento, com o olhar voltado para o que disseram os tribunais sobre alguns temas sensíveis ao direito do trabalho. Como antecipado no título deste ensaio, a retrospectiva será realista, no sentido da escola jurídica norte-americana: o direito como produto final das decisões judiciais.[2] Afinal de contas, será com elas que as palavras desta renovada legislação trabalhista se tornarão de carne e osso, ingressando no mundo real. Se para enfrentá-lo ou para negá-lo, isso é o que veremos.

Antes que me critiquem, não estou reduzindo o conceito de direito à previsão da vontade do juiz, do desembargador ou do ministro, à moda do pesadelo hartiano ou da supremocracia ilustrada por Oscar Vilhena Vieira.[3] Contudo, penso ser indispensável revisitar a evolução do direito do trabalho a partir da perspectiva de quem possui a atribuição constitucional de, em tese, dar a última palavra.[4] Compreender a oscilação dos significados dos textos e a extensão das normas deles extraídas ao longo do tempo, sem esquecer de analisar o sistema supostamente existente, sabendo que, ao fim e ao cabo, esta existência

---

[2] Por todos, cf. BARRETTO, Vicente de Paulo (Coord.). *Dicionário de filosofia do direito*. São Leopoldo: Ed. Unisinos, 2006. p. 700-702.

[3] HART, Herbert. L. A. American Jurisprudence through English Eyes: the nightmare and the noble dream. In: *Essays in Jurisprudence and Philosophy*. New York: Oxford University Press, 1983. p. 123-144 e VIEIRA, Oscar Vilhena. Supremocracia. In: SARMENTO, Daniel (Coord.). *Filosofia e teoria constitucional contemporânea*. Rio de Janeiro: Lumen Juris, 2009.

[4] BRANDÃO, Rodrigo. *Supremacia judicial versus diálogos constitucionais*: a quem cabe a última palavra sobre o sentido da Constituição? Rio de Janeiro: Lumen Juris, 2012.

depende diretamente da coerência encontrada (porque criada) nos tribunais.⁵ É por este caminho que eu vou.

Espero que, depois de cumprida esta etapa, estejamos todos no mesmo ponto de encontro. Após uma breve pausa para respirar, lançarei algumas ideias sobre as mudanças já realizadas e sobre outras que estão por vir, pois umas e outras deverão integrar o debate sobre o passado, o presente e o futuro do direito do trabalho brasileiro.

2 Constituição de 1988, Direito do Trabalho, STF e Justiça do Trabalho: quando o desacordo é o lugar-comum

A constitucionalização do direito do trabalho atingiu um patamar notável em 05 de outubro de 1988. Deslocados para o Título II, dos direitos e garantias fundamentais, os direitos trabalhistas deixaram para trás décadas de tradição constituinte, nas quais estavam encerrados no Título dedicado à ordem econômica e social.⁶ E com esta mudança de endereço, vieram também mudanças na jurisprudência.

Em um primeiro momento, o enfoque maior foi dado aos chamados direitos específicos do trabalhador subordinado, isto é, àqueles positivados em vista das peculiaridades envolvidas na relação de emprego.⁷ Como exemplos,⁸ podemos relembrar os casos sobre adicional de insalubridade (art. 7º, IV e XXIII), aposentadoria espontânea e extinção do contrato (art. 7º, I), estabilidade decorrente de acidente de trabalho (art. 7º, I), proteção da mulher (art. 7º, XVIII e XXX), responsabilidade subsidiária da administração pública (art. 7º, caput), adicional noturno (art. 7º, IX), dispensa imotivada de empregados públicos (art. 7º, I),

---

⁵ MACCORMICK, Neil. *Retórica e estado de direito*. Tradução de Conrado Hübner Mendes. Rio de Janeiro, Elsevier, 2008 e AARNIO, Aulis. *Reason and autority*: a treatise on the dynamic paradigm of legal dogmatics. Vermont: Ashgate Publishing, 1997.

⁶ Por todos, cf. SOUZA NETO, Claudio Pereira; SARMENTO, Daniel. *Direito constitucional*: teoria, história e métodos de trabalho. Belo Horizonte: Fórum, 2012. p. 170-175.

⁷ Sobre o "processo de especificação" dos direitos como a consideração de certas condições sociais, culturais, físicas e psicológicas do indivíduo, a fim de reequilibrar sua participação social e viabilizar o desenvolvimento dos seus projetos pessoais, cf. SAMPAIO, José Adércio Leite. *Direitos fundamentais*: retórica e historicidade. Belo Horizonte: Del Rey, 2004; PECES-BARBA, Gregório Martinez. *Curso de derechos fundamentales*. Teoría general. Madrid: Universidad Carlos III de Madrid. Boletín Oficial del Estado, 1999 e ANDRADE, José Carlos Vieira de. *Os direitos fundamentais na constituição portuguesa de 1976*. 2. ed. Coimbra: Livraria Almedina, 2001.

⁸ Para uma análise mais demorada de cada um desses exemplos, indico a leitura da minha tese de doutorado, publicada em GOMES, Fábio Rodrigues. *Direitos fundamentais dos trabalhadores*: critérios de identificação e aplicação prática. São Paulo: Ltr, 2013. p. 276 e ss.

ultratividade das normas coletivas (art. 114, §2º), plano de demissão voluntária (art. 7º, XXVI) e flexibilização da jornada de trabalho através de norma coletiva (art. 7º, XIII, XIV e XXVI).

Interessante notar, porém, como a análise destes temas pelo TST e, posteriormente, pelo STF, revelam as diferentes visões de mundo dos dois órgãos de cúpula da Justiça do Trabalho brasileira. A dissonância interpretativa é o lugar-comum dos seus (des)encontros institucionais.

a) Adicional de insalubridade

Na apreciação da base de cálculo do adicional de insalubridade,[9] o Supremo Tribunal Federal reformulou o entendimento pacificado há anos na Súmula nº 228 do TST[10] e proibiu o uso do salário-mínimo como parâmetro de aferição do adicional.

Entretanto, para se adaptar a esta revisão e diante da anomia que se estabeleceu desde então, o TST alterou o teor de sua Súmula através da Resolução nº 148/2008, estipulando o salário básico do empregado como nova base de cálculo.[11] Só que o STF mais uma vez discordou, produzindo uma estranha guinada de 180º, ao determinar a suspensão da eficácia deste enunciado e, ato contínuo, a reutilização do salário-mínimo como base de cálculo, até que uma lei formal viesse a integrar esta lacuna.[12] Até hoje espera-se por esta integração.

b) Aposentadoria espontânea e extinção do contrato

Quando do julgamento da ADI nº 1.721-3, o STF novamente reverteu a jurisprudência cristalizada na OJ nº 177 da SDI-1 do TST, segundo a qual "A aposentadoria espontânea extingue o contrato de trabalho, mesmo quando o empregado continua a trabalhar na empresa após a concessão do benefício previdenciário. Assim sendo, indevida a multa de 40% do FGTS em relação ao período anterior à aposentadoria".

Para o relator, Ministro Carlos Ayres Britto, o benefício previdenciário não poderia ser utilizado como um malefício para o empregado/segurado, na medida em que, desenvolvendo-se "do lado de fora" do contrato, não deveria influenciá-lo. Ressaltou, ainda, não ser razoável

---

[9] RE nº 565.714, Rel. Min. Carmen Lúcia, *DJ* 07.11.2008.
[10] "O percentual do adicional de insalubridade incide sobre o salário mínimo de que cogita o art. 76 da Consolidação das Leis do Trabalho."
[11] "A partir de 9 de maio de 2008, data da publicação da Súmula Vinculante nº 4 do Supremo Tribunal Federal, o adicional de insalubridade será calculado sobre o salário básico, salvo critério mais vantajoso fixado em instrumento coletivo."
[12] Rcl nº 6.266, Rel. Min. Gilmar Mendes, Decisão Monocrática, *DJ* 05.08.2008.

que o exercício regular de um direito previdenciário colocasse o trabalhador em situação mais drástica do que se tivesse cometido falta grave.

Assim, a partir desta decisão, o requerimento de aposentadoria por tempo de contribuição não mais acarreta, *ipso iure*, a extinção do contrato de emprego, fazendo jus o empregado à multa de 40% do FGTS sobre a totalidade dos depósitos, inclusive aqueles anteriores ao benefício.

c) Estabilidade acidentária e proteção da mulher

Ao analisar as ADIs nº 639 e nº 1946-5, o STF, excepcionalmente, não entrou em rota de colisão com o TST. Vejamos uma de cada vez.

Em relação à mais antiga, os ministros asseguraram a constitucionalidade do art. 118 da Lei nº 8.213/91, a despeito da arguição de sua inconstitucionalidade formal por violar a reserva de lei complementar prevista no art. 7º, I da CF/88. Ao discordarem desta hipótese – ressalvado o voto do Ministro Marco Aurélio neste exato sentido – os demais seguiram o relator, Ministro Joaquim Barbosa, para asseverar que aquele dispositivo legal não se destinava a regulamentar o inciso I do art. 7º Constituição de 1988. Seu propósito seria o de prevenir e remediar os riscos inerentes ao trabalho, estando, pois, mais afeito aos seus incisos XXII e XXIII, ou mesmo ao seu *caput*, como acrescentou o Ministro Cezar Peluso.

Quanto à segunda, o STF confrontou o art. 14 da EC nº 20, de 15 de dezembro de 1998, com os arts. 6º e 7º, XVIII da CF/88. De acordo com a alteração do texto constitucional, o INSS arcaria apenas com o valor máximo de R$ 1.200,00 para o pagamento do salário-maternidade, deixando por conta do empregador complementar o restante. Ao afirmar que esta previsão levaria a um retrocesso histórico no trato da licença-maternidade, estimulando uma discriminação que a Constituição buscou combater, o Ministro relator, Sydney Sanches, deu ao art. 14 da EC nº 20/98 interpretação conforme aos arts. 6º e 7º, XVIII e XXX da CF/88, para excluir sua aplicação do salário da licença-gestante, tendo sido secundado pela unanimidade dos outros Ministros presentes.

d) Responsabilidade subsidiária da administração pública

A calmaria, no entanto, durou pouco. E o imbróglio envolvendo a responsabilização subsidiária da administração pública é bem representativo dos embates que se avizinham.

Desde pelo menos 30 de setembro de 1986, com exceção apenas dos casos tipificados nas Leis nº 6.019/74 e nº 7.102/83, o TST proibiu a terceirização no Brasil. Este entendimento restou consolidado no enunciado de sua Súmula nº 256. Passados alguns anos, o próprio Tribunal abrandou a sua interpretação e revogou a Súmula nº 256, substituindo-a pela de nº 331. Na sua primeira versão, de 1993, esta Súmula autorizou a terceirização somente de atividade-meio (mantendo a proibição para a atividade-fim) e responsabilizou subsidiariamente os tomadores dos serviços terceirizados que agissem com culpa *in eligendo* e/ou *in vigilando*. No ano de 2000, o TST alterou o inciso IV da Súmula nº 331, para incluir os órgãos da administração pública direta e indireta como potenciais responsáveis subsidiários, fazendo menção, entre parênteses, ao art. 71 da Lei nº 8.666/93. Esta alteração foi mantida em 2003 e aplicada automaticamente desde então. O algoritmo era simples: se o contratado não pagou, logo o tomador público deve ser responsabilizado. A presunção de culpa da administração pública ocorria *in ipso facto*, isto é, tão somente pelo inadimplemento do contratado, não havendo margem para discussão.

Após longos e infrutíferos debates no interior da Justiça especializada, esta questão foi exportada para o STF através da ADC nº 16, cuja relatoria ficou a cargo do Ministro Cezar Peluso.

Para começo de conversa, o relator sequer admitiu a ação, por considerar inexistente o interesse de agir. Segundo a sua opinião, a Justiça do Trabalho jamais declarou a inconstitucionalidade do art. 71 da Lei nº 8.666/93, de maneira que não haveria sentido, necessidade e utilidade de declarar a sua constitucionalidade. Mas o diabo mora nos detalhes, já dizia o ditado popular. E foi em um detalhe bastante especial que os Ministros Marco Aurélio e Carmen Lúcia firmaram os seus votos: o art. 71 da Lei nº 8.666/93 (aquele mesmo, paradoxalmente referido no corpo da própria Súmula nº 331) proibia a responsabilização da administração pública pelo inadimplemento do contratado. Só que o TST estava julgando exatamente no sentido contrário. Sem declarar a inconstitucionalidade do dispositivo legal, o Tribunal trabalhista simplesmente o ignorava, fazendo tábua rasa do seu comando. A isso, o Ministro Marco Aurélio chamou de "declaração branca de inconstitucionalidade".

Após algumas outras considerações, como a do Ministro Gilmar Mendes, no sentido de que se estava criando uma responsabilização irrestrita da administração pública, e a da Ministra Ellen Gracie, que duvidou terem os tribunais do trabalho realizado um exame detalhado sobre a falta de fiscalização, o STF julgou procedente o pedido e declarou constitucional o art. 71 da Lei nº 8.666/93. Em seguida, o TST reformulou a Súmula nº 331 e, no seu novo inciso V, prescreveu que a administração pública direta e indireta responderá subsidiariamente apenas se evidenciada conduta culposa na fiscalização, o que não deve ser confundido com o mero inadimplemento.

Resolvido o problema? Longe disso. Como o STF não esclareceu (i) como se fiscaliza, (ii) o que se fiscaliza ou (iii) quem possui o ônus de demonstrar a fiscalização, no fim da história a Justiça do Trabalho continuou a condenar subsidiariamente a administração pública aos borbotões, especialmente porque utilizou como parâmetro a rigorosa Instrução Normativa nº 02 de 2008, do Ministério do Planejamento. Daí, não demorou muito para a questão retornar ao STF.

No julgamento do RE nº 760.931, de relatoria da Ministra Rosa Weber, o Supremo trouxe mais subsídios para diminuir a incerteza crônica sobre esta questão.

Antes, porém, de ir adiante, merece registro um fato digno de nota: a ementa da decisão. Ela possui 10 itens bastante robustos, nos quais podemos encontrar (1) o repúdio à dicotomia entre atividade-fim e atividade-meio (porque "imprecisa, artificial e ignora a dinâmica da economia moderna", tratando-se de uma estratégia empresarial garantida pela Constituição), (2) a menção aos benefícios intrínsecos da terceirização (*v.g.*, aprimoramento de tarefas pelo aprendizado especializado, economias de escala e de escopo, redução da complexidade organizacional, redução de problemas de cálculo e atribuição, estímulo à competição de fornecedores externos e maior eficiência e redução de custos) e (3) a importância de a administração pública empregar soluções de mercado adequadas à prestação de serviços de excelência à população com os recursos disponíveis.

Feito este introito, o STF reiterou a constitucionalidade do art. 71 da Lei nº 8.666/93 e firmou o seu Tema nº 246: "O inadimplemento dos encargos trabalhistas dos empregados do contratado não transfere automaticamente ao Poder Público contratante a responsabilidade pelo seu pagamento, seja em caráter solidário ou subsidiário, nos termos do art. 71, §1º, da Lei nº 8.666/93".

Ora, se ficássemos só nisso, teríamos mais das mesmas dúvidas: (i) como fiscalizar, (ii) o que fiscalizar e (iii) a quem distribuir o ônus de demonstrar a fiscalização?

Contudo, com um pouco de tempo e paciência, as repostas podem ser entrevistas na leitura das mais de 300 páginas colacionadas ao acórdão, nas quais constam, também, as notas taquigráficas da deliberação levada a cabo pelos Ministros. E, nelas, vê-se, por exemplo, que o Ministro Luis Roberto Barroso afirmou ser inviável, na prática, a observância da IN nº 02/08 do Ministério do Planejamento, sendo mais razoável a fiscalização por amostragem ou, quando muito, a atuação imediata do administrador que se deparasse com a denúncia do inadimplemento.

Já sobre o ônus de demonstrar a fiscalização, pareceu-me que foi destinado à administração pública, pois ela é a detentora dos meios e modos para apresentar em juízo a documentação/formalização de sua atuação regular. Até porque, *a contrario sensu*, exigir esta prova do empregado terceirizado é o mesmo que emparedá-lo com uma prova impossível ou, no mínimo, extremamente difícil de ser coligida, ao passo que relativamente simples de ser produzida pelo órgão licitante. Ou seja, mesmo para os mais reticentes na atribuição estática (e *a priori*) do ônus probatório para o tomador público, há, sem sombra de dúvida, um caso propício para a sua distribuição dinâmica, na forma do art. 373 do CPC c/c o art. 769 da CLT.

Enfim, como novamente o STF não foi direito ao ponto, estas são as minhas impressões pessoais, depois de lido o calhamaço anexado aos autos do RE nº 760.931. Somente com o tempo, saberei se entendi direito a sua *ratio decidendi*.

e) Adicional noturno e dispensa imotivada de empregados públicos

Outras fontes de possível conflito entre o TST e o STF são o adicional noturno e a dispensa imotivada de empregados da administração pública indireta.

No inciso II de sua Súmula de nº 60, estabeleceu o Tribunal Superior do Trabalho que "Cumprida integralmente a jornada no período noturno e prorrogada esta, devido é também o adicional quanto às horas prorrogadas. Exegese do art. 73, §5º, da CLT". Como o horário noturno é uma ficção legal prevista no art. 73, §1º da CLT, a partir do qual convencionou-se a hora de 52 minutos e 30 segundos, dentro do período de 22h de um dia até às 5h do dia seguinte, a ampliação desta fábula para além dos limites pré-fixados textualmente é algo deveras controverso. E não foi outro o entendimento da Confederação Nacional de Saúde, ao ajuizar a ADPF nº 227, cuja relatoria está aos cuidados da Ministra Rosa Weber. Como há pedido de suspensão liminar dos efeitos jurídicos daquela Súmula, a Ministra requisitou informações ao TST e, em sequência, concedeu vista à Advocacia-Geral da União. Até este instante, ainda não há decisão. Aguardemos as cenas do próximo capítulo.

No tocante à possibilidade de dispensa imotivada de empregados públicos, a OJ nº 247 da SDI-1 do TST prescreve que "A despedida de empregados de empresa pública e sociedade de economia mista, mesmo admitidos por concurso público, independe de ato motivado para sua validade", exigindo a motivação apenas para a Empresa Brasileira de Correios e Telégrafos, pois equiparada à Fazenda Pública em imunidade tributária, execução por precatório, foro, prazos e custas processuais.

Entretanto, o STF, através do voto do Ministro Ricardo Lewandowski no julgamento do RE nº 589.998, decidiu que é obrigatória a motivação da dispensa de empregado por empresas públicas e sociedades de economia mista, sejam elas da União, dos Estados ou Municípios. E, para complicar ainda mais, o TRT da 2ª Região publicou a Tese Prevalecente nº 25, na qual estabelece a necessidade de motivação da dispensa destes empregados públicos. Como a OJ nº 247 da SDI-1 não foi revogada e diante dos embargos de declaração apresentados pela EBCT ao Plenário do STF, a fim de que a Corte defina a extensão de sua decisão (se aplicável apenas a ela ou a toda e qualquer estatal), o Ministro Luis Roberto Barroso determinou a suspensão de todos os processos análogos em tramitação na Justiça do Trabalho, até que o julgamento seja finalizado. Mais incerteza no ar.

Antes de abordar os três últimos exemplos (que me servirão de ponte para o tópico 3), vale mencionar rapidamente a constitucionalização do direito do trabalho sob o ponto de vista dos chamados direitos inespecíficos, isto é, daqueles direitos titularizados por todos os seres humanos, independentemente de sua categorização como empregado. Trarei aqui os exemplos dos direitos à privacidade, à liberdade de expressão e à liberdade religiosa.

2.1 A horizontalização dos direitos fundamentais: o direito do trabalho aprofundando a constitucionalização

Este debate não é novo pelo mundo afora. Ao menos desde a década de 50 do século passado vem sendo esmiuçado pelas Cortes Constitucionais de diversos países europeus, como Portugal, Espanha, Alemanha, Áustria e Itália.[13] No Brasil, ele chegou recentemente, bem depois da vigência da Constituição brasileira de 1988.[14]

---

[13] BILBAO UBILLOS, Juan Maria. *La eficacia de los derechos fundamentales frente a particulares*: análisis de la jurisprudencia del Tribunal Constitucional. Madrid: Centro de Estúdios Políticos y Constitucionales, 1997.
[14] Por todos, cf. SARMENTO, Daniel. *Direitos fundamentais e relações privadas*. Rio de Janeiro: Lumen Juris, 2004.

Um caso paradigmático encontrado no STF, e que nos permite demarcar a inauguração da eficácia horizontal por aqui, foi o julgamento do processo movido pelos pilotos brasileiros da Air France, em que pleiteavam a extensão dos benefícios normatizados pela empresa apenas para os empregados franceses. O relator foi o Ministro Carlos Velloso e o julgamento foi pela procedência do pedido.[15]

Já no TST, podemos exemplificar com os julgamentos envolvendo empregados portadores do vírus HIV. Quando constatada a discriminação do trabalhador em razão de sua grave doença (notoriamente marcada por pesados preconceitos), o Tribunal optava por declarar nula a decisão patronal, determinando a reintegração do empregado. A par de ter considerado abusivo e arbitrário o ato do empregador, o fio condutor dos julgamentos era a violação do princípio da igualdade e a sua utilização para ampliar o rol de ilícitos tipificados na Lei nº 9.029/95, haja vista o critério odioso utilizado pelo empresário.[16] Atualmente, há a Súmula nº 443 do TST consolidando esta interpretação.[17]

Mas em que sentido estes julgados diferem dos que manuseiam direitos específicos?

Resumindo o assunto,[18] desde o famoso julgamento do caso Lüth, em 1958, pelo Tribunal Constitucional Federal alemão (*Bundesverfassungsgericht*), a interpretação das normas infraconstitucionais tem sido influenciada, filtrada ou irradiada pelos preceitos constitucionais. O que significa a expressão "bons costumes"? Para responder a esta questão e resolver o caso concreto, aquele Tribunal entendeu ser obrigatório levar em consideração o direito fundamental à liberdade de expressão. Daí porque, naquela Corte de Justiça, a manifestação pública de Erich Lüth, propagando o boicote ao filme dirigido por um antigo partidário do nazismo, foi considerada adequada aos bons costumes. A este método de interpretação cunhou-se o nome de eficácia entre terceiros (*Drittwirkung*) ou – a que considero mais didática – eficácia horizontal e mediata dos direitos fundamentais. Horizontal, porque entre supostos iguais (dois particulares), diferentemente da eficácia vertical (entre o Estado e o particular); mediata ou indireta,

---

[15] RE nº 161.243-DF, *DJ* 29.10.1996.
[16] RR nº 726.101, Rel. Min. Rider Nogueira de Brito, *DJ* 06.02.2004 e RR nº 724/2002-034-02-00.0, Rel. Min. Maria Cristina Irigoyen Peduzzi, *DJ* 11.04.2006.
[17] "Presume-se discriminatória a despedida de empregado portador do vírus HIV ou de outra doença que suscite estigma ou preconceito. Inválido o ato, o empregado tem direito à reintegração no emprego."
[18] Sobre o tema, cf. GOMES, Fábio Rodrigues. *O direito fundamental ao trabalho*: perspectivas histórica, filosófica e analítica. Rio de Janeiro: Lumen Juris, 2008.

porque o direito fundamental atingiu a relação privada através do direito infraconstitucional positivado (no caso, um conceito indeterminado previsto no §826 do BGB).

Não obstante este julgamento ter se tornado a referência histórica mundial da eficácia irradiante (*Ausstrahlungswirkung*), foi na seara trabalhista que a discussão avançou. Hans Carl Nipperday, juiz do Tribunal Federal do Trabalho alemão (*Bundesarbeitsgericht*), foi um dos pioneiros na defesa não apenas da eficácia horizontal e mediata da Constituição na relação privada. Ele foi além e incentivou a aplicação imediata/direta dos direitos fundamentais, mesmo (ou principalmente) quando não houvesse lei dispondo sobre a matéria.

Um caso bem conhecido foi o de uma enfermeira em face do hospital privado para o qual trabalhou. No contrato entabulado entre ambos, restou fixada uma cláusula proibitiva de matrimônio, com o seguinte teor: se a enfermeira se casasse, então o contrato se extinguiria automaticamente. Sentindo-se discriminada – até porque não havia esta exigência para os profissionais do sexo masculino – a empregada acionou o hospital e obteve ganho de causa. O fundamento? O de que o empregador, valendo-se de um critério odioso, violou o princípio constitucional de isonomia de tratamento dos seus trabalhadores.

O que parece singelo ao leitor brasileiro (pois aqui temos a situação regida pelo art. 7º, XXX da CF/88), no direito alemão daquela época era um verdadeiro *hard case*, uma vez que a Lei Fundamental de Bonn, de 1949, não cuidava especificamente desta questão, nem, tampouco, a lei trabalhista infraconstitucional. Logo, o julgador enfrentou a anomia com um argumento bem distante da tradicional ideia civilista de permissão fraca inerente à vida privada (o que não está explicitamente proibido, está implicitamente permitido). Ao contrário, ao aplicar imediatamente o direito fundamental à igualdade (no sentido de vedação de discriminação odiosa), o juiz criou uma regra para aquela situação concreta. E o fez a partir de uma diretriz bastante vaga contida na Constituição.

A rigor, esta é uma das moradas mais confortáveis do controvertido ativismo judicial. Pois uma coisa é certa: depois de aceita esta teoria, haverá muito pouco espaço jurídico vazio no sistema normativo. Sempre existirá um princípio (ou um estado de coisas ideal) rondando os corações e as mentes dos magistrados responsáveis pela resolução do problema. E o pior: este princípio não precisará estar sequer positivado, na medida em que são aceitos os fantasmagóricos princípios "implícitos", ou seja, aqueles construídos pela imaginação do julgador da ocasião. Por essas e outras é que lá na Alemanha, local de nascimento da eficácia horizontal, a aplicação mediata – defendida por Gunther Dürig – tornou-se a doutrina dominante.

No Brasil, por outro lado, campeia a tese da eficácia direta ou imediata.[19] E na Justiça do Trabalho ela encontrou terreno fértil. Resgato agora os três direitos fundamentais mencionados há pouco para ilustrar o ponto.

a) Direito à privacidade

No julgamento do RR nº 1009-58.2010.5.05.0009, de relatoria do Ministro Lelio Bentes Corrêa, a Primeira Turma do TST condenou, por unanimidade, a American Airlines Inc. e a Swissport Brasil Ltda. a indenizar em R$ 25.000,00 agente de proteção da aviação civil submetido ao polígrafo (também conhecido como detector de mentiras).

O empregado foi contratado para realizar varreduras internas nas aeronaves, verificando a existência de drogas, explosivos ou qualquer artefato que pudesse colocar em risco os aviões. Durante a sua seleção, foi submetido a 30 minutos de questionamentos sobre sua vida íntima e pessoal, sobre possíveis roubos em valores superiores a 70 dólares, adesão a grupos de esquerda, prisões na família, uso de remédios controlados, sexualidade e religião.

Em primeira instância, o juiz considerou justificado o interrogatório, pois manteve pertinência com a função a ser desempenhada e teve o propósito de proteger todas as pessoas que usavam o serviço aéreo. Mantida a decisão pelo TRT da 5ª Região, ela foi revertida no TST, sob o argumento de que o procedimento é incompatível com o Pacto Internacional de Direitos Civis, a Convenção Americana de Direitos Humanos e o art. 5º, LXIII, os quais consagram o princípio de que ninguém deve fazer prova contra si e o direito ao silêncio. O relator acrescentou que países como Canadá, Estados Unidos e França aboliram o polígrafo, por ser questionável, invasivo e desproporcional, não permitindo o diagnóstico seguro da idoneidade moral da pessoa.[20]

b) Liberdade de expressão

O editor adjunto do jornal *Hoje em Dia* publicou três fotos em sua página pessoal do Facebook, supostamente ofendendo e ridicularizando

---

[19] Cf., por todos, SARMENTO, Daniel. *Direitos fundamentais e relações privadas*. Rio de Janeiro: Lumen Juris, 2004.
[20] Sobre a utilização deste artefato tecnológico no processo judicial, cf. TRINDADE, Jorge. *Manual de psicologia jurídica para operadores do direito*. 8. ed. Porto Alegre: Livraria do Advogado, 2017. p. 361-368.

a imagem do empregador. Na verdade, esta foi a leitura feita por ele, para quem o tom de zombaria do empregado quebrou a confiança e o dever de lealdade ínsitos à relação de trabalho, extrapolando os limites de sua liberdade de expressão.

Ajuizado inquérito judicial, a juíza de primeira instância julgou improcedente o pedido, tendo sido a sentença confirmada em segunda instância. No acórdão, destacou-se, inicialmente, a notória relevância das redes sociais como forma de compartilhamento de informações, de interação e do exercício da liberdade de expressão. Em seguida, analisou-se as peculiaridades fáticas do caso concreto para se asseverar que o empregado não criticou diretamente o empregador, mas, sim, o instituto de pesquisa de opinião cuja apuração foi publicada pelo jornal.

Como não houve acusação direta ou indireta ao demandante (o jornal), tendo, inclusive, ele próprio realçado a disparidade entre a pesquisa realizada e o resultado efetivo das eleições, o compartilhamento da postagem crítica ao instituto, pelo empregado, não foi considerado motivo suficiente para justificar a proporcionalidade da justa causa pretendida, especialmente se levados em conta os 27 anos de serviços prestados e do respeito de que ele desfrutava perante os demais colegas de trabalho.[21]

c) Liberdade religiosa

No julgamento do RR nº 51400-80.2009.5.21.0017, de relatoria do Ministro Hugo Carlos Scheuermann, a Primeira Turma do TST confirmou as decisões das instâncias anteriores, no sentido de determinar ao empregador, Cia Energética do Rio Grande do Norte, a realocação do empregado adventista do sétimo dia. O objetivo foi o de observar os preceitos de sua religião e evitar o trabalho aos sábados.

Em contraditório, o réu argumentou que a fixação do repouso semanal remunerado em função das convicções religiosas do empregado não tem previsão legal, nem precedentes jurisprudenciais em número significativo, ressaltando que o autor concordou com o regime de trabalho aos sábados desde o seu ingresso nos quadros da empresa. Fazendo menção explícita à teoria da ponderação de Robert Alexy, o Tribunal reproduziu o acórdão do TRT da 21ª Região, no qual se afirmou que o empregador poderia inserir o demandante na escala de 17h30min do sábado às 17h30min do domingo, assegurando, assim, o

---

[21] TRT 3ª Região. RO nº 02916201418503000 0002916-40.2014.5.03.0185, Rel. Des. Maristela Iris S. Malheiros, 2ª Turma, *DJ* 28.10.15.

respeito a sua liberdade religiosa, sem configurar qualquer prejuízo para o funcionamento da empresa ou para o seus usuários. Desta forma, por existir medida adequada e menos restritiva ao direito fundamental do empregado, com o mesmo grau de eficácia para a realização do empreendimento, considerou acertada a intervenção judicial na organização da empresa.

Como se percebe, a relação de emprego no Brasil está encharcada de direitos fundamentais, cuja estrutura normativa principiológica é a predominante.[22] Para onde quer que se olhe, há um personagem principiológico à solta, pronto para entrar em cena, mormente quando não existe uma regra, cuja estrutura normativa hipotético-condicional, mais simplificada, resolveria facilmente o problema.[23] No afã de solucionar o caso e diante de situações sem resposta pronta, o juiz vê-se premido a julgar com base em critérios vagos, circunscrevendo-os, na medida do possível, aos dados empíricos que lhe são peculiares. Até aí, jogo jogado, pois, nos termos do art. 140 do CPC c/c o art. 769 da CLT, o magistrado não dispõe da opção de não julgar (*non liquet*). A refrega institucional não deriva deste fato, das situações lacunosas.[24] Ela aparece no momento em que (i) a despeito de inexistir lacuna regulatória evidente ou (ii) a despeito de existir regra apropriada para a questão (e de se estar lidando com um caso fácil), o julgador recorre a princípios para customizar uma nova regulação, distinta da que estava positivada.

Na realidade, a metodologia de julgamento dos casos difíceis, ao invés de ser encarada como medida excepcional, acabou por banalizar-se a montante e a jusante. Alguns juízes, procuradores e advogados, embevecidos pelas infinitas possibilidades semânticas e normativas das estruturas abertas dos princípios, perderam o recato indispensável na utilização destes critérios, atravessando perigosamente a linha tênue que separa a atividade jurisdicional da atuação legislativa.[25] Lei, acordo ou convenção coletiva: todos perderam a sua força normativa/vinculante, no instante em que a advocacia, o ministério público e o

---

[22] ALEXY, Robert. *Teoria dos direitos fundamentais*. Tradução de Virgílio Afonso da Silva. São Paulo: Malheiros, 2008.
[23] KELSEN, Hans. *Teoria geral das normas*. Tradução de José Florentino Duarte. Porto Alegre: Sergio Antonio Fabris Editor, 1986.
[24] Sobre o debate a respeito das lacunas no sistema jurídico, cf. GUASTINI, Riccardo. Variaciones sobre temas de Carlos Alchourrón y Eugenio Bulygin. Derrotabilidad, lagunas axiológicas e interpretación. *Doxa, Cuadernos de Filosofía del Derecho*, n. 31, p. 143-155, 2008.
[25] Para a análise bem crítica dos postulados da ponderação e da proporcionalidade como métodos de aplicação de princípios, cf. CAMPOS, Ricardo (Org.); MACEDO JUNIOR, Ronaldo Porto; LOPES, José Reinaldo de Lima (Coord.). *Crítica da ponderação*: método constitucional entre a dogmática jurídica e a teoria social. São Paulo: Saraiva, 2016.

judiciário assumiram para si, de comum acordo, o poder de invalidá-los com respaldo em estruturas discursivas vagas, dúbias, recheadas de conceitos morais contraditórios e, por isso, de arriscada aplicação racional e de quase impossível aceitação consensual.[26]

Como já ensinava John Rawls,[27] em sociedades complexas como a nossa, nas quais é inexorável o fato do pluralismo (das múltiplas opções morais sobre o que é vida boa), valer-se de noções afeitas a vários significados construídos ao sabor do freguês (como, v.g., dignidade humana, valor social do trabalho e proteção da saúde), e utilizá-las para suplantar regras densificadas em lei formal ou em normas coletivas, é brincar com fogo. Para quem pensa que estou exagerando, sugiro a leitura do relatório produzido pelo Senador Ricardo Ferraço, durante a tramitação da Reforma Trabalhista.[28]

Dito isso, está quase na hora de atingirmos o ápice deste inventário realista sobre o direito do trabalho nacional. Mas antes de chegarmos lá, é importante reconhecermos as sementes do seu nascimento. Apesar de elas terem sido germinadas fora do Poder Legislativo, aos parlamentares não foi difícil encontrá-las. Bastou cruzarem a Praça dos Três Poderes e adentrarem nos salões do Supremo Tribunal Federal.

3 Conquistando a maioridade cívica: o desabrochar do novo direito do trabalho

Ao editar a Lei nº 13.467/17, o Congresso Nacional não produziu um movimento tão brusco assim no direito do trabalho brasileiro. A bem de ver, um pouco antes da iniciativa parlamentar, o próprio Judiciário estava alterando os fundamentos do que intitulei ser o "velho direito do trabalho", preparando as bases para o surgimento do "novo".[29]

Os três últimos exemplos, referidos no item anterior, são capazes de confirmar esta minha impressão. Senão, vejamos.

---

[26] Neste sentido, vale retomar a advertência de Hans Kelsen: "Se o juiz está autorizado a decidir os casos *sub judice* (…) segundo um princípio que ele tem como justo, então significa que é supérflua a validade de normas jurídicas gerais produzidas por via legislativa ou Costume". *Teoria geral das normas*, p. 287.
[27] *Uma teoria da justiça*. Tradução de Almiro Pisetta e Lenita M. R. Esteves. São Paulo: Martins Fontes, 2000.
[28] Cf. <http://legis.senado.leg.br/sdleg-getter/documento?dm=5302372&disposition=inline>. Acesso em: 03 jun. 2018.
[29] Cf. GOMES, Fábio Rodrigues. O novo direito do trabalho. In: GOMES, Fábio Rodrigues; TUPINAMBÁ, Carolina (Coord.). *A reforma trabalhista*: impactos nas relações de trabalho. Belo Horizonte: Fórum, 2018.

a) A Súmula nº 277 e a ultratividade das normas coletivas

A redação da Súmula nº 277 do TST sofreu diversas revisões ao longo do tempo.

Em 03.03.1988, iniciou dizendo que "as condições de trabalho alcançadas por força de sentença normativa vigoram no prazo assinado, não integrando, de forma definitiva, os contratos". Depois, em 25.11.2009, passou a afirmar que "I – As condições de trabalho alcançadas por força de sentença normativa, convenção ou acordos coletivos vigoram no prazo assinado, não integrando de forma definitiva, os contratos individuais de trabalho; II – Ressalva-se da regra do enunciado no item I o período compreendido entre 23.12.1992 e 28.07.1995, em que vigorou a Lei nº 8.542, revogada pela Medida Provisória nº 1.709, convertida na Lei nº 10.192, de 14.02.2001".

Contudo, em 27.09.2012, sem que houvesse decisões pretéritas (em frontal descumprimento do art. 165 do seu Regimento Interno), o TST modificou mais uma vez a redação da Súmula nº 277, a fim de determinar que "As cláusulas normativas dos acordos ou convenções coletivas integram os contratos individuais de trabalho e somente poderão ser modificadas ou suprimidas mediante negociação coletiva de trabalho". De maneira súbita e – repito – sem precedentes que lhe dessem sustentação, o Tribunal inverteu a lógica da eficácia das normas coletivas no tempo. Antes, limitada a dois anos de vigência; depois, em um verdadeiro passe da mágica, com duração praticamente ilimitada.

Esta mudança foi fruto de uma interpretação altamente questionável do art. 114, §2º da CF/88.[30] E não foi outra a conclusão do Ministro Gilmar Mendes, nos autos da ADPF nº 323.

Ao sublinhar que "o principal fator positivo da ultratividade da norma coletiva seria evitar período de anomia jurídica entre o final da vigência da norma anterior e a superveniência da seguinte", o Ministro Gilmar destacou que "Tal argumentação ignora, todavia, o amplo plexo de garantias constitucionais e legais já asseguradas aos trabalhadores, independentemente de acordo ou convenção coletiva. Na inexistência destes, os empregados não ficam desamparados, pois têm diversos direitos essenciais resguardados".

Na visão do Ministro, tratou-se de uma "autêntica jurisprudência sentimental, seguida nos moldes semelhantes à adotada pelo bom juiz

---

[30] A defesa desta mudança radical da Súmula nº 277 do TST foi feita pelos Ministros Augusto César Leite de Carvalho, Kátia Magalhães Arruda e Maurício Godinho Delgado no artigo "A Súmula 277 e a defesa da Constituição", disponível em: <http://www.veritae.com.br/artigos/arquivos/artigo%20-%20274.pdf>. Acesso em: 20 jun. 2018.

Magnaud". E foi além, dizendo que: "É esse ativismo um tanto quanto *naif* que o TST parece pretender seguir na espécie. Também a Justiça do Trabalho não pode perder de vista a realidade e, a partir de visões próprias de mundo, focada a atingir determinado fim que entende nobre, atuar como o bom juiz Magnaud. Há limites que precisam ser observados no Estado democrático de direito e dos quais não se pode deliberadamente afastar para favorecer grupo específico".

b) PDV, norma coletiva e a quitação plena

No julgamento do RE nº 590.415/SC, publicado em 29.05.2015 e cujo relator foi o Ministro Luis Roberto Barroso, o STF alterou uma trajetória jurisprudencial do TST que, de tão estável, já havia se tornado orientação jurisprudencial: a OJ nº 270 da SDI-1. Redigida em 27.09.2002, o seu texto dizia o seguinte: "A transação extrajudicial que importa rescisão contratual ante a adesão do empregado a plano de demissão voluntária implica quitação exclusivamente das parcelas e valores constantes do recibo".

Este é um exemplo perfeito do velho direito do trabalho. Basta a leitura dos precedentes que deram ensejo a esta OJ para constatarmos que cuidavam de casos nos quais o empregado havia aderido a um Plano de Demissão Voluntária homologado por acordo coletivo e contendo cláusula de quitação geral. Mais uma vez: o empregado, sem qualquer menção a erro, dolo, coação, lesão ou estado de necessidade, informou-se desta modalidade atípica de distrato oferecida pelo empregador e, contando com a concordância do sindicato, leu, refletiu e aderiu à proposta, recebendo valores bem superiores ao que receberia se houvesse sido dispensado sem justa causa. Embolsou o dinheiro e dias, meses ou até dois anos depois ajuizou ação na Justiça do Trabalho, buscando o pagamento de outras parcelas que não estavam descritas no documento. Outro detalhe: neste documento, por ele livremente assinado, havia uma cláusula dando plena, geral e irrestrita quitação ao empregador, declarando expressamente que nada mais haveria a reclamar nem pleitear a qualquer título.

O que dizia o TST? Que estas situações, apesar de não serem exatamente uma rescisão contratual típica, deveriam submeter-se ao art. 477, §2º da CLT.[31] Contudo, na medida em que o sindicato representante

---

[31] "O instrumento de rescisão ou recibo de quitação, qualquer que seja a causa ou forma de dissolução do contrato, deve ter especificada a natureza de cada parcela paga ao empregado e discriminado o seu valor, sendo válida a quitação, apenas, relativamente às mesmas parcelas."

dos empregados havia chancelado o PDV, flexibilizou-se esta determinação legal, o que não era aceito até então. Daí porque considero o julgamento do RE nº 590.415/SC um marco histórico do novo direito do trabalho brasileiro, uma verdadeira certidão do seu nascimento ou, vá lá, ao menos a sua ultrassonografia jurisprudencial.

Ao longo de suas mais de 28 páginas, o acórdão expressa claramente o principal vetor axiológico a nortear este novo momento: o da crença na autonomia da vontade. Mas não uma crença metafísica. E, sim, um pensar no empregado como uma pessoa dotada de inteligência, sensibilidade e capacidade de, sob condições normais de pressão e temperatura, decidir a sua própria vida.

Na decisão, reconheceu-se que a Constituição de 1988 inaugurou um modelo justrabalhista mais democrático e autônomo, exemplificando com as convenções e acordos coletivos, elevadas a instrumentos legítimos de prevenção e de autocomposição de conflitos. A participação do sindicato fortalece estes mecanismos pelos quais os empregados formulam as normas que regerão a sua própria vida. Este é o espírito sob o qual devemos interpretar as normas infraconstitucionais.

Depois de afastar a ideia constante do acórdão do TST que uniformizou o entendimento sobre a matéria (no sentido de que "o empregado merece proteção, inclusive, contra a sua própria necessidade ou ganância"), o Ministro Luis Roberto Barroso asseverou que "Não se pode tratar como absolutamente incapaz e inimputável para a vida civil toda uma categoria profissional, em detrimento do explícito reconhecimento constitucional de sua autonomia coletiva (art. 7º, XXVI, CF)", votando pela convalidação do ajuste como um todo.

Eis aí um dos embriões do novo direito do trabalho.

Tanto assim que, algum tempo depois, ele foi encampado pela Lei nº 13.467/17, cujo novo art. 477-B da CLT preceitua em alto e bom som: "Plano de Demissão Voluntária ou Incentivada, para dispensa individual, plúrima ou coletiva, previsto em convenção coletiva ou acordo coletivo de trabalho, enseja quitação plena e irrevogável dos direitos decorrentes da relação empregatícia, salvo disposição em contrário estipulada entre as partes".

c) Flexibilização da jornada de trabalho e o prestígio da autonomia coletiva

Por ocasião do julgamento do RR nº 1928-03.2010.5.06.024, publicado em 20.02.2014 e cujo relator foi o Ministro Lelio Bentes Corrêa, o TST invalidou instrumento normativo que excluía o direito à contagem das horas *in itinere* em troca da concessão de outras vantagens aos trabalhadores, tais como fornecimento de cestas básicas durante a entressafra, seguro de vida e acidentes de trabalho além do obrigatório e sem custo para os empregados, pagamento do abono anual aos trabalhadores com ganho mensal superior a dois salários-mínimos, pagamento do salário-família além do limite legal, fornecimento de repositor energético e adoção de tabela progressiva de produção além da prevista na Convenção Coletiva.

Os Ministros componentes da Seção de Dissídios Individuais I – com exceção apenas do Ministro Ives Gandra da Silva Martins Filho – deliberaram que a supressão da contagem das horas de deslocamento entre a residência e o trabalho violava "os preceitos constitucionais assecuratórios de condições mínimas de proteção ao trabalho". Daí porque esta decisão não encontraria respaldo no art. 7º, XXVI da CF/88. Disseram, ainda, que o art. 58, §2º da CLT é norma de ordem pública, prescrevendo direito indisponível à vontade das partes. Mas indisponível por quê? Esta é a pergunta que não quer calar, inclusive para o Supremo Tribunal Federal.

Por meio do RE nº 895.759, publicado em 13.09.2016 e relatado pelo Ministro Teori Zavascki, o STF reformou aquela decisão do TST. No correr de sua fundamentação, o Ministro Teori afirmou claramente que o STF, já por ocasião do RE nº 590.415, havia declinado de sua posição favorável a prestigiar a autonomia coletiva da vontade "como mecanismo pelo qual o trabalhador contribuirá para a formulação das normas que regerão sua própria vida, inclusive no trabalho". Desta forma, ainda que "o acordo coletivo de trabalho tenha afastado direito assegurado aos trabalhadores pela CLT, concedeu-lhe outras vantagens com vistas a compensar essa supressão", ressaltando, inclusive, o fato de não ter sido rechaçada, no processo, a validade da votação da assembleia geral que deliberou pela celebração do acordo coletivo.

Portanto, e após registrar que a Constituição admitiu que normas coletivas dispusessem sobre salário (art. 7º, VI) e jornada de trabalho (art. 7º, XIII e XIV), "inclusive reduzindo temporariamente remuneração e fixando jornada diversa da constitucionalmente estabelecida", o relator constatou não ter o acordo coletivo extrapolado os limites da razoabilidade, ao suprimir a contagem das horas *in itinere* em troca de outras vantagens, com base na válida manifestação de vontade da entidade sindical.

Vê, pois, que, mesmo antes da Lei nº 13.467/17, já estava aberto o caminho para o negociado prevalecer sobre o legislado. E foi exatamente isso – e um pouco mais – o que se positivou.

4 Probabilidades de um futuro incerto: em busca da estatística redentora

Neste confronto jurisprudencial entre o TST e o STF, o Poder Legislativo geralmente ficava à margem. Seu papel era, no máximo, o de coadjuvante, com atuações pontuais, remendando a CLT aqui e acolá, nada que impulsionasse o direito do trabalho em outra direção. No entanto, as reviravoltas proporcionadas pelo Supremo Tribunal Federal, associadas à mudança do ambiente político, foram os incentivos que faltavam para que o Parlamento reassumisse o seu lugar de direito. Assim, não se fez de rogado e pôs em vigor a Lei nº 13.467/17, a chamada Reforma Trabalhista.

Toda ela, do início ao fim, está lastreada na noção de proteção da autonomia do empregado. Uma autonomia que não deve ser apenas guarnecida, como também prestigiada e fomentada. Decidam, decidam livremente, a fim de que construam futuros promissores. Erros ocorrerão, sonhos serão frustrados, prognósticos falharão. Mas também acertos serão cada vez mais frequentes, os conflitos talvez diminuam, a sinceridade e a transparência serão a moeda de troca e, quiçá, este seja o embrião de uma parceria entre dois sujeitos que, num mercado global altamente competitivo, têm tudo para atuar em sintonia. Já disse antes e não me importo de repetir: é na real autonomia decisória que está o centro de gravidade da Reforma Trabalhista.

Para não acharem que estou exagerando, verifiquem os artigos 442-B, 444, parágrafo único, 477, *caput*, 484-A, 507-A, 507-B e o 855-B da CLT.

Neles encontramos (i) o contrato de trabalho autônomo, (ii) a permissão para que empregados portadores de diploma de nível superior e que percebam salário mensal igual ou superior a duas vezes o limite máximo dos benefícios do Regime Geral da Previdência Social estipulem livremente (e diretamente) com o seu empregador tudo o que está contido no art. 611-A da CLT, prevalecendo esta negociação individual sobre a norma coletiva, (iii) a permissão para o distrato entre o empregado e o empregador, desburocratizando-se a extinção do vínculo jurídico-trabalhista, (iv) a permissão para que seja incluída cláusula compromissória de arbitragem nos contratos de empregados cuja remuneração seja superior a duas vezes o limite máximo dos benefícios do Regime Geral da Previdência Social, (v) a autorização facultativa para que empregados e empregadores firmem termo de quitação anual de obrigações trabalhistas, com o detalhe da chancela sindical compulsória e de o termo só quitar as parcelas específicas que dele constarem e (vi) a possibilidade de homologação de acordo extrajudicial costurado pelas partes, através da protocolização de petição conjunta com a assistência obrigatória de advogados.

Diante destes singelos exemplos, o que se pode dizer? Eu digo que os parlamentares descartaram a visão preconceituosa, simplória e maniqueísta do empregado como sendo sempre o pobre coitado explorado e do empresário (mesmo o micro e o pequeno) como o vilão inescrupuloso de charuto e cartola. Também eles acreditaram que certas pessoas, com maior nível de instrução formal e cuja remuneração seja acima da média do mercado de trabalho brasileiro, detêm capacidade de decidir livremente os termos do contrato, ainda que seja para afastar, logo de início, a sua natureza jurídico-empregatícia. Na verdade, eles atualizaram a presunção pressuposta ao direito do trabalho. Abandonaram aquela antiga e puseram outra no lugar. Simples assim. Obviamente que, como toda inferência ou generalização extraída da experiência cotidiana, leva consigo os riscos da sobreinclusão ou da subinclusão.[32] No entanto, sendo uma ferramenta indispensável para a atividade legislativa e jurisdicional, melhor uma que esteja mais próxima da realidade.[33]

E aqui chego a outro ponto que merece ser ressaltado: o da prognose ou da previsão sobre as consequências desta Reforma.

A divergência sobre os futuros eventos desencadeados a partir da Lei nº 13.467/17 foi, e ainda é, o maior ponto de discórdia de toda essa discussão. O imbróglio se complica porque, pelo teor das assertivas, não se pode nem mesmo dizer que há um prognóstico (uma hipótese baseada em diagnósticos minimamente seguros). Tanto de um lado, como de outro, há meros vaticínios, intuições, presságios, palpites ou mesmo profecias sobre o que virá. Lembrei-me até da antiga prática romana de por o áugure a observar os pássaros para colher os *auspicia* e, assim, desvendar a vontade dos deuses.[34]

A Reforma Trabalhista provocará o caos social, a exploração diabólica dos trabalhadores e o vale-tudo mercadológico? Ou ela trará a

---

[32] Sobre os defeitos inevitáveis (mas aceitáveis) decorrentes da generalização normativa (por exemplo, colocar coisas demais ou coisas de menos), cf., por todos, SCHAUER, Frederick. *Profiles, probabilities and stereotypes*. Cambridge: Harvard University Press, 2003.
[33] Neste sentido: "Naturalmente, quanto mais um modelo é aproximado à realidade que pretende retratar tanto maior será a sua capacidade heurística e a sua utilidade como instrumento de análise. Pode-se falar assim em modelos "bons" ou "maus", dotados de maior ou menor capacidade representativa segundo a sua proximidade àquilo que é tipicizado". TARUFFO, Michele. *Processo civil comparado*: ensaios. Tradução de Daniel Mitidiero. São Paulo: Marcial Pons, 2013. p. 14.
[34] Cf. <https://pt.wikipedia.org/wiki/Ausp%C3%ADcio>. Acesso em: 28 jun. 2018.

bonança, a bem-aventurança e o bem-estar jurídico e econômico, como nunca antes se viu na história do país?

Radicalizações à parte, creio que o mecanismo mais eficiente para se vislumbrar, ainda que de esguelha, o que o novo direito do trabalho nos reserva está em um campo de estudo bastante promissor: a jurimetria.[35]

Se no passado acreditava-se que bastava angariar o máximo de informações e desvendar as leis universais para que se tornasse possível prever, com exatidão, os fatos vindouros,[36] atualmente esta perspectiva é tida como uma doce ilusão.[37] Deixamos de lado o determinismo causal e mecânico, o conhecimento infalível e a busca pela verdade absoluta. As ciências naturais se renderam ao *juízo de probabilidade*. Ao invés de buscarmos a certeza, "passamos a tentar controlar a incerteza".[38] O saber ideal não é mais aquele perfeito e impermeável ao erro. Longe disso, hoje se reconhece que, na prática cotidiana das ruas e dos laboratórios, lidamos com "um conhecimento por aproximação, circunstancial, limitado e essencialmente precário".[39]

Esta viragem epistemológica foi dada há tempos, na travessia do século XIX para o século XX. Agora, em pleno século XXI, trata-se de um consenso relativamente estável em áreas como a física, a química, a biologia e a medicina. Contudo, quando passamos para o terreno das ciências sociais, as coisas se complicam. Em vista de seus objetivos imediato (entender o comportamento dos indivíduos em sociedade) e mediato (contribuir para aperfeiçoar esta interação), a sobreposição com objetivos políticos/ideológicos de grupos de interesse é inevitável.[40] Daí porque uma discussão pautada em dados mais objetivos torna-se quase impossível, pois, mais cedo ou mais tarde, acaba transformando-se em um debate passional a respeito de qual visão ideal de mundo deve prevalecer. E a realidade? Permanece em segundo plano. Ela que se adapte aos desejos dos idealistas detentores do poder.

Esse descolamento explosivo entre o que se quer e o que efetivamente acontece foi levado às últimas consequências por autores

---

[35] Por todos, NUNES, Marcelo Guedes. *Jurimetria*: como a estatística pode reinventar o direito. São Paulo: Revista dos Tribunais, 2016.

[36] "A impressão (...) era a de que se nos esforçássemos o suficiente, todas as nuvens poderiam um dia ser reduzidas a um relógio". *Ibidem*, p. 41.

[37] Cf. ROSENBLUM, Bruce e KUTTER, Fred. *O enigma quântico*: o encontro da física com a consciência. Tradução de George Schlesinger. São Paulo: Zahar, 2017.

[38] NUNES, Marcelo Guedes. *Op. cit.*, p. 48.

[39] *Ibidem*, p. 49.

[40] *Ibidem*, p. 52.

como Hans Kelsen. Mas para não cair na armadilha idealista e evitar o entrechoque dos diferentes valores diluídos pela sociedade, ele adotou uma estratégia, ao mesmo tempo genial e aparentemente ingênua: depurar o direito de toda e qualquer ideologia política e de "todos os elementos que lhe são estranhos".[41]

Ocorre que as aparências enganam e Kelsen estava longe de ser incauto. A rigor, tinha consciência plena da inviabilidade prática de qualquer ordem jurídica alheia ao mundo real. Tanto assim, que associou a validade da norma jurídica à sua efetividade, isto é, à ideia de coação. De acordo com este renomado autor, só estaremos diante de uma ordem jurídica válida quando ela for obedecida, de fato, em determinado domínio territorial. Sua vigência dependerá da conquista de um mínimo de segurança coletiva, de aderência social e de eficácia interna relativamente durável, conseguindo, inclusive, excluir outras ordens sociais concorrentes (mesmo aquelas consideradas mais "justas").[42] Em suma: por mais voltas que se dê, direito e realidade foram, são e serão os dois lados da mesma moeda social.

Portanto, para melhor compreender o novo direito do trabalho e despir-se da função de oráculo, o estudioso deve atentar para o comportamento efetivo das pessoas. Planejar, pesquisar, descrever e decifrar o comportamento prático dos destinatários da Lei nº 13.467/17, sejam eles empregados e empregadores, sejam juízes, desembargadores e ministros da Justiça do Trabalho.

Desta forma, não repetiremos os erros dos realistas norte-americanos, que, apesar do excelente *insight*, contentaram-se unicamente com a previsão do que farão os juízes ou com o estudo da psicologia judicial. Devemos ir além. Podemos agregar valor à análise funcional da legislação, ao medirmos estatisticamente o seu impacto regulatório no mercado (aumento ou queda da empregabilidade formal) e na atuação do Judiciário (aumento ou queda do número de processos).

Eis o caminho sem volta para uma avaliação mais objetiva e racional dos prováveis efeitos das reformas normativas na vida real, alimentando os debates com as informações necessárias à futura (re)construção do direito. Não mais uma (re)construção de cima para baixo, baseada em opiniões elitistas (libertárias ou paternalistas) ou em "especulação de poltrona".[43] A (re)construção agora deve dar-se de

---

[41] KELSEN, Hans. *Teoria pura do direito*. Tradução de João Baptista Machado. 6. ed. São Paulo: Martins Fontes, 1998. p. 1.
[42] *Ibidem*, p. 48-55.
[43] NUNES, Marcelo Guedes. *Op. cit.*, p. 99.

baixo para cima, com amparo em um raciocínio de natureza indutiva e a partir da observação e aferição da vida como ela é. Seguindo este fio da meada, os horizontes se ampliam para todos: o advogado disporá de dados preciosos para antever o provável resultado do processo; o juiz, para antecipar as prováveis consequências de suas decisões; e o legislador poderá antecipar os resultados desejados, modelando o texto normativo de maneira a desestimular determinadas condutas e a incentivar outras tantas.[44]

Para ser sincero, este casamento não é de hoje. Há mais de 200 anos já se esboçava a aproximação do direito com o conhecimento probabilístico.[45] No entanto, se a luz foi acesa pela escola realista norte--americana – com destaque para Oliver Wendell Holmes Jr. – e depois foi esquecida, o seu resgate está em andamento, angariando cada vez mais adeptos. No âmbito do direito processual, por exemplo, Ovídio Baptista já alertava para a armadilha do conceito de verdade utilizado no estudo das provas, trazendo à memória as lições de Jeremy Bentham e de sua vinculação à "ciência do provável".[46] Também Michele Taruffo fundou a noção de prova no conceito de probabilidade e, apesar de crítico à utilização da probabilidade quantitativa, realçou alguns ensaios nos quais se valeram do teorema de Bayes, a fim de atribuir peso numérico a determinadas provas e de se diminuir o subjetivismo na sua avaliação.[47]

De toda sorte, o que precisamos é entender melhor esta ferramenta valiosíssima.[48] Se o objetivo da estatística é "extrair juízos de probabilidade sobre como a realidade irá se conformar no futuro",[49] estamos atrasados no aprendizado desta metodologia capaz de nos proporcionar a coleta, organização e interpretação de dados empíricos, ajudando-nos a vislumbrar o seu funcionamento e de avaliá-los a partir de diferentes pontos de inflexão (econômico, social, moral etc.). Menos achismos idiossincráticos e mais realidade palpável.

---

[44] *Ibidem*, p. 114. Sobre o uso do direito para impulsionar as pessoas e a sociedade em determinada direção, cf. THALER, Richard H., SUNSTEIN, Cass R. *Nudge*: improving decisions about health, wealth and happiness. New Haven: Yale University Press, 2008.
[45] NUNES, Marcelo Guedes. *Op. cit.*, p. 83-87.
[46] *Curso de processo civil*. v. 1: *processo de conhecimento*. 5. ed. São Paulo: Revista dos Tribunais, 2000. p. 338-339.
[47] *A prova*. Tradução de João Gabriel Couto. São Paulo: Marcial Pons, 2014. p. 29-30.
[48] Sugiro a leitura de WHEELAN, Charles. *Naked statistics*: stripping the dread from the data. New York: W. W. Norton & Company, 2013.
[49] NUNES, Marcelo Guedes. *Op. cit.*, p. 100.

Diferentemente da escassez de dados e de estatísticas confiáveis, reclamada pelo saudoso Professor José Carlos Barbosa Moreira décadas atrás,[50] atualmente possuímos um bom manancial de informações disponíveis e a uma distância ínfima, do clicar de um botão. Basta acessar a página do Conselho Nacional de Justiça para que se tenha em mãos diversos números e recortes institucionais sobre os mais variados assuntos do Poder Judiciário brasileiro, e da Justiça do Trabalho em particular.[51]

Mas este deve ser apenas o início. Caberá aos especialistas, entusiastas e/ou detratores da Lei nº 13.467/17, saírem de sua zona de conforto meramente discursiva e se debruçar sobre os seus impactos no mundo do trabalho, buscando auxílio de sociólogos, economistas e estatísticos para refiná-los e, com base em outras questões ainda não colocadas, ampliá-los ainda mais. O objetivo deve ser um só: permitir uma visão cada vez mais nítida do que vem ocorrendo no mundo real, aquele teimoso, que insiste em ser desaforado com as teorias perfeitas ensinadas nos livros e nas salas de aula.

Repito para enfatizar: se os realistas jurídicos norte-americanos acertaram ao afirmar que o direito não se reduz à lei e, menos ainda, a descrições teóricas assépticas, possuindo o componente humano inarredável de subjetivismo judicial, eles se equivocaram ao limitar aí a sua cognição.[52] Devemos aproveitar o mote e, aprimorando-o, trazer para a discussão outros elementos da realidade que também compõem o direito encontrado nas ruas e nos tribunais. Em primeiro lugar, para melhor compreendê-lo. Feito isso, acredito que, num segundo instante, depois de mais familiarizados com os conceitos e as técnicas, os mais otimistas não irão se contentar e certamente tentarão emplacar novas propostas legislativas com vistas a incentivar ou desestimular determinadas condutas. O segredo do sucesso estará na credibilidade da previsão dos comportamentos futuros, não mais com base em ilações, e, sim, atreladas a descrições estatísticas sobre como os seus destinatários, efetivamente, comportam-se nos dias de hoje e de como, provavelmente, irão se comportar amanhã.

---

[50] Cf. *Temas de direito processual*: oitava série. São Paulo: Saraiva, 2004. p. 10-12 e 17-18.
[51] Cf. <http://www.cnj.jus.br/programas-e-acoes/pj-justica-em-numeros>. Acesso em: 03 jun. 2018.
[52] NUNES, Marcelo Guedes. *Op. cit.*, p. 95-96.

5 Conclusão

Estamos vivenciando uma transição histórica no Brasil, daquelas que serão contadas aos nossos netos e bisnetos. E o direito está no olho do furacão. Ou melhor, a maneira como o Judiciário o constrói e o aplica está em franco questionamento. Outrora formalista e conceitual, pautando-se numa lógica silogística e mecânica, alheia às consequências dali produzidas, ao longo dos últimos 30 anos os juízes foram se tornando mais ativistas, perdendo os receios e as amarras positivistas. Se, antes, aceitava-se a moldura normativa como um dado da realidade hermenêutica,[53] hoje o intérprete não hesita por um segundo sequer e, de peito aberto, ultrapassa as suas fronteiras. Ir além do texto, contorná-lo ou mesmo (re)escrevê-lo virou prática banal nos tribunais, a fim de tentar produzir determinadas consequências por eles desejadas. Tendo os princípios como ponto de partida e de chegada, os magistrados perderam o pudor de ponderá-los com amparo em critérios fluidos, sofisticados e arriscados, muitas vezes sem o esforço necessário para justificar e legitimar esta atuação fortemente discricionária.[54] Impuseram a sua agenda e a sua vontade sobre o que consideravam o melhor direito, a despeito do que o Parlamento viesse a regulamentar. Este furor principiológico[55] (também derivando daí uma ubiquidade constitucional[56]) espalhou-se para todos os recantos jurídicos, do direito tributário ao direito administrativo, do direito civil ao direito processual, do direito penal ao direito do trabalho.

O cerne deste requentado debate jurídico passou a ser a pedra de toque do direito do trabalho contemporâneo: devemos ou não compartilhar com os juízes este verdadeiro poder legislativo, cuja criatividade colocou a CLT e a Constituição de 1988 para escanteio e gerou mais de 400 súmulas e de mais de 500 orientações jurisprudenciais? O real direito do trabalho brasileiro não era mais encontrado nos diplomas legislativos, mas, sim, nas decisões dos tribunais.

---

[53] KELSEN, Hans. *Teoria pura do direito*, p. 390-391.
[54] *Ibidem*, p. 278-283. Sobre o conceito hartiano de discricionariedade forte atribuído à decisão judicial proferida em casos difíceis, cf. o próprio HART, H. L. A. "Discricionalidad" e também GUASTINI, Riccardo. "Releyendo a Hart", ambos os artigos encontrados em *Doxa, Cuadernos de Filosofia del Derecho*, n. 37, p. 85-110, 2014.
[55] ÁVILA, Humberto. *Teoria dos princípios*: da definição à aplicação dos princípios jurídicos. 17. ed. São Paulo: Malheiros, 2016.
[56] SARMENTO, Daniel. *Livres e iguais*. Rio de Janeiro: Lumen Juris, 2006. Ou, para um acesso mais imediato, cf. <http://www.dsarmento.adv.br/content/3-publicacoes/17-ubiquidade-constitucional-os-dois-lados-da-moeda/ubiquidade-constitucional-daniel-sarmento.pdf>. Acesso em: 15 jun. 2018.

A resposta dos legisladores foi um rotundo não. Ao menos para o direito do trabalho, a ideia agora é refrear a iniciativa do Judiciário, obrigá-lo a ser mais deferente com o texto legal e, simultaneamente, passar a bola para os próprios interlocutores da relação de emprego. Sindicatos, altos empregados, empregados e empregadores adquiriram um enorme poder para exercitar sua autonomia, numa clara demonstração de confiança nas suas capacidades decisórias. A responsabilidade também é grande, mas acreditou-se que os brasileiros estão aptos para assumir as rédeas de suas vidas profissionais, sem prejuízo da garantia do seu mínimo existencial, contido no arts. 7º a 11 da CF/88[57] e reforçado pelo novo art. 611-B da CLT.

Quanto ao Judiciário, já tive a oportunidade de analisar a baixa qualidade técnica e a impossibilidade fática do que se prescreveu no art. 8º, §2º da CLT.[58] Enquanto os juízes forem seres humanos, não há como eliminar a sua liberdade de escolha e a projeção de sua personalidade, com suas emoções e pré-compreensões, do ato de decisão. Contudo, o dispositivo não é inútil. Ele vale, no mínimo, como um alerta sobre os excessos que estavam sendo cometidos. Nada que autores do quilate de Frederick Schauer, Joseph Raz, Adrian Vermeule, Larry Alexander e Emily Scherwin, Humberto Ávila, Noel Struchiner, Diego Werneck e Fernando Leal, cada um a seu modo e no seu contexto de estudo, já não nos tivessem advertido.[59]

A evolução histórica e realista do velho direito do trabalho fez com que a sua feição marcadamente pretoriana cedesse lugar a um novo direito do trabalho, fruto de uma evidente reação institucional

---

[57] Cf. GOMES, Fábio Rodrigues. *O direito fundamental ao trabalho*, p. 191-197.
[58] GOMES, Fábio Rodrigues. O novo direito do trabalho. In: GOMES, Fábio Rodrigues; TUPINAMBÁ, Carolina (Coord.). *A reforma trabalhista*: impactos nas relações de trabalho. Belo Horizonte: Fórum, 2018.
[59] Cf. SCHAUER, Frederick. *Playing by the rules*: a philosophical examination of rule-based decision-making in law and in life. New York: Oxford University Press, 2002; RAZ, Joseph. *Between authority and interpretation*. New York: Oxford University Press, 2009; VERMEULE, Adrian. *Law and the limits of reason*. New York: Oxford University Press, 2009; ALEXANDER, Larry, SCHERWIN, Emily. *Demystifying legal reasoning*. New York: Cambridge University Press, 2008; ÁVILA, Humberto. *Teoria dos princípios*: da definição à aplicação dos princípios jurídicos. 17. ed. São Paulo: Malheiros, 2016; STRUCHINER, Noel. *Para falar de regras*: o positivismo conceitual como cenário para uma investigação filosófica acerca dos casos difíceis do direito. Tese de Doutorado apresentada ao programa de pós-graduação em filosofia da PUC-Rio. Orientador: Danilo Marcondes de Souza Filho. Rio de Janeiro, ago. 2005. Disponível em <https://pt.scribd.com/document/270504225/Para-Falar-de-Regras-Noel>. Acesso em: 03 nov. 2017; WERNECK, Diego; LEAL, Fernando. Pragmatismo como [meta] teoria normativa da decisão judicial: caracterização, estratégias e implicações. In: SARMENTO, Daniel (Coord.). *Filosofia e teoria constitucional contemporânea*. Rio de Janeiro: Lumen Juris, 2009.

ao ativismo judicial e da descrença nas antigas ideias empoeiradas, romantizadas e descoladas do mercado de trabalho atual. O empregado não é sempre um *misero* e o empregador não é sempre um algoz. Resguardado o colchão de segurança constitucional (forrado pelos direitos fundamentais materiais, específicos e inespecíficos), ambos estão prontos para customizar suas relações de acordo com as suas peculiaridades e necessidades. O sinalagma frio, maniqueísta, desconfiado e engessado agora dá espaço à noção de cooperação, flexibilidade, boa-fé e concreta autonomia.

As perspectivas são boas ou ruins? Só o tempo e a análise estatística estão habilitados a fornecer parâmetros objetivos sobre o impacto regulatório do novo direito do trabalho na vida real. E somente depois de termos esta avaliação em mãos, poderemos diagnosticar os defeitos e propor as soluções provavelmente mais adequadas para corrigi-los.

Como bem disse o jornalista Fernando Gabeira, bem-vindo ao mundo da "pós-ideologia".[60]

---

[60] "O direito ao delírio". Disponível em: <https://oglobo.globo.com/cultura/o-direito-ao-delirio-22006174>. Acesso em: 03 jun. 2018.

A FUNÇÃO REVISORA DOS TRIBUNAIS: *QUID JURIS?**

1 Introdução

Instados a refletir sobre a função revisora dos tribunais, a primeira ideia que nos ocorreu foi a daquele lugar-comum: *error in procedendo* ou *error in judicando*.

Dito de outro modo, enraizou-se na cultura jurídica brasileira o seguinte axioma: as sentenças proferidas pelo juiz monocrático devem submeter-se, real ou potencialmente, ao duplo grau de jurisdição. Isso deve ocorrer por um motivo bastante simples: a inexorabilidade do erro. Seja através do erro procedimental, seja por meio do erro de conteúdo, o Poder Judiciário no Brasil erra. Mas o juiz singular, segundo opinião reinante, erra ainda mais.[1] De modo que não é outra a razão principal da sua inclusão em um sistema processual no qual o "controle" é a palavra-chave.[2] E tanto é assim, que muitos atribuem natureza constitucional à duplicidade obrigatória de instância.

Dito isso, e não obstante a existência de sólidos argumentos contrários à constitucionalização do duplo grau de jurisdição,[3] o que

---

* Escrito em coautoria com Roberta Ferme Sivolella, Juíza Substituta do TRT da 1ª Região, mestre e doutora em Direitos Sociais pela Universidade de Castilla-La Mancha (UCLM), Diretora de Comunicação da Amatra 1 (RJ).
[1] Exemplo ilustrativo desta impressão é a chamada Lei da Ficha Limpa (Lei Complementar nº 135 de 04 de junho de 2010), uma vez que foi alterada no seu projeto original a fim de considerar inelegíveis apenas os parlamentares julgados por órgão colegiado, e não por juiz monocrático.
[2] Cf. MOREIRA, José Carlos Barbosa. *Comentários ao Código de Processo Civil*. v. V: arts. 476 a 565. 8. ed. Rio de Janeiro: Forense, 1999. p. 235-238.
[3] Cf., por todos, MARINONI, Luis Guilherme. *Precedentes obrigatórios*. São Paulo: Revista dos Tribunais. p. 185-186.

pretendemos analisar nestas páginas é menos o seu patamar hierárquico-normativo e mais a sua significação. Afinal de contas, qual deve ser a extensão hermenêutica da revisão recursal, especialmente no contexto de um Estado Democrático de Direito que prima pela "duração razoável do processo" e pela "efetividade da tutela judicial"?

Mas isso não é só. Ao discorrermos sobre a função revisora dos tribunais também devemos levar em conta o seu aspecto pragmático ou consequencialista. Nos dias que correm, o índice de confiança da população no Poder Judiciário não é dos melhores.[4] Entretanto, paradoxalmente, este mesmo Judiciário está abarrotado de antigos processos e submetido a avalanches de novos processos oriundos desta mesma população. Por que isso acontece? Será que a gigantesca quantidade de recursos e de possibilidade (quase certa) de modificação da decisão judicial de primeiro grau contribui para este fenômeno?

Estas são algumas questões que pretendemos abordar ao longo deste ensaio, na tentativa de construir algumas soluções e, quiçá, angariar alguns adeptos a elas. Ou, ao menos, impelir os mais críticos a reverem suas opiniões.

2 O duplo grau de jurisdição segundo o STF e o TST

O acesso à justiça foi positivado como direito fundamental no ordenamento jurídico brasileiro com o advento da CRFB/88. Mais precisamente, a Constituição de 1988 apresentou o seu art. 5º, XXXV como resposta aos anseios por um Estado realmente democrático, diante de um contexto histórico de "inacesso" quase absoluto ao Poder Judiciário.

É necessário se ter em mente a realidade política e social brasileira para que se possa compreender porque este princípio foi consagrado e influenciou toda uma hermenêutica voltada à ratificação da emancipação do Poder Judiciário. O mote agora seria a minoração das desigualdades sociais, ao menos no que tange à possibilidade de apreciação dos conflitos de interesses por uma autoridade supostamente legítima. E nem poderia ser diferente, em se considerando que a ciência jurídica é permeada de valores e modulada pelas experiências daqueles que o vivenciam. Fruto de uma atividade intersubjetiva ou discursiva, voltada para a solução racional dos problemas práticos que afligem a sociedade, o direito oscila entre duas forças contrapostas: a necessidade

---

[4] SABADELL, Ana Lucia. *Manual de sociologia jurídica*. Introdução a uma leitura externa do direito. 6. ed. São Paulo: Revista dos Tribunais, 2013. p. 182-184.

de segurança/estabilidade/previsibilidade e a premência da aceitação/
legitimidade/sentimento de justiça dos seus destinatários. Conforme
bem salientou o jurista Miguel Reale:

> A vida dos modelos jurídicos se desenvolve entre dois fatores operantes,
> um visando a sua preservação e permanência, outro reclamando a sua
> reforma ou substituição, o que assegura à experiência dos modelos
> jurídicos uma autocorreção, num processo de marcado *feedback*, isto
> é, de contínua regeneração ou realimentação, que se dá em função
> de mutações operadas no plano dos fatos, dos valores e do próprio
> ordenamento normativo global, repercutindo imediatamente nos
> domínios cambiantes da Hermenêutica jurídica.[5]

Não há como negar que as decisões judiciais têm um importante papel neste processo evolutivo. E, justamente por isso, deve-se garantir que "erros" atribuíveis ao julgador primário não inviabilizem a garantia de efetivação do direito postulado pelo cidadão. Em tese, esta garantia se desdobraria no duplo grau de jurisdição (e no consequente poder revisional dos Tribunais) sob o aspecto material do princípio do acesso à justiça. Dito de outro modo: não só declarar o direito, mas satisfazê-lo, no sentido de desenvolver ferramentas para viabilizar tal satisfação de maneira mais justa.

Mas isso não é só. Aproximar a normatividade da efetividade, ou, em outras palavras, buscar a melhor adequação dos acontecimentos do mundo empírico às prescrições normativas oficiais passa a ser a tônica do julgamento. Desta forma, o juiz não mais se apresenta como um ator "contemplativo"[6] ou mero descobridor passivo da *mens legislatoris*, mas, sim, como um partícipe do mundo da vida, testemunha das mazelas sociais, um sujeito consciente do papel "garantista" de suas decisões.[7] Este novo paradigma "faz do Estado instrumento a serviço da proteção de direitos, que, derivados da dignidade da pessoa humana,

---

[5] REALE, Miguel. *Lições Preliminares de Direito*. 26. ed. revista. São Paulo: Saraiva, 2002.
[6] "Os 'contemplativos' são cem vezes piores – não sei de nada que suscite tanto desânimo como este gênero de 'poltrona objetiva'" (NIETZSCHE, Friedrich. *A genealogia da moral*. 2. ed. São Paulo: Editora Escala, 2007. p 149).
[7] Conforme o "garantismo jurídico" de Luigi Ferrajoli, o sistema jurídico reveste-se em uma "forma de direito" que se preocupa com aspectos formais e substanciais que devem existir para que o direito seja válido. Essa junção de aspectos formais e substanciais teria a função de resgatar a possibilidade de se garantir, efetivamente, aos sujeitos de direito, todos os direitos fundamentais existentes, como se tal categoria de direitos fosse um dado ontológico para que se pudesse aferir a existência ou não de um direito; a validade ou não de uma norma. FERRAJOLI, Luigi. *Derecho y Razón*: Teoría del Garantismo Penal. Madrid: Trotta, 1998. p. 851.

surgem como valores exteriores à ordem jurídica, desempenhando em face dela uma permanente função crítica".[8]

Portanto, o viés material do duplo grau de jurisdição (busca da melhor solução), somado à nova inserção do Judiciário dentro do chamado "constitucionalismo democrático" ou "neoconstitucionalismo", transformou a possibilidade de revisão das decisões de primeiro grau em verdadeira exigência institucional. Indo além, ao privilegiar-se a suposição de ocorrência de *error in judicando* ou *error in procedendo*, acrescentou-se a previsão de uma terceira instância para verificação de ocorrência de violação de lei federal ou dispositivo constitucional, e de interpretação de lei federal, estadual ou norma coletiva diversa da "jurisprudência consolidada" (art. 896 da CLT).

E, para culminar, depois de ultrapassados todos os degraus da Justiça Federal especializada, temos, também, a possibilidade de submissão da demanda à análise do Supremo Tribunal Federal, através do recurso extraordinário, nas hipóteses de análise de violação à Constituição ou à Lei federal (art. 102 da CRFB/88). Isso sem esquecer da previsão de outros recursos de diversas naturezas, inclusive de ordem regimental, hábeis a corrigir os "erros" da instância *a quo*, bem como da rotineira formalização de Súmulas como meio de conter o impulso criativo (e supostamente equivocado) dos juízes singulares.

A bem de ver, o Poder Legislativo seguiu este mesmo ideário ao trazer a previsão da Súmula vinculante, através da inserção do art. 103-A na Constituição. Com a EC nº 45/2004 permitiu-se ao STF "de ofício ou por provocação, mediante decisão de dois terços dos seus membros, após reiteradas decisões sobre matéria constitucional, aprovar súmula que, a partir de sua publicação na imprensa oficial, terá efeito vinculante em relação aos demais órgãos do Poder Judiciário e à administração pública direta e indireta, nas esferas federal, estadual e municipal". A mesma Emenda trouxe, ainda, a alteração do art. 102 da CRFB/88,[9] afirmando que a existência da repercussão geral da questão constitucional suscitada é requisito necessário para o conhecimento de todos os recursos extraordinários, inclusive em matéria penal, sendo

---

[8] MAGANO, Octavio Bueno. "La determinación de la norma más favorable". X Congresso Ibero-Americano de Direito do Trabalho e da Previdência Social. Montevidéo, 1989. t. I, p. 1.

[9] Cf. Art. 102, §3º da CRFB/88: "No recurso extraordinário o recorrente deverá demonstrar a repercussão geral das questões constitucionais discutidas no caso, nos termos da lei, a fim de que o Tribunal examine a admissão do recurso, somente podendo recusá-lo pela manifestação de dois terços de seus membros".

"preliminar formal" de admissibilidade recursal.[10] Segundo o texto do diploma processual civil, haverá repercussão geral "sempre que o recurso impugnar decisão contrária a súmula ou jurisprudência dominante do Tribunal", sendo que sua análise depende da "existência, ou não, de questões relevantes do ponto de vista econômico, político, social ou jurídico, que ultrapassem os interesses subjetivos da causa".[11]

Sob raciocínio similar, e mesmo antes de uma reforma constitucional de tamanha envergadura, o art. 896-A da CLT já determinava o exame prévio e necessário ao conhecimento do recurso, a fim de que fosse verificado "se a causa oferece transcendência com relação aos reflexos gerais de natureza econômica, política, social ou jurídica".[12] O conteúdo demasiadamente subjetivo trazido por este preceito represou a sua autoaplicabilidade e, assim, estimulou a visão de necessidade de regulamentação.[13] Logo, apesar de ter constituído uma resposta ao desmesurado número de recursos que tramitam nas Cortes superiores, a interpretação sedimentada pelo TST acabou por esvaziar o objetivo primário desta inovação: a efetividade e celeridade do provimento jurisdicional.

De fato, a construção desenvolvida pela jurisprudência acabou por confundir a *discricionariedade judicial* com a *arbitrariedade*. Decerto, determinado grau de discricionariedade faz-se ínsito a toda e qualquer atividade judicante, eis que a abertura semântica dos enunciados normativos acarreta uma escolha inexorável do magistrado. Uma deverá ser a sua opção, dentre as várias alternativas possíveis. Entretanto, esta liberdade de escolha não é absoluta. Longe disso, ela é altamente limitada, tanto pelos parâmetros linguísticos pré-fixados pelo ordenamento jurídico-processual, como também pelo imperativo constitucional de fundamentação, previsto no art. 93, IX da CF/88. O dever de justificar sua decisão coloca um severo obstáculo às opções hermenêuticas movidas por idiossincrasias ou frivolidades do juiz desavisado.

Dito isso, caberia ao Judiciário dar o passo adiante e, de modo vanguardista, manusear o conceito de transcendência social, isto é, o

---

[10] A preliminar formal de repercussão geral é exigida em todos os recursos extraordinários interpostos de acórdãos publicados a partir de 3 de maio de 2007, quando do estabelecimento das normas necessárias à execução das disposições legais e constitucionais sobre o dito instituto, quando da entrada em vigor da Emenda Regimental nº 21/07 ao RISTF (QO-AI 664.567, Min. Sepúlveda Pertence).
[11] Cf. art. 543-A, §§1º e 3º do CPC.
[12] Cf. art.896-A da CLT.
[13] Cf. o acórdão proferido no julgamento do processo nº TST-RR-1071-16.2011.5.06.0016, relator Min. Aloysio Correa da Veiga, publicado no *DOU* de 21.02.13.

da "existência de situação extraordinária de discriminação, de comprometimento do mercado de trabalho ou de perturbação notável à harmonia entre capital e trabalho", tendo como mote, ainda, o *caráter estimulador de conflituosidade entre patrões e empregados, pela possibilidade de recurso contínuo ao Judiciário*.[14] Como já asseverava o Ministro Ives Gandra da Silva Martins, existem diversos argumentos legitimadores da concretização imediata da regra da transcendência, dentre os quais:[15]

> (...) a) o TST goza da mesma natureza do STF, de instância extraordinária, atuando por delegação na interpretação final do ordenamento jurídico-trabalhista infraconstitucional, razão pela qual o tratamento a ser dado, em termos de mecanismos redutores de recursos ao STF, deve ser adotado também para o TST (e STJ); b) o STF adotou mecanismo de seleção de recursos (argüição de relevância) durante a vigência da Constituição Federal de 1967/69 (à qual se cogita de retorno, sob o rótulo de "repercussão geral" da questão constitucional), seguindo o modelo da Suprema Corte Americana, que pode servir de parâmetro para o TST e STJ; c) a quantidade astronômica de recursos que desembocam atualmente nos Tribunais Superiores não tem permitido uma apreciação minimamente satisfatória das causas submetidas ao crivo final das instâncias superiores, a par de se acumularem processos sem perspectiva de julgamento a médio ou até a longo prazo, exige uma rápida solução para o problema, no sentido de se criar mecanismo de redução do quantitativo de processos a ser efetivamente examinado por essas Cortes. (...).

Ademais, o Tribunal Superior do Trabalho tem se mostrado preocupado com o maremoto recursal a que é submetido. Neste passo, persevera na tentativa de refrear a interposição de recursos inadequados ou protelatórios, seja no momento do seu exame de admissibilidade (e o exemplo a ser citado é o da necessidade de pré-questionamento para a interposição de recursos de revista, em âmbito trabalhista),[16] seja já

---

[14] Cf. o PL nº 3267/00.
[15] Cf. "O critério de transcendência no recurso de revista". Disponível em: <http://www.planalto.gov.br/ccivil_03/revista/rev_20/artigos/IvesGandra_rev20.htm>. Acesso em: 20 jun. 2018.
[16] Conforme explicitam a Súmula nº 297 do C. TST e a OJ nº 62 da SDI-1 do C. TST, *in verbis*:
SÚMULA 297: PREQUESTIONAMENTO. OPORTUNIDADE. CONFIGURAÇÃO (nova redação) - Res. 121/2003, DJ 19, 20 e 21.11.2003
I. Diz-se prequestionada a matéria ou questão quando na decisão impugnada haja sido adotada, explicitamente, tese a respeito.
II. Incumbe à parte interessada, desde que a matéria haja sido invocada no recurso principal, opor embargos declaratórios objetivando o pronunciamento sobre o tema, sob pena de preclusão.

na primeira instância, facultando ao juiz a aplicação das penalidades pecuniárias previstas em lei. E o mesmo se pode dizer do Supremo Tribunal Federal. Atento a este problema, a Suprema Corte, através de seu então presidente, o Min. Cesar Peluzo, redigiu a PEC nº 15/2011, na qual propôs a alteração do recurso extraordinário para uma ação rescisória extraordinária, e o recurso especial para uma ação rescisória especial, a fim de permitir o trânsito em julgado das decisões antes da revisão permitida pelos arts. 102 e 105 da Constituição Federal.

O chamado "abuso de recursos"[17] ou o mau vezo do exercício do devido processo legal propicia a aplicação de medidas coercitivas, tais como a aplicação das multas previstas arts. 14, V, 17, VII, 18, §2º e 538, § único do CPC. Tais medidas possuem caráter não só punitivo, mas especialmente pedagógico, refletindo, assim, uma postura almejada e requerida do Poder Judiciário, pois tratam-se de meios legítimos de efetivação dos direitos do cidadão. A distorção do exercício do direito ao acesso à justiça traz prejuízos inarredáveis à sua própria efetividade, na medida em que dificulta sobremaneira a solução dos conflitos de interesses daqueles que dele fazem uso.

O paradoxo exposto leva à reflexão acerca da necessidade de criação de novos mecanismos a serem disponibilizados ao Poder Judiciário, com o fim de, se não eliminá-lo, ao menos reduzi-lo. Mesmo que em momento posterior à interposição dos recursos. O que importa é frisar a importância dos Tribunais Superiores neste desiderato.

Não obstante todo o esforço demonstrado pelo TST e pelo STF na efetivação dos direitos que lhes são demandados, caberá a eles, agora mais do que antes, o protagonismo institucional de não se deixar levar pela falsa premissa do erro latente à atuação do magistrado de primeira

---

III. Considera-se prequestionada a questão jurídica invocada no recurso principal sobre a qual se omite o Tribunal de pronunciar tese, não obstante opostos embargos de declaração. OJ 62. PREQUESTIONAMENTO. PRESSUPOSTO DE ADMISSIBILIDADE EM APELO DE NATUREZA EXTRAORDINÁRIA. NECESSIDADE, AINDA QUE SE TRATE DE INCOMPETÊNCIA ABSOLUTA (republicada em decorrência de erro material) - DEJT divulgado em 23, 24 e 25.11.2010
É necessário o prequestionamento como pressuposto de admissibilidade em recurso de natureza extraordinária, ainda que se trate de incompetência absoluta.

[17] O chamado "abuso de recursos" tem sido matéria invocada por diversos juristas, como chama atenção o professor Canotilho, ao alertar que tais recursos protelatórios acabam levando à dilação dos prazos e negativa de cumprimento do provimento jurisdicional, através da interposição de medidas que visam, em verdade, à nova análise do direito ordinário (conforme seminário internacional promovido em Luanda, capital de Angola, sobre o tema "O Direito de Acesso à Justiça Constitucional" nos Estados-membros da Comunidade de Países de Língua Portuguesa (CPLP), em notícia disponível em: <http://www.stf.jus.br/portal/cms/verNoticiaDetalhe.asp?idConteudo=183528>. Acesso em: 20 jun. 2018.

instância. Pois, se não for assim, o desnaturar do real e inafastável núcleo essencial do direito ao duplo grau recursal será uma consequência inevitável: ao invés de garantirem a possibilidade de a parte ouvir uma segunda opinião e, quiçá, retificar erros (de procedimento ou de julgamento) eventualmente cometidos, estarão abrindo as portas de um dantesco inferno processual, cujos círculos ou instâncias de sofrimento mostrar-se-ão infinitos.

3 A delimitação conceitual do duplo grau de jurisdição: as vantagens e desvantagens subjacentes

Apesar de não ser o objetivo deste ensaio afirmar a estatura jurídica do duplo grau de jurisdição, imaginemos, apenas como hipótese de trabalho, que a Constituição brasileira tenha abraçado o duplo grau de jurisdição no seu art. 5º, LV.

A partir daí, a primeira discussão vislumbrada deve ser a atinente à sua natureza normativa. Neste sentido, podemos reconduzi-la à estrutura de *regra*, mais exatamente a de organização judiciária, nos moldes do art. 92 da CRFB/88 e da interpretação explicitada na Súmula nº 356 do C. TST,[18] como também a de *princípio*,[19] na esteira da parte final do inciso constitucional aludido. E aqui, neste ponto, surgem as maiores dúvidas. Não propriamente de natureza normativa, pois pode-se afirmar com relativa tranquilidade que o estado de coisas implícito a este valor institucionalizado está bem consolidado. A rigor, as questões tormentosas surgem de outra linha de raciocínio, o de natureza pragmática ou consequencialista. Basta pensar na seguinte pergunta: quais as vantagens e desvantagens da interpretação atual do princípio do duplo grau de jurisdição?

As vantagens do duplo grau de jurisdição são, talvez, as mais aparentes. A amplitude do acesso à justiça como garantia constitucional; a revisão (ou reforma) da decisão de primeiro grau como meio de corrigir eventuais erros que impossibilitem o exercício do direito legítimo pela parte; o guarnecimento da Constituição e sua observância contra possível violação através de decisão judicial. Todos estes papéis da função revisora dos Tribunais são de fácil visualização quando da análise da importância de submissão da demanda a "todos os meios e recursos" inerentes ao contraditório e à ampla defesa.

---

[18] O rito de alçada, que não permite a interposição de recursos à decisão de 1º grau foi entendido como recepcionado pela Constituição.
[19] Cf. o conceito de DWORKIN, Ronald. *I diritti presi sul serio*. Bologna: il Mulino, 1982. p. 90.

De fato, não há como se considerar que o magistrado de primeiro grau, por mais apto e dedicado que seja aos seus misteres, não seja passível de equívoco, mormente porque o elemento humano somado ao isolamento do juízo *a quo* acentuam as imperfeições do julgado. Conforme bem salienta Eduardo Couture,

> (...) o juiz é uma partícula de substância humana que vive e se move dentro do Direito; (...) A sentença poderá ser justa ou injusta, porque os homens necessariamente se equivocam. Não se inventara ainda uma máquina de fazer sentenças. No dia em que for possível decidir os casos judiciais, como decidem as carreiras de cavalos, mediante um olho eletrônico que registra fisicamente o triunfo ou a derrota, a concepção constitutiva do processo carecerá de sentido, e a sentença será uma pura declaração, como queria Montesquieu. Enquanto não se fabrica essa máquina de fazer sentenças, o conteúdo humano, profundo e entranhável do Direito não pode ser desatendido nem desobedecido (...).[20]

Por outro lado, a certeza de submissão da sua demanda à revisão por órgão Colegiado (e não apenas um Magistrado) traslada maior segurança ao cidadão e responde aos anseios de uma sociedade que se viu imersa em um histórico de desigualdade social e ditadura política.

A visão crítica, contudo, permite vislumbrar algumas notas capazes de desafiar a harmonia das "vantagens" aludidas.

A contradita mais imediata à duplicidade de instância é a constatação de que o juiz de primeiro grau seja o agente mais apto a identificar o que é relevante, além de mais capacitado a valorar e conferir coerência ao conjunto probatório apresentado na fase instrutória, haja vista sua identidade (e proximidade) física com o desenvolvimento dos meios de prova manejados pelas partes. Neste sentido, a banalização dos recursos, numa sucessão inesgotável de caminhos aptos a anular ou reformar as decisões de primeiro grau, sugere uma falha irremediável e grotesca do sistema de julgamento ou, por assim dizer, do próprio Poder Judiciário como expressão do Poder Estatal, deslegitimando-o. Em tempos de exacerbada descrença popular na efetividade da Justiça, tal componente mostra-se altamente explosivo para a manutenção do Estado Democrático e Constitucional de Direito.

Mas se esta é uma posição atraente para os que anseiam por um julgamento rápido e desburocratizado, ela também carrega consigo o

---

[20] COUTURE, Eduardo Juan. *Introducion al Estudio Del Proceso Civil*. Buenos Aires: Depalma, 1988. p. 75.

risco de fragmentação do sistema. Com efeito, a pulverização do controle social exercido sobre o juiz singular, deixando-o à vontade para decidir, independentemente da opinião dos seus pares, acarretaria uma profusão de opiniões conflitantes que dificilmente pacificariam a sociedade. Trocar-se-ia a demora pelo caos, aprofundando o sentimento de injustiça.

Este perigo de deslegitimação às avessas foi contornado pelo sistema judicial norte-americano, no qual se atribui o devido peso aos precedentes (*stare decisis*). De acordo com este desenho institucional, o respeito aos precedentes no âmbito *horizontal* (dentro do próprio Tribunal que proferiu a decisão) ou no *vertical* (por seus Tribunais inferiores) coloca-se como principal meio de garantia da segurança jurídica da ordem normativa, da igualdade de tratamento do jurisdicionado e da legitimidade do sistema como um todo, na medida em que estimula a coerência entre o pensamento dos juízes (com destaque especial para a Corte Suprema).[21] A bem da verdade, a observância de precedentes não pode e não deve ser considerada uma invasão à autonomia judicial. Neste diapasão, podemos pontuar, juntamente com o Professor Marinoni, que:

> o juiz ou o tribunal não decidem para si, mas para o jurisdicionado. Por isso, pouco deve importar, para o sistema, se o juiz tem posição pessoal, acerca de questão de direito, que difere da dos tribunais que lhe são superiores. O que realmente deve ter significado é a contradição de o juiz decidir questões iguais de forma diferente ou decidir de forma distinta da do tribunal que lhe é superior. O juiz que contraria a sua própria decisão, sem a devida justificativa, está muito longe do exercício de qualquer liberdade, estando muito mais perto da prática de um ato de insanidade. Enquanto isto, o juiz que contraria a posição do tribunal, ciente de que a este cabe a última palavra, pratica ato que, ao atentar contra a lógica do sistema, significa desprezo ao Poder Judiciário e desconsideração para com os usuários do serviço jurisdicional.[22]

E acrescente-se ainda mais um detalhe que faz toda a diferença. No sistema pautado no *stare decisis* a observância da *ratio decidendi* (elemento da decisão que é efetivamente vinculante) não é um caminho

---

[21] Cf. MACCORMICK, Neil. *Rhetoric and the rule of law*: a theory of legal reasoning. Oxford: Oxford University Press, 2005.
[22] MARINONI, Luiz Guilherme. Aproximação crítica entre as jurisdições de civil law e de common law e a necessidade de respeito aos precedentes no Brasil. *Revista da Faculdade de Direito – UFPR*, Curitiba, n. 49, p. 36, 2009.

de ferro infenso a desvios e/ou aperfeiçoamentos. O juiz não é obrigado a portar-se como um autômato e seguir cegamente as diretrizes já sedimentadas. A teoria da argumentação é utilizada de maneira sofisticada o bastante para permitir o afastamento de precedentes em virtude das peculiaridades do caso concreto (*restrictive distinguishing*) ou para permitir a aplicação do precedente ao caso concreto, a despeito de suas peculiaridades (*ampliative distinguishing*). Em suma, no sistema norte-americano apresenta-se uma discricionariedade judicial tão ou mais intensa do que a exercida por aqui, com a possibilidade, inclusive, de revogação do precedente indicado (*overrulling*).[23] Ou seja, lá, como aqui, está mantida a nossa boa e velha conhecida: a independência do juiz na formação do seu "livre convencimento motivado".

Seja qual for o modelo priorizado, o que se busca é a simbiose entre o *iter* processual e o comprometimento pessoal e institucional do magistrado, com vistas à produção de uma decisão razoável.[24] Desde a mais vetusta época não foi outro o objetivo almejado pela sociedade e pela evolução da função revisora dos Tribunais. Conceitos do século XX podem ser utilizados aqui como denotação de contemporaneidade, ao considerar que "o escopo da Jurisprudência e, em particular, da decisão judicial dos casos concretos, é a satisfação de necessidades da vida, de desejos e aspirações, tanto de ordem material como ideal, existentes na sociedade".[25] Sob tal concepção mediana, o papel da função revisora dos tribunais ganha contornos que, ao fim e ao cabo, garantem a satisfação das necessidades da mesma sociedade que recorre aos Tribunais, garantindo-lhe a análise democrática dos conflitos de interesse, porquanto respaldada em entendimentos pretéritos geradores de um mínimo de segurança e estabilidade jurídica ao cidadão.

Trata-se de entender que o acesso à justiça não é a mera provocação do Poder Judiciário, mas, fundamentalmente, é o "direito de acesso à ordem jurídica justa", assim considerada aquela que se sustenta no

---

[23] TARUFFO, Michele. Precedente e giurisprudenza. *Rivista Trimestrale di Diritto e Procedura Civile*, Milano, Giuffrè, a. 61, n. 3, p. 800-808, 2007. Sobre o estudo dos precedentes, cf., também, por todos, BUSTAMANTE, Thomas da Rosa de. *Teoria do precedente judicial*: a justificação e a aplicação de regras jurisprudenciais. São Paulo: Noeses, 2012.

[24] Sobre a maturação do conceito de decisão razoável, com especial destaque para a sua atribuição às sentenças produzidas pelos juízes de primeiro grau, cf. "A função revisora dos tribunais – a confirmação da sentença razoável como ponto de partida para a necessária construção de uma nova concepção de recorribilidade no julgamento dos recursos de natureza ordinária". *Revista LTr*, São Paulo, ano 77, n. 10, p. 1187 *et seq*., out. 2013.

[25] Tal era o conceito da denominada "Jurisprudência dos Interesses" alemã, preconizada por Phillip Heck. In: PESSÔA, Leonel Cesarino. A teoria da interpretação jurídica em Emilio Betti. São Paulo: Sérgio Fabris, 2002.

direito à informação, na preocupação da adequação/repercussão entre a interpretação da ordem jurídica em consonância com a realidade socioeconômica do país, no direito a uma função estatal racionalmente organizada e formada por juízes comprometidos com a realização da ordem jurídica justa, no direito à preordenação dos instrumentos processuais capazes de promover a participação efetiva das partes na construção da solução a ser aplicada e, finalmente, no direito à remoção de todos os obstáculos que se anteponham à concretização destes pressupostos.[26]

4 A ponderação recorrente do princípio do duplo grau de jurisdição

Depois de tudo o que foi referido em torno da importância normativa e pragmática do princípio do duplo grau de jurisdição, com ênfase na influência por ele exercida sobre o desenho institucional do Poder Judiciário brasileiro, devemos destacar, nesta etapa final do nosso ensaio, como ele vem sendo modulado na prática. A ideia agora é ilustrar o que dele vem sendo feito e, portanto, tornar mais palpável a sua dimensão empírica.[27]

Mas antes que façamos isso, volta a ser relevante sublinhar a sua maleabilidade normativa. Não que esta característica traduza algo de muito novo na jurisprudência ou na teoria, especialmente em virtude daquilo que há muito nos ensinou o jusfilósofo alemão Robert Alexy. Nos dias de hoje, a necessária imbricação entre a estrutura normativa dos princípios e a possibilidade de sua ponderação/relativização/flexibilização no caso em particular são tidos como lugar-comum.[28]

Entretanto, a par desta sua peculiar natureza dúplice (estrutural e metodológica) para a resolução dos problemas concretos submetidos ao julgador, os princípios também podem ser ponderados em abstrato, pelo legislador.[29] E isso vem sendo feito com certa regularidade pelo legislador brasileiro, como se verá a seguir.

---

[26] Cf. WATANABE, Kazuo. Acesso à Justiça e sociedade Moderna. In: GRINOVER, Ada Pellegrini; DINAMARCO, Cândido Rangel; WATANABE, Kazuo (Org.). *Participação e processo*. São Paulo: RT, 1988. p. 128-135.

[27] ALEXY, Robert. *Teoria dos direitos fundamentais*. Tradução de Virgílio Afonso da Silva. São Paulo: Malheiros, 2008. p. 32-34.

[28] *Ibidem*, p. 85 *et seq*.

[29] *Ibidem*.

Com efeito, ao lançarmos mão do direito processual comum encontramos, com facilidade, exemplos nos quais o princípio do duplo grau de jurisdição cedeu lugar a outros princípios de igual *status* normativo. Vejam a hipótese da antecipação de tutela, positivada nos arts. 273 e 461 do CPC. A partir da leitura destes dispositivos percebe-se facilmente que o Poder Legislativo conferiu maior peso ao princípio da efetividade da prestação jurisdicional em detrimento do duplo grau de jurisdição. E o mesmo se pode entrever no art. 515, §3º do CPC, na medida em que autoriza ao Tribunal apreciar o mérito da causa, ainda que este não tenha sido julgado pelo primeiro grau. Novamente, efetividade prevalecendo sobre o duplo grau. Mas os exemplos não encerram aqui.

Na esfera processual trabalhista encontramos uma das ponderações em abstrato mais acachapantes do sistema jurídico brasileiro. Falamos da supressão explícita do duplo grau para os processos cujo valor da causa coincida com o valor de alçada previsto no art. 2º, §§3º e 4º da Lei nº 5.584/70. Deveras, nestes enunciados normativos encontramos a permissão para o encerramento do processo em primeira instância quando a estimativa econômica da controvérsia não ultrapassar dois salários mínimos. Logo, vê-se que não só o princípio do duplo grau de jurisdição foi sopesado como, mais do que isso, foi circunstancialmente anulado. Uma opção que, apesar de legislativa, foi referendada pelo TST, através das suas Súmulas nº 71 e 356.

Além disso, vale salientar também a atribuição da qualidade de coisa julgada formal e material para os acordos homologados pelo juiz de primeiro grau, por força do art. 831, § único da CLT. Mais uma vez, percebemos uma drástica restrição genérica (em tese) do princípio do duplo grau de jurisdição em prol de outros princípios, tais como o da cooperação processual e da duração razoável do processo.

Já no campo da concretude, várias são as decisões judiciais que deram ensejo ao sopesamento do princípio do duplo grau de jurisdição. Mencionamos rapidamente a Súmula nº 100, inciso VII do TST, segundo a qual "Não ofende o princípio do duplo grau de jurisdição a decisão do TST que, após afastar a decadência em sede de recurso ordinário, aprecia desde logo a lide, se a causa versar questão exclusivamente de direito e estiver em condições de imediato julgamento", e a OJ nº 70 da SDI-1 do TST, proibindo o recurso ordinário em face de decisão em agravo regimental interposto em reclamação correicional.

Poder-se-ia argumentar, ainda, com as Súmulas nº 259 (permitindo a impugnação de acordo judicial apenas por meio de ação rescisória), 285 e 393 (atribuindo efeito devolutivo aprofundado a recursos parciais) do TST, todas com o mesmo pando de fundo: a possibilidade de restrição ou promoção pontual e justificada do princípio do duplo grau de jurisdição sempre que os contornos fáticos e jurídicos da casuística analisada assim autorizem.

Vê-se, portanto, que a despeito de sua indiscutível relevância no desenvolvimento institucional e normativo do sistema judicial brasileiro, o princípio do duplo grau de jurisdição sofre de frequentes modulações na sua extensão.

É certo que os exemplos coligidos dão a impressão de que a opção hermenêutica é, via de regra, pela sua redução normativa. Mas há hipóteses, sim, em que a ampliação também é uma alternativa escolhida pelo intérprete, como no caso de permitir-se judicialmente a recorribilidade de decisão interlocutória, não obstante o disposto no art. 893, §1º da CLT (vide Súmula nº 214 do TST).

Em síntese, o que importa destacar por ora é a via de mão dupla embutida na estrutura principiológica do duplo grau de jurisdição. Para o bem ou para o mal ela vem sendo percorrida diuturnamente pelo Legislativo e pelo Judiciário, quando as circunstâncias práticas os impulsionam numa ou noutra direção. E, por estas e outras, a existência do poder revisional dos tribunais não deve ser considerada um axioma para a busca da melhor solução judicial. Pode até a vir a sê-lo no momento atual, mas nada impede que no futuro e *de lege ferenda* espaços institucionais infensos à duplicidade de instância sejam criados ou, como no caso do processo do trabalho, ampliados.

5 Conclusão

É tempo de abreviar o debate acerca da função revisora dos tribunais. Mas desejamos deixar aqui uma mensagem final, especialmente ao juiz de primeiro grau que nos lê. Relembrá-lo, agora e sempre, do papel crucial que lhe cabe nesta mudança de paradigma por que passa o direito como um todo.

De plano, deve o magistrado, solitário que é, a todo momento repisar que o poder que lhe é confiado não é um poder em si mesmo, ou, caso contrário, correrá o sério risco de tornar-se uma força bruta alheia ao tempo e ao espaço que ocupa. Para tornar-se uma autoridade legítima e, assim, agregar valor, respeito e credibilidade às suas decisões, deve o juiz singular levar a sério a sua atribuição maior de pacificador social, sabedor de que o processo deve ser lido como um instrumento dialético voltado para a cooperação e de que a sua palavra é mais uma a ser ouvida, e não a última ou a única que importa.

Auscultar cuidadosamente as partes envolvidas no problema a ser dirimido é imprescindível, de modo a transformar-se num facilitador, num catalizador ou num indutor de uma solução construída a várias mãos. Não é à toa que o art. 764 da CLT insiste na fórmula da conciliação como mecanismo a ser estimulado no início, meio e fim do processo do trabalho. Pois a deliberação autônoma sobre como conduzir as nossas vidas é a noção mais comezinha que se atribui ao tão propalado princípio da dignidade humana.[30]

Todavia, se isso não for possível, que a sua sentença seja vista como fruto de um diálogo direito com os demandantes e, simultaneamente, de uma interlocução indireta com os seus colegas de jurisdição. Pois, assim, de um jeito ou de outro, será vista como o produto bem-acabado do respeito e consideração devidos a todos os que estão no mesmo barco institucional.

---

[30] Por todos, cf. BARROSO, Luis Roberto. *A dignidade da pessoa humana no direito constitucional contemporâneo*. A construção de um conceito jurídico à luz da jurisprudência mundial. Belo Horizonte: Fórum, 2013.

DISTINGUISHING, OVERRULING E *OVERRIDING*: APERTEM OS CINTOS, O CASO-PILOTO SUMIU!

1 Uma introdução pouco otimista

Vivemos um momento de crises. Crise econômica, crise política, crise na segurança pública, crise energética, crise hídrica e – a mãe orgulhosa de todas elas – a crise ética. Mas como não sou talhado para analisar profundamente tantas e tão diferentes palpitações sociais, voltarei o meu teclado para a crise que me assombra mais de perto: a crise do Judiciário.[1]

O Poder Judiciário brasileiro está afogado em números. Peguemos como exemplo a Justiça do Trabalho. Segundo estatística recentemente lançada pelo Conselho Nacional de Justiça, no ano de 2013 foram julgadas 2.454.418 novas demandas em primeiro grau e 648.478 na segunda instância. Outrossim, foram arquivados com baixa 2.463.538 processos em primeiro grau (permanecendo 1.620.338 pendentes de julgamento) e 642.760 em segunda instância (permanecendo 280.601 pendentes de julgamento). Ou seja, mesmo funcionando a todo vapor, resolvendo mais problemas do que os que aparecem, restam 5.003.835 processos para apreciação dos juízes e desembargadores, ainda na fase de conhecimento.[2]

Na fase de execução (computando-se a fiscal e a trabalhista), temos 851.904 novas execuções surgidas no ano de 2013, tendo sido encerradas 931.156 e permanecendo 2.010.347 pendentes de solução.

---

[1] Para uma boa leitura sobre o tema, cf. RODRIGUEZ, José Rodrigo. *Como decidem as cortes?* Para uma crítica do direito (brasileiro). São Paulo: Editora FGV, 2013.
[2] Cf. "Justiça em Números". Disponível em: <www.cnj.jus.br>. Acesso em: 30 jun. 2018.

De novo: apesar do esforço hercúleo dos juízes do trabalho brasileiros, ainda estão nas suas prateleiras 2.862.251 processos, nos quais corre-se o risco de ganhar e não levar.[3] Eis aí um verdadeiro tsunami processual, cujo volume estava, em 2013, na faixa dos módicos 7.866.086. Isso mesmo: quase oito milhões de processos tramitavam numa fração do Poder Judiciário brasileiro ao final de 2013. Um quantitativo que, seguindo o padrão de sempre, já deve ter sido facilmente ultrapassado enquanto escrevo estas linhas e compartilho o meu desassossego. Pois, convenhamos, diante desta realidade crua e nua, é ou não é para ficar, no mínimo, desconfortável?

Não pense você, leitor, que digo isso porque sou juiz do trabalho e enfrento este jorrar interminável de processos no meu dia a dia. É um trabalho de Sísifo? Sim, sem sombra de dúvida. Mas, certamente, o maior desafortunado com esta inundação não sou eu ou os meus colegas magistrados. Quem, ao fim e ao cabo, atormenta-se com este estado de coisas é aquele indignado, como diria Ihering.[4] No sistema jurídico contemporâneo, no qual é crime o exercício arbitrário das próprias razões e o monopólio do uso da força bruta permanece nas mãos do Estado, àquela pessoa violada em seus direitos, sejam eles comezinhos ou fundamentais, não lhe resta outra alternativa se não a de ingressar nesta nau abarrotada de gente e rezar a Deus para que ela não venha a soçobrar de vez.

Outras deformações decorrentes deste fenômeno ainda poderiam ser ressaltadas, como, por exemplo, o custo que ele acarreta (apenas com o Tribunal Regional do Trabalho da 1ª Região gastou-se R$ 1.388.891.644,00 no ano de 2013) ou a inevitável perda de qualidade das decisões. Entretanto, creio que já chamei a atenção para o ponto de partida de onde almejo me lançar para o tema proposto: refletir sobre a chegada do *distinguishing*, do *overruling* e do *overriding* no nosso direito processual do trabalho.

Voltemos alguns passos. No dia 21 de julho de 2014 foi publicada a Lei nº 13.015. Com ela, o Parlamento trouxe o incidente de recurso repetitivo previsto no direito comum (Lei nº 11.672/08) para dentro do processo do trabalho. Trata-se do julgamento por amostragem, cujo objetivo é "conter o grande fluxo de casos nos tribunais superiores".[5]

---

[3] *Ibidem.*
[4] IHERING, Rudolf von. *A luta pelo direito*. 8. ed. São Paulo: Revista dos Tribunais, 2014.
[5] CUNHA, Leonardo Carneiro da. Recursos repetitivos. In: MENDES, Aluisio Gonçalves de Castro; WAMBIER, Teresa Arruda Alvim. *O processo em perspectiva*: jornadas brasileiras de direito processual. São Paulo: Revista dos Tribunais, 2013. p. 252.

Desde então, caso o presidente do TRT de origem verifique a existência de questão de direito com potencial de multiplicação de recursos de revista, a ele caberá a escolha de um ou mais "casos-piloto" (situações representativas da controvérsia) e o(s) encaminhará ao TST, acarretando a suspensão obrigatória dos demais recursos de revista até o pronunciamento definitivo da instância superior.[6]

Além disso, na hipótese de o ministro relator perceber que há jurisprudência dominante sobre a matéria (ou que ela já foi submetida ao colegiado) e não tenha havido o sobrestamento, também ele poderá determinar a suspensão dos processos tramitando nas instâncias regionais até a solução final.[7] O objetivo é permitir ao TST fixar a tese jurídica a ser utilizada como premissa (o texto legal fala em "orientação") nos julgamentos de casos análogos atuais e futuros, de maneira que, mesmo na hipótese de desistência pelo recorrente, a deliberação prosseguirá "em paralelo" até a prolação do acórdão, permitida a participação de *amicus curiae*.[8]

Haverá, assim, um *leading case*. Um caso paradigmático que influenciará a solução de todas as outras milhares de demandas similares, estejam elas suspensas nos Tribunais Regionais, venham elas a ser ajuizadas mais à frente. E, deste modo, entra em cena no direito processual do trabalho brasileiro, com toda a pompa e circunstância, o precedente judicial.[9] Não que ele já não transitasse há tempos em nosso país, porquanto onde há direito, há precedente judicial.[10] Entretanto, esta obviedade jamais adquiriu uma ênfase tão retumbante como nos dias que correm.

Trata-se de um tema central à tradição do *common law* e que, em virtude de sua inserção no sistema jurídico nacional, gerou dezenas

---

[6] NUNES, Dierle; LACERDA, Rafaela. Contraditório e precedentes: primeiras linhas. In: FUX, Luiz *et al*. (Org.). *Novas tendências do processo civil*. Salvador: Juspodivm, 2014. v. 2, p. 346-347.

[7] Sobre a polêmica em torno de qual o procedimento cabível para a reversão do sobrestamento indevido (agravo interno, mandado de segurança ou reclamação constitucional), cf. CUNHA, Leonardo Carneiro de. *Op. cit.*, p. 252-254, ARAÚJO, Nicolas Mendonça Coelho de. Meios de impugnação da decisão de sobrestamento do recurso especial em razão da instauração do procedimento do art. 543-C do CPC. *RePro*, São Paulo: Revista dos Tribunais, v. 197, p. 359-371, 2011 e WOLKART, Erick Navarro. *Precedente judicial no processo civil brasileiro*: mecanismos de objetivação do processo. Salvador: Juspodivm, 2013. p. 143-145.

[8] CUNHA, Leonardo Carneiro de. *Op. cit.*, p. 256, nota n. 11.

[9] *Ibidem*, p. 251.

[10] MACÊDO, Lucas Buril de. *Precedentes judiciais e o direito processual civil*. Salvador: Juspodivm, 2015. p. 87 e BUSTAMANTE, Thomas da Rosa de. *Teoria do precedente judicial*: a justificação e a aplicação de regras jurisprudenciais. São Paulo: Noeses, 2012. p. 106-107.

de estudos específicos entre nós.[11] Mas a despeito de considerarmos

---

[11] Por todos, cf. SOUZA, Marcelo Alves Dias. *Do precedente judicial à súmula vinculante*. Curitiba: Juruá, 2008; DIDIER JR., Fredie; BRAGA, Paula Sarno; OLIVEIRA, Rafael Alexandria. *Curso de direito processual civil*. 9. ed. Salvador: Juspodivm, 2014. v. 2; MARINONI, Luiz Guilherme. *Precedentes obrigatórios*. São Paulo: Revista dos Tribunais, 2010; BAHIA, Alexandre Gustavo Melo Franco; VECCHIATTI, Paulo Roberto Iotti. O dever de fundamentação, contraditório substantivo e superação de precedentes vinculantes (overruling) no novo CPC – ou do repúdio a uma nova escola da exegese. In: FUX, Luiz et al. (Org.). *Novas tendências do processo civil*. Salvador: Juspodivm, 2014. v. 2; BASTOS, Antonio Adonias A. *O precedente sobre questão fática no projeto do novo CPC*. In: FUX, Luiz et al. (Org.). *Novas tendências do processo civil*. 2. Salvador: Juspodivm, 2014; MAGALHÃES, Breno Baía; SILVA, Sandoval Alves da. Quem vê ementa, não vê precedente: ementismo e precedentes judiciais no projeto do CPC. In: FUX, Luiz et al. (Org.). *Novas tendências do processo civil*. Salvador: Juspodivm, 2014. v. 2; NUNES, Dierle; LACERDA, Rafaela. Contraditório e precedentes: primeiras linhas. In: FUX, Luiz et al. (Org.). *Novas tendências do processo civil*. Salvador: Juspodivm, 2014. v. 2; GONÇALVES, Gláucio Maciel; VALADARES, André Garcia Leão Reis. A força vinculante dos precedentes no relatório final do novo CPC. In: FUX, Luiz et al. (Org.). *Novas tendências do processo civil*. Salvador: Juspodivm, 2014. v. 2; OLIVEIRA, Guilherme Peres de. Incidente de resolução de demandas repetitivas: uma proposta de interpretação de seu procedimento. In: FUX, Luiz et al. (Org.). *Novas tendências do processo civil*. Salvador: Juspodivm, 2014. v. 2; MENDES, Aluisio Gonçalves de Castro. Precedentes e jurisprudência: papel, fatores e perspectivas no direito brasileiro contemporâneo. In: MENDES, Aluisio Gonçalves de Castro; MARINONI, Luiz Guilherme; WAMBIER, Teresa Arruda Alvim (Coord.). *Direito jurisprudencial*. São Paulo: Revista dos Tribunais, 2014. v. II; BARCELLOS, Ana Paula de. Voltando ao básico. Precedentes, uniformidade, coerência e isonomia. Algumas reflexões sobre o dever de motivação. In: MENDES, Aluisio Gonçalves de Castro; MARINONI, Luiz Guilherme; WAMBIER, Teresa Arruda Alvim (Coord.). *Direito jurisprudencial*. São Paulo: Revista dos Tribunais, 2014. v. II; REDONDO, Bruno Garcia. Precedente judicial no direito processual civil brasileiro. In: MENDES, Aluisio Gonçalves de Castro; MARINONI, Luiz Guilherme; WAMBIER, Teresa Arruda Alvim (Coord.). *Direito jurisprudencial*. São Paulo: Revista dos Tribunais, 2014. v. II; SANTOS, Evaristo Aragão. Por que os juízes (no commom law!) se sentem obrigados a seguir precedentes? In: MENDES, Aluisio Gonçalves de Castro; MARINONI, Luiz Guilherme; WAMBIER, Teresa Arruda Alvim (Coord.). *Direito jurisprudencial*. São Paulo: Revista dos Tribunais, 2014. v. II; ABBOUD, Georges; LUNELLI, Guilherme; SCHMITZ, Leonard Ziesemer. Como trabalhar – e como não trabalhar – com súmulas no Brasil: um acerto de paradigmas. In: MENDES, Aluisio Gonçalves de Castro; MARINONI, Luiz Guilherme; WAMBIER, Teresa Arruda Alvim (Coord.). *Direito jurisprudencial*. São Paulo: Revista dos Tribunais, 2014. v. II; MARINONI, Luiz Guilherme. Da Corte que declara o "sentido exato da lei" para a Corte que institui precedentes. In: MENDES, Aluisio Gonçalves de Castro; MARINONI, Luiz Guilherme; WAMBIER, Teresa Arruda Alvim (Coord.). *Direito jurisprudencial*. São Paulo: Revista dos Tribunais, 2014. v. II; SILVA, Thais Sampaio. Escrevendo um romance em cadeia: pressupostos teóricos da teoria de precedentes. In: MENDES, Aluisio Gonçalves de Castro; MARINONI, Luiz Guilherme; WAMBIER, Teresa Arruda Alvim (Coord.). *Direito jurisprudencial*. São Paulo: Revista dos Tribunais, 2014. v. II; WOLKART, Erick Navarro. *Precedente judicial no processo civil brasileiro*: mecanismos de objetivação do processo. Salvador: Juspodivm, 2013; MACÊDO, Lucas Buril de. *Precedentes judiciais e o direito processual civil*. Salvador: Juspodivm, 2015; BUSTAMANTE, Thomas da Rosa de. *Teoria do precedente judicial*: a justificação e a aplicação de regras jurisprudenciais. São Paulo: Noeses, 2012; STRECK, Lenio Luiz; ABBOUD, Georges. *O que é isto – o precedente judicial e as súmulas vinculantes?* 2. ed. Porto Alegre: Livraria do Advogado, 2014; MARINONI, Luis Guilherme (Coord.). *A força dos precedentes*. Salvador: Juspodivm, 2010; MELLO, Patricia Perrone Campos. *Precedentes*: o desenvolvimento judicial do direito no constitucionalismo contemporâneo. Rio de Janeiro: Renovar, 2008; LOPES FILHO, Juraci

esta iniciativa boa ou ruim, o fato é que ela fincou raízes profundas em nosso direito positivo, a ponto de o novo Código de Processo Civil – o qual, não esqueçamos, faz remissão expressa ao processo do trabalho – ter-lhe dedicado todo o Capítulo XV do Livro I da Parte Especial.[12]

Em face deste importante marco do direito brasileiro, creio não ser exagero dizer que já passou da hora dos estudiosos do direito processual do trabalho se debruçarem sobre este intrincado assunto.

Pensar em voz alta sobre as suas virtudes e mazelas, especialmente diante da necessária adaptação ao nosso sistema e a nossa cultura jurídica. É isto o que me proponho a fazer. E o farei de acordo com o seguinte roteiro: primeiro, realizarei um singelo resumo da concepção de direito dominante no Brasil de hoje; depois, apresentarei os conceitos de *distinguishing*, *overruling* e *overriding*, tal como elaborados no seu local de origem; e, por fim, refletirei sobre a possibilidade (ou não) de harmonizar estes ingredientes com a nossa prática forense trabalhista.

Iniciemos, pois, a nossa conversa.

2 Breve panorâmica no modelo jurídico brasileiro

É sabido que a tradição jurídica brasileira é caudatária do modelo romano-germânico, também chamado pelo mundo afora de *civil law*.[13] Resumindo o que é notório, a partir do desenho institucional esboçado pela Revolução Francesa e, posteriormente, rabiscado com traços fortes pela Escola da Exegese daquele país, abriu-se um abismo institucional entre as principais funções do Estado de Direito moderno.

Mourão. *Os precedentes judiciais no constitucionalismo brasileiro contemporâneo*. Salvador: Juspodivm, 2014; GRINOVER, Ada Pellegrini; CALMON, Petronio (Coord.). *A contribuição dos precedentes judiciais para a efetividade dos direitos fundamentais*. Coleção Andrea Proto Pisani, v. 3. Brasília: Gazeta Jurídica, 2012; MITIDIERO, Daniel. *Cortes superiores e cortes supremas*: do controle à interpretação, da jurisprudência ao precedente. São Paulo: Revista dos Tribunais, 2013; LIMA, Tiago Asfor Rocha. *Precedentes judiciais civis no Brasil*. São Paulo: Saraiva, 2013; MAUÉS, Antonio Moreira. Jogando com os precedentes: regras, analogias e princípios. *Revista Direito GV*, São Paulo, n. 16, p. 587-626, jul.-dez. 2012; TUCCI, José Rogério Cruz e. *Precedente judicial como fonte do direito*. São Paulo: Revista dos Tribunais, 2004; NUNES, Dierle; BAHIA, Alexandre. Formação e aplicação do direito jurisprudencial: alguns dilemas. *Revista do Tribunal Superior do Trabalho*, Brasília, v. 79, n. 2, abr.-jun. 2013; MARINONI, Luiz Guilherme. *A ética dos precedentes*: justificativa do novo CPC. São Paulo: Revista dos Tribunais, 2014; BARBOZA, Estefânia Maria de Queiroz. *Precedentes judiciais e segurança jurídica*: fundamentos e possibilidades para a jurisdição constitucional brasileira. São Paulo: Saraiva, 2014.

[12] Arts. 520 a 522 do PL nº 8.046/10, aprovado pela Câmara dos Deputados em 26.11.2014.
[13] BUSTAMANTE, Thomas da Rosa de. *Op. cit.*, p. 2 e ss.

De um modo geral, pode-se afirmar que ao Legislador coube o protagonismo, retratado no poder de criar, *ab initio*, toda a normatização da vida social. Indo além, coube-lhe a tarefa de racionalizar o direito, sistematizando-o de modo coerente e organizado, com o fim de trazer segurança e previsibilidade.[14] Quanto ao Judiciário, restou-lhe a desconfiança de antanho, a memória de seus arbítrios e abusos de poder.[15] Não foi outro o motivo de ser-lhe atribuída a mera figuração, o papel de um subserviente repetidor da vontade majoritária, abstrata e geral.[16]

Em vista deste espaço restrito de atuação, não é de se estranhar a ideia reinante à época (e reverenciada até meados do século XX) no sentido de que a atividade jurisdicional deveria expressar-se por meio de um raciocínio lógico-formal, pautado numa estrutura silogística, cuja premissa maior era a norma (tida como sinônimo do texto), a premissa menor eram os fatos (demonstrados para e apreendidos por um observador neutro, à imagem e semelhança dos modos e métodos das ciências naturais) e a conclusão era o produto da correlação sem arestas de ambas as premissas. Simples, objetivo, completo, fechado, de modesto manuseio e, portanto, facilmente controlável, seja *interna corporis*, seja externamente. Eis aí o modelo perfeito de arranjo institucional, cuja distribuição de poder propiciava a manutenção da paz social e da segurança jurídica.

Mas isso é história. Tanto nos países da Europa continental como também no Brasil a configuração estatal alterou-se em larga escala. O que antes era uma heresia (juízes criativos), após a 2ª Guerra Mundial tornou-se lugar-comum do lado de lá do Atlântico.[17] Abandonou-se a causalidade forte e a previsibilidade absoluta por uma causalidade fraca e uma probabilidade fluida.[18] O pluralismo axiológico, a complexidade social, o giro linguístico e a inexorável textura aberta da linguagem

---

[14] WOLKART, Erick Navarro. *Op. cit.*, p. 26-28.
[15] WAMBIER, Teresa Arruda Alvim. Em direção ao common law? In: MENDES, Aluisio Gonçalves de Castro e WAMBIER, Teresa Arruda Alvim. *O processo em perspectiva*: jornadas brasileiras de direito processual. São Paulo: Revista dos Tribunais, 2013. p. 373-374.
[16] Cf., mencionando também a escola alemã da Jurisprudência dos Conceitos, LARENS, Karl. *Metodologia da ciência do direito*. Tradução de José Lamego. 3. ed. Lisboa: Fundação Calouste Gulbenkian, 1997. p. 21-39 e KAUFMANN, Arthur; HASSEMER, Winfried. *Introdução à filosofia do direito e à teoria do direito contemporâneas*. Tradução de Marcos Keel e Manuel Seca de Oliveira. Coordenação de António Manuel Hespanha. Lisboa: Fundação Calouste Gulbenkian, 2002. p. 281-301.
[17] Por todos, o clássico CAPELLETTI, Mauro. *Juízes legisladores?* Porto Alegre: Sergio Fabris Editor, 1993.
[18] WOLKART, Erick Navarro. *Op. cit.*, p. 28-29 e 31-32.

dissolveram a certeza do resultado. E não demorou muito para que esta mudança de paradigma, à moda de Thomas Kuhn, aportasse do lado de cá. Ao menos desde a Constituição de 1988, os juristas brasileiros, em sua quase totalidade, classificam o nosso modelo institucional como sendo o de um Estado Constitucional e Democrático de Direito.[19]

Repare o alcance das reformulações teóricas. A atual Constituição brasileira, ao contrário de todas as suas antecessoras, conquistou o caráter normativo e levou de arresto o seu farto catálogo de direitos fundamentais, direitos estes que, para além da sua tradicional dimensão subjetiva, apropriaram-se de uma mais-valia objetiva, de molde a viabilizar a sua irradiação normativa para todos os quadrantes do sistema jurídico, independentemente de sua estrutura normativa.[20]

Aliás, houve o alargamento desta arquitetura decisória e abriu-se espaço para que os princípios, ao lado das regras, servissem de critério para a resolução dos conflitos. Algo que estimulou um controverso ativismo judicial e a retomada premente da razão prática, através de uma rebuscada teoria da argumentação jurídica, como forma de legitimação tardia do arranque institucional do Judiciário.[21] E, como pano de fundo filosófico, vozes abalizadas se levantaram na defesa da necessária interação – quase gravitacional – entre o direito e a moral, trazendo a ideia latente de pretensão de correção para a validação de todo o sistema e tornando a argumentação jurídica um caso especial da argumentação prática em geral.[22] Enfim, não é preciso ir muito longe para se perceber que o modelo já não é mais o mesmo.

O *mainstream* acadêmico brasileiro assimilou com gosto o chamado pós-positivismo jurídico ou neoconstitucionalismo.[23]

---

[19] Cf., por todos, SOUZA NETO, Claudio Pereira de; SARMENTO, Daniel. *Direito constitucional*: teoria, história e métodos de trabalho. Belo Horizonte: Fórum, 2012. p. 170-182.
[20] Cf., por todos, GOMES, Fábio Rodrigues. *O direito fundamental ao trabalho*: perspectivas histórica, filosófica e dogmático-analítica. Rio de Janeiro: Lumen Juris, 2008. p. 95 e ss.
[21] ALEXY, Robert. *Teoria dos direitos fundamentais*. Tradução de Virgílio Afonso da Silva. São Paulo: Malheiros, 2008. p. 85-120.
[22] ALEXY, Robert. *El concepto y la validez del derecho*. Tradução de Jorge M. Seña. 2. ed. Barcelona: Gedisa Editorial, 2004. p. 27-85.
[23] Por todos, cf. BARROSO, Luis Roberto. Neoconstitucionalismo e constitucionalização do direito: um triunfo tardio do direito constitucional no Brasil. *Revista de Direito Administrativo*, Rio de Janeiro, Renovar, p. 1-42, abr.-jun. 2005. Para uma visão crítica, cf. DIMOULIS, Dimitri; DUARTE, Écio Oto (Coord.). *Teoria do direito neoconstitucional*: superação ou reconstrução do positivismo jurídico? São Paulo: Método, 2008.

3 O que são *distinguishing*, *overruling* e *overriding*?

Pois bem. De volta ao tema depois desta breve digressão, pergunto: onde se encaixam os mecanismos de *distinguishing*, *overruling* e *overriding*?

Estes instrumentos são estranhos no ninho. Não são noções confortáveis ao estudioso do direito brasileiro. E isso acontece por um motivo muito singelo: suas origens estão na cultura anglo-americana, o conhecido *common law*.[24]

Neste modelo de direito, a aceitação da decisão judicial como fonte normativa está enraizada há séculos, mas o seu efeito vinculante (e não somente persuasório) foi incorporado a partir do século XIX, época em que entrou em vigor a teoria do "deixar quieto o que já foi decidido e não alterá-lo" (*stare decisis et non quieta movere*).[25] O juiz do *common law*, em situações inusitadas, cria direitos obrigatórios a partir de princípios jurídicos, expandindo-os para além do processo, apesar de fazê-lo no bojo do processo. Valendo-me de uma colocação muito corriqueira entre os teóricos deste campo de estudo: *judge make law*.[26] Nesta tradição jurídica, o direito nasce originariamente nos tribunais: os casos são tidos como fonte de direito.[27]

Caso concreto lacunoso – processo – decisão judicial criativa e potencialmente vinculante. É a partir desta tríade que se torna possível a construção do precedente originário.[28] Um precedente que vincula ao próprio juiz que assim decidiu no passado (precedente horizontal), como também aos juízes das instâncias inferiores àquela de onde se originou a decisão paradigmática (precedente vertical).[29]

Mas esta obediência à decisão judicial pretérita está a léguas de distância dos binômios autoritarismo/servilismo ou automatismo

---

[24] MACÊDO, Lucas Buril de. *Op. cit.*, p. 343-424 e LIMA, Tiago Asfor Rocha. *Op. cit.*, p. 94-114.

[25] MELLO, Patricia Perrone Campos. *Op. cit.*, p. 116. Na lição de Marinoni: "*London Tramways v. London County Council*, decidido em 1898, constituiu o cume de uma evolução em direção à vinculação da *House of Lords* às suas próprias decisões, pois o conceito de *rule of precedent* e a ideia de vinculação (*binding effect*) foram consolidados no período entre 1862 e 1900". *Precedentes obrigatórios*, p. 32.

[26] MARINONI, Luiz Guilherme, *Precedentes obrigatórios*, p. 88-89.

[27] WAMBIER, Teresa Arruda Alvim. *Op. cit.*, p. 372.

[28] Na hipótese de a decisão apenas reverberar norma legal ou norma já extraída de precedente anterior ou, ainda, de especificar ou fixar parâmetros para a sua aplicação futura, não haverá criação propriamente dita no julgamento atual. Cf. MACÊDO, Lucas Buril de. *Op. cit.*, p. 324.

[29] SCHAUER, Frederick. *Thinking like a lawyer*: a new introduction to legal reasoning. Cambridge: Harvard University Press, 2009. p. 41-44.

acrítico/indolência profissional. Não se trata aqui de uma obediência cega. Muito ao contrário, a aplicação do precedente foi desenvolvida através de um processo imperceptível de confiança nos julgadores e seus julgados, de maneira que nunca foi definido, com precisão, o papel dos precedentes e o método de argumentação a eles mais adequado.[30] A rigor, esta é uma operação extremamente difícil, complexa do início ao fim.[31] O juiz do caso, no futuro, deverá (re)construir a decisão proferida no passado e, por indução, extrair a norma (*ratio decidendi* ou *holding*) a ser utilizada na solução do problema supostamente análogo que tem em mãos.[32] E na medida em que a roda gira, todo e qualquer juiz, ao proferir sua decisão, deve preocupar-se com o viés prospectivo nela embutido, porquanto existe a probabilidade de ser utilizada como precedente mais adiante.[33]

Veja, pois, a quantidade de variáveis a serem preenchidas para a utilização cotidiana do precedente:

(1) ler com atenção redobrada a fundamentação (o texto) da decisão considerada adequada à solução do caso atual, a fim de deflagrar o processo de atribuição de sentido ao que ali foi dito;[34]

(2) verificar se a hipótese é realmente semelhante ou se o problema atual comporta peculiaridades fáticas que o afastam da decisão anterior;[35]

(3) em não havendo nenhuma idiossincrasia no caminho, identificar um ou mais argumentos relevantes constantes da fundamentação (pode haver uma ou mais *rationes decidendi*), separando-os, na medida do possível, dos que não o são (*obiter dicta*);[36] e

---

[30] WAMBIER, Teresa Arruda Alvim. *Op. cit.*, p. 373.
[31] NUNES, Dierle e LACERDA, Rafaela. *Op. cit.*, p. 356-357, NUNES, Dierle e BAHIA, Alexandre. *Op. cit.*, p. 124-125 e BASTOS, Antonio Adonias A. *Op. cit.*, p. 94.
[32] MACÊDO, Lucas Buril de. *Op. cit.*, p. 88-89.
[33] *Ibidem*, p. 93-94, e nota n. 29, onde o autor cita interessante trocadilho de Schauer, segundo o qual "Today is not only yesterday's tomorrow; it is also tormorrow's yesterday".
[34] Cf. LIMA, Tiago Asfor Rocha. *Op. cit.*, p. 170-172, MACÊDO, Lucas Buril de. *Op. cit.*, p. 90-91 e REDONDO, Bruno Garcia. *Op. cit.*, p. 174.
[35] BASTOS, Antonio Adonias A. *Op. cit.*, p. 95-98 e MACÊDO, Lucas Buril de. *Op. cit.*, p. 349-350.
[36] MENDES, Aluisio Gonçalves de Castro. *Op. cit.*, p. 19. Duas das principais teorias que tentam (repito: tentam) auxiliar na determinação da *ratio decidendi* de um caso são: a Teoria de Wambaugh (é a proposição ou regra sem a qual o caso seria decidido de forma diversa) e a Teoria de Goodhart (deve-se levar em conta os fatos tidos como fundamentais e separá-los dos não fundamentais e hipotéticos). Cf. SOUZA, Marcelo Alves Dias. *Op. cit.*, p. 126-133 e BUSTAMANTE, Thomas da Rosa de. *Op. cit.*, p. 259 e ss.

(4) extrair deste arrazoado a norma universalizável (se possível, com a estrutura de regra), apta a resolver o caso presente da mesma maneira que foi resolvido o caso similar no passado.[37]

Fácil, não? Se já é complicado para quem aprende a raciocinar e a induzir o direito com base neste formato casuístico, imagine para aqueles que, como nós, beberam a vida inteira em outra fonte formal – a lei geral e abstrata – em toda sua pureza kelseniana e dedutivista.[38]

O elevadíssimo nível de exigência argumentativa subjacente ao procedimento acima descrito já seria razão suficiente para acendermos o sinal amarelo.[39] Isso porque, como bem salientaram Breno Baía e Sandoval Alves a partir das lições de Neil MacCormick e Robert Summers, os países civilistas não apresentam uma discussão detalhada dos fatos na aplicação dos precedentes, não tendo, sequer, o hábito de extrair regras de casos anteriores ou mesmo desenvolvido métodos de diferenciação entre o que é e o que não é importante em uma decisão.[40]

Entretanto, precisamos avançar. E se é possível dificultar ainda mais as coisas, para que simplificá-las? Apresentemos agora os instrumentos que deram ensejo a este artigo.

O *distinguishing* significa literalmente distinção. É a forma mais comum ou, por assim dizer, a mais frequente de se operar com os precedentes.[41] A partir desta abordagem, o jurista afasta-se (*restrictive distinguishing*) ou aproxima-se (*ampliative distinguishing*) do caso pretérito, valendo-se de um raciocínio por analogia ou diferenciação. Trata-se de um método flexibilizador do *stare decisis*, seja porque permite o envolvimento ou mesmo a desvinculação do problema atual em virtude de suas particularidades, seja porque pode ser manuseado pelo tribunal de onde adveio o precedente originário, como também pelas instâncias a ele inferiores.[42]

---

[37] MACÊDO, Lucas Buril de. *Op. cit.*, p. 322-324.
[38] MENDES, Aluisio Gonçalves de Castro. *Op. cit.*, p. 14-15. Sobre o tema, vale conferir DICIOTTI, Enrico. Sobre la inadecuación del modelo deductivo para la reconstrucción de las justificaciones interpretativas de los jueces. Tradução de Jordi Ferrer Beltrán. *Doxa*, n. 20, p. 91-129, 1997.
[39] Sobre este ponto, cf. BARCELLOS, Ana Paula de. *Op. cit.*, p. 153, para quem: "parece indispensável que, no caso dos precedentes, sejam identificados todos os elementos normativos considerados, inclusive aqueles que se avaliaram não serem pertinentes, bem como as razões pelas quais eles foram considerados impertinentes".
[40] *Op. cit.*, p. 229. Cf. Também NUNES, Dierle e LACERDA, Rafaela. *Op. cit.*, p. 350-351.
[41] MACÊDO, Lucas Buril de. *Op. cit.*, p. 350 e NUNES, Dierle e BAHIA, Alexandre. *Op. cit.*, p. 125.
[42] MACÊDO, Lucas Buril de. *Op. cit.*, p. 351-352.

Entretanto, não se deve esquecer de uma ardilosa minudência, capaz de esfacelar a estabilidade do sistema lastreado na vinculação aos precedentes. Falo da inexistência de igualdades absolutas. Ora, por óbvio que nunca os fatos de uma causa serão absolutamente idênticos aos de outra, até mesmo porque os sujeitos serão distintos.[43]

Deste modo, uma leitura equivocada (ou mal-intencionada) do significado do *distinguishing* pode soterrar de vez a vinculação decisória, bastando ao aplicador sublinhar esta ou aquela filigrana para correr a passos largos da solução anterior. Por esta razão, o cerne da diferenciação encontra-se na identificação, caso a caso, dos fatos relevantes (*material facts*) para a tomada de decisão.[44] Mas qual seria o critério de seleção do que é ou não é relevante? Sinto informar que não há um critério seguro *a priori*. Caberá ao destinatário da decisão e aos demais órgãos de fiscalização avaliar a construção hermenêutica do julgador e, mediante uma radiografia argumentativa, indicar se é ou não o caso de uma distinção inapropriada ou inconsistente (*inconsistent distinguishing*).[45]

O *overruling* significa a superação de um precedente vinculante, sua revogação. É a forma mais rara de manuseá-lo, a tal ponto que – esta é uma curiosidade mencionada em 11 de cada 10 livros – até o ano de 1966 a *House of Lords* inglesa não admitia a revogação de seus próprios precedentes.[46]

A bem da verdade, a ideia em si não é a de driblar a solução passada, como se faz com a distinção. A hipótese é a de pô-la para fora do campo normativo, um cartão vermelho institucional. Neste sentido, compreende-se o recato das Cortes ao dar cabo de seus precedentes, pois correm o risco de desprestigiarem-se a si próprias enquanto fazem tábula rasa de seus entendimentos. Todavia, estamos defronte a um paradoxo do bem. Digo isso porque se torna imprescindível a existência

---

[43] Sobre o tema, cf. TUSMANN, Joseph; TENBROEK. The equal protection of the laws. In: SCHAUER, Frederick; SINNOTT-ARMSTRONG, Walter. *The philosophy of law*. New York: Oxford University Press, 1996. p. 547-553.
[44] SOUZA, Marcelo Alves Dias. *Op. cit.*, p. 142-143.
[45] MACÊDO, Lucas Buril de. *Op. cit.*, p. 359-368 e MARINONI, Luis Guilherme, *Precedentes obrigatórios*, p. 349-353.
[46] Por todos, SOUZA, Marcelo Alves Dias. *Op. cit.*, p. 148. Interessante notar que desde setembro de 2009 não mais existe função judicial na House of Lords, tendo sido a sua competência jurisdicional transferida para a *Supreme Court of the United Kingdom*. Cf. SOUZA, Marcelo Alves Dias. Os *law reports* ingleses: história e panorama atual. In: MENDES, Aluisio Gonçalves de Castro; MARINONI, Luiz Guilherme; WAMBIER, Teresa Arruda Alvim (Coord.). *Direito jurisprudencial*. São Paulo: Revista dos Tribunais, 2014. v. II, p. 909-926.

de uma válvula de escape para que o modelo se aperfeiçoe e seja cada vez mais respeitado. Deixar para trás as decisões anacrônicas ou equívocas, especialmente aquelas com a marca do engodo ou da diatribe, deve ser uma obrigação institucional, até mesmo porque contam com baixíssimo grau de adesão espontânea.

Sendo assim, é salutar aos tribunais que de tempos em tempos revisem uma ou outra decisão sua mais enviesada, as que vão avinagrando com o passar dos anos. As de boa cepa, por outro lado, devem ser zeladas com cuidado. Mas, às vezes, nem é preciso. Quanto mais maduras, mais encorpadas ficam e acabam se desdobrando e evoluindo de tal maneira que caem inefavelmente no gosto popular, alcançando a qualidade de *topoi*, de um lugar-comum cuja aceitação é praticamente unânime.[47]

Porém, novamente cabe aqui um aviso. Não se deve confundir a transformação do precedente com a sua revogação. Esta deve ser sempre explícita, a fim de transparecer à sociedade o novo posicionamento do tribunal e fomentar a segurança jurídica. Aquela é uma anomalia prática, uma "superação "por-debaixo-dos-panos", que ofende gravemente a segurança jurídica".[48] Além do mais, a clareza de entendimento, ainda que (ou a propósito de) reverso, estimula o debate e a democratização da informação, ampliando o conhecimento sobre o tema decidido e fortalecendo a sua legitimação, mesmo que apenas formal.[49] De outra parte, na revogação implícita verifica-se tão-somente uma burla ao mecanismo de superação do precedente, traduzindo-se num comportamento que obscurece, confunde e enfraquece sobremaneira a autoridade do julgamento.[50]

Mais duas variações do *overruling* merecem atenção.

A primeira é a técnica da sinalização (*signaling*). Nesta hipótese, o tribunal antecipa a sua contrariedade com o precedente em vigor por meio de um "julgamento-alerta".[51] Mal comparando, seria como que um aviso prévio dado à *ratio decidendi* anterior. As finalidades são a de preservar a proteção da confiança no sistema de precedentes e nas instituições que o produzem (obstando-se guinadas bruscas de jurisprudência), bem como a de permitir que a sociedade (jurisdicionados e

---

[47] Segundo Lucas Buril de Macedo, os norte-americanos chamam a estas decisões, repetidas por um longo período de tempo, de "superprecedentes", os quais, de tão arraigados, tornam-se de dificílima superação. *Op. cit.*, p. 401.
[48] *Ibidem*, p. 370-371.
[49] *Ibidem*, p. 402-403.
[50] *Ibidem*, p. 370-371.
[51] MARINONI, Luis Guilherme. *Precedentes obrigatórios*, p. 342.

advogados) tome ciência desta futura alteração interpretativa.⁵² É claro que se poderia, ao invés de sinalizar a mudança, atribuir, de imediato, efeitos unicamente prospectivos ao *overruling* efetuado.⁵³ Contudo, como esta escolha é livre, caberá ao tribunal justificá-la e dizer porque a utilizou no caso em exame.⁵⁴

A segunda variação a ser mencionada é a antecipação, pelas instâncias inferiores, de provável revogação do precedente pela Corte superior que o emitiu (*anticipatory overruling*).⁵⁵ O objetivo é o de deixar de usá-lo na prática forense. E, para tanto, costuma-se fundamentar a sua não-aplicação no desgaste ao longo do tempo, na mudança de composição da Corte que o proferiu, na tendência demonstrada por ela de que irá suprimi-lo – estando apenas na espreita da oportunidade ideal – e na percepção de que o precedente não produziu as consequências esperadas.⁵⁶ Outrossim, é importante não confundir a antecipação de revogação com a transformação, pois esta é realizada pelo tribunal produtor do precedente. Não se deve confundi-la, tampouco, com a falha na aplicação do precedente (decisão *per incuriam*), na qual o julgador o ignorava e, por isso, deixou de utilizá-lo, provocando um resultando que seria outro, caso soubesse de sua existência.⁵⁷

Esta é uma das ferramentas mais polêmicas no modelo do *stare decisis* norte-americano e não é difícil saber porquê, pois, se ela amplia a flexibilidade do sistema em prol das urgências e da velocidade das mutações sociais, também acaba por ir de encontro à lógica da vinculação vertical. Neste passo, leciona Marinoni que o cerne do instituto não é autorizar ou estimular a rebeldia dos tribunais inferiores. Na verdade, sua finalidade seria justamente a oposta, isto é, a de azeitar os canais de comunicação e, portanto, ampliar a sintonia entre as instâncias. Nas suas palavras: a corte inferior deve "não só seguir os passos, mas também proclamar, quando já iniciados os trabalhos de pavimentação do caminho, o rumo que será seguido pela Suprema Corte".⁵⁸

Por fim, não posso esquecer de me referir ao *reversal* e ao *overriding*. Aquele significa o fenômeno processual que, no Brasil, chamamos de

---

⁵² MACÊDO, Lucas Buril de. *Op. cit.*, p. 409 e MARINONI, Luis Guilherme, *Precedentes obrigatórios*, p. 342.
⁵³ MARINONI, Luis Guilherme, *Precedentes obrigatórios*, p. 420-425.
⁵⁴ *Ibidem*, p. 342-343.
⁵⁵ *Ibidem*, p. 402.
⁵⁶ *Ibidem*, p. 403.
⁵⁷ Nestas situações, a decisão judicial não vale como precedente. Cf. MACÊDO, Lucas Buril de. *Op. cit.*, p. 372-375.
⁵⁸ MARINONI, Luis Guilherme, *Precedentes obrigatórios*, p. 409.

reforma da decisão de uma corte *a quo* pela corte *ad quem*, de maneira que peço licença para não me estender além do necessário.[59] Quanto ao *overriding*, ele acontece quando o tribunal reduz o âmbito de incidência da norma extraída de um precedente, por força da colisão com outra norma mais recente e mais adequada àquela situação concreta. A meu ver, é um mecanismo de restrição da *ratio decidendi* bastante semelhante ao que corriqueiramente utilizamos aqui, através da declaração de incompatibilidade entre leis gerais e específicas ou entre leis anteriores e posteriores parcialmente incompatíveis. E, tanto assim, que o *overriding* é tratado como revogação parcial do precedente antigo.[60] Mas, pelo visto, esta semelhança é meramente aparente, já que a intuitiva simplicidade de manuseio que nos é familiar no sistema do *civil law* sofre uma enorme reviravolta na tradição do *common law*. Para os especialistas, o *overriding* é um elemento deveras complicador, na medida em que silencioso – como a transformação – e invalidador – como o *overruling* –, trazendo em si o pior destes dois mundos para quem se propõe a estudá-lo.[61]

Então estamos combinados assim: o caso-piloto sumiu! Todo o esforço hermenêutico que o juiz do trabalho deverá realizar para valer-se, na prática, do precedente disponibilizado pelo TST, poderá ser em vão. De preparo físico e mental redobrados precisará o magistrado para tentar reencontrá-lo, em vista de tantas e tão variadas maneiras de evitá-lo. Retornar de onde veio e analisar os pormenores fáticos e/ou as questiúnculas jurídicas levantadas pelos advogados em benefício de seus constituintes será um trabalho digno do Juiz Hércules. Mas será inevitável! Mesmo os juízes comprometidos com o dever institucional de aproveitar ao máximo a *ratio decidendi* extraível da decisão-piloto, mesmo estes precisarão "suar a camisa" para avançar diante da verdadeira retranca discursiva proporcionada pela escalação diuturna do *distinguishing*, do *overruling* e do *overriding*.

Ou alguém com o mínimo de experiência forense na Justiça do Trabalho brasileira duvida que todas ou quase todas as petições iniciais e/ou contestações destacarão em negrito, sublinhado e com fonte 32 as "peculiaridades" da sua causa, com o objetivo de afastá-la daquele precedente favorável à parte contrária ou, quiçá, dar o pontapé inicial na sua revogação?

---

[59] SOUZA, Marcelo Alves Dias. *Op. cit.*, p. 153.
[60] MACÊDO, Lucas Buril de. *Op. cit.*, p. 408.
[61] *Ibidem*, onde o autor chega a dizer que "o conceito de *overriding* é desnecessário para o funcionamento do *stare decisis*. (…) e eleva desnecessariamente a complexidade do sistema jurídico".

4 A visão pouco realista da nova sistemática processual atrelada aos precedentes

A Lei nº 13.015/14 pôs o precedente judicial na ordem do dia no processo do trabalho.[62] Parafraseando Carlos Drummond de Andrade: "E agora, José?".

Nesta etapa da minha explanação, um avizinhamento entre o que foi dito nos itens II e III mostra-se indispensável. Pois, só então, caro leitor, tentarei fazê-lo enxergar pelos meus olhos. Não me iludo e tenho plena consciência de que "pensar fora da caixa", no Brasil, significa assumir o risco da rotulagem preconceituosa dos incautos ou dos que preferem manter o *status quo*; ou, pior ainda, do revide virulento dos "gattopardos" da vida, defensores de primeira hora das mudanças aparentes a fim de que as coisas permaneçam onde sempre estiveram.

Mas o que seria de nós sem o risco eventual? Se bem calculado e fundado em argumentos sólidos, ele se torna o impulso necessário para que outros cheguem à mesma conclusão de que o rei está nu. Ou melhor, de que o "transplante" do instituto do precedente para o direito processual brasileiro provavelmente não conseguirá entregar o conto de fadas da estabilidade, da eficiência, da isonomia, da previsibilidade e da celeridade, que os entusiastas com o seu uso vêm propagando aos quatro cantos do país.[63]

O espaço é curto, o tempo se esgota e, já adianto, o panorama não será dos mais encantadores. Portanto, chega de excursos. E, desde já, a prudência me aconselha a inserir – o mais rápido possível – um argumento de autoridade nestas páginas rabugentas. Afinal, quem recusaria uma boa companhia para fortalecer o seu próprio discurso?

Neste sentido, realço a lição do professor italiano Michele Taruffo. Nos seus estudos de direito comparado, com destaque para as relações entre *common law* e *civil law*, ele evidenciou como prioritário o conhecimento a respeito do real funcionamento de um instituto antes de importá-lo para o direito nacional.[64] Agora, pasme você, leitor que ainda não me abandonou: a prolação de sentença é uma exceção do modelo judicial anglo-americano. Repito: debruçar-se sobre o computador por horas e horas a fio para proferir cinco, oito ou às vezes dez

---

[62] Por todos, cf. BELMONTE, Alexandre Agra. Comentários ao novo sistema recursal trabalhista (Lei nº 13.015/14). *Revista LTr*, São Paulo, ano 79, n. 1, p. 17-26, jan. 2015.
[63] Cf., por todos, MARINONI, Luis Guilherme. *A ética dos precedentes*, p. 101-116.
[64] TARUFFO, Michele. *Processo civil comparado*: ensaios. Tradução de Daniel Mitidiero. São Paulo: Marcial Pons, 2013. p. 12.

sentenças em um único dia denota uma realidade inimaginável para o juiz do *common law*.

Passarei a palavra para aquele renomado professor da Universidade de Pavia: "Na Inglaterra há décadas apenas um percentual baixíssimo de controvérsias civis (da ordem de 2 a 3 por cento das causas iniciadas) sobrevive à fase preliminar e chega ao *trial* para posteriormente terminar com uma sentença".[65] Mais um pouco: "Nos Estados Unidos (...) um percentual elevadíssimo de causas civis não supera, de fato, a fase de *pre-trial* e não chega ao debate".[66]

Dito isso, surge a pergunta que não quer calar: foi neste modelo, cuja operação prática se dá numa dimensão da realidade diametralmente oposta à nossa, que buscaram inspiração para turbinar o precedente no direito processual brasileiro?

Veja bem. O nosso contexto jurídico atual está em franca ebulição. Para tentar ser o mais claro possível, centrarei minhas colocações nos quatro pontos que mais me chamam a atenção neste caldeirão fervente de ideias: (1) dogmática analítica (conceito semântico de norma, sua estrutura e aplicação), (2) objetivo alegado da importação, (3) projeto ou pano de fundo cultural da mudança e (4) exigência cada vez mais incisiva por qualidade na prestação jurisdicional.

Ponto 1. Aceitas a dicotomia entre texto e norma e a legítima possibilidade institucional de criatividade judicial (mormente em casos de lacuna regulatória), deu-se num piscar de olhos a conclusão segundo a qual o precedente, mesmo no direito brasileiro, é, sim, uma norma. Uma norma fruto da inspiração dos juízes, quando da leitura das passagens relevantes de um outro texto, também ele oriundo do Judiciário (aquele constante da fundamentação do caso-piloto).[67] Logo, para o precedente, *rectius*, para o texto do caso paradigmático, vale a conhecida máxima da inexorabilidade da interpretação e da recusa do chavão *in claris cessat interpretatio*. Deve-se colocar a descrição da decisão passada no ponto de partida do novo julgamento. Pois, no ponto de chegada, não se encontrará uma repetição automática e irrefletida do que foi decidido, mas uma renovada argumentação pautada pelas circunstâncias do caso atual.

Mais do que isso: ao final deste agir hermenêutico, restam ao juiz do trabalho basicamente quatro opções. Poderá extrair uma norma

---

[65] *Ibidem*, p. 21.
[66] *Ibidem*.
[67] Cf., por todos, MACÊDO, Lucas Buril de. *Op. cit.*, p. 173 e ss.

(*ratio decidendi*) com estrutura de regra, a ser aplicada facilmente no modo "se A então B" ao problema imediato. Contudo, nada impede o surgimento de um princípio a fomentar determinado estado de coisas e, assim, a exigir uma análise posterior ainda mais sofisticada, com vistas a sua densificação. Poderão surgir, ademais, regras que atuam como princípio (v.g., aquelas que dispõem de conceitos indeterminados na sua hipótese de incidência) ou princípios com feições de regras (v.g., o princípio de que ninguém deve se aproveitar da própria torpeza).[68]

Se não bastasse isso e como referido mais para trás, o neoconstitucionalismo brasileiro entrou sem pedir passagem. E, a reboque, o Legislativo positivou a ideia de ponderação como algo imprescindível ao bom funcionamento jurisdicional. A simples leitura do art. 499, §2º do novo CPC ratifica esta afirmação, demonstrando não haver um pingo de exagero no temor que volta e meia transpareço por aqui.[69]

Uma pausa. Entendo perfeitamente se você, leitor, estiver taquicárdico, suando frio e pensando com seus botões: o que será de mim agora?

Verdade seja dita: o que essas novas ferramentas argumentativas têm de sedutoras, têm em igual ou maior proporção de perigosas.[70] Abriu-se a caixa de Pandora que Hans Kelsen fez questão de trancar a sete chaves. Problemas inerentes aos sistemas que adotam as mesmas características – tais como dificuldade contramajoritária do controle de constitucionalidade ou a necessidade de autocontenção judicial – adquirem um patamar ainda mais grave no Brasil, tanto por causa do déficit de legitimidade do poder legislativo, dos frequentes e quase habituais atritos institucionais, das incertezas jurídicas e sociais daí advindas, como também pela falta de treinamento dos juízes no manuseio destas técnicas altamente refinadas (não estamos tratando de uma receita de

---

[68] Cf. AARNIO, Aulis. *Lo racional como razonable*. Un tratado sobre la justificación jurídica. Tradução de Ernesto Garzón Valdés. Madrid: Centro de Estudios Constitucionales, 1991. p. 173 e ss.

[69] "No caso de colisão entre normas, o órgão jurisdicional deve justificar o objeto e os critérios gerais da ponderação efetuada, enunciando as razões que autorizam a interferência na norma afastada e as premissas fáticas que fundamentam a conclusão." Para uma crítica mordaz deste dispositivo, cf. STRECK, Lenio Luiz. *Ponderação de normas no novo CPC? É o caos. Presidente Dilma, por favor, veta!*. Disponível em: <www.conjur.com.br>. Acesso em: 17 jun. 2018.

[70] Sobre algumas complicadas questões levantadas por este novo modelo de raciocínio jurídico, incorporado de maneira um tanto quanto afoita ao nosso ordenamento, cf. AARNIO, Aulis. *Essays on the doctrinal study of law*. London: Springer, 2011 e RAZ, Joseph, ALEXY, Robert e BULYGIN, Eugenio. *Uma discussão sobre a teoria do direito*. Tradução de Sheila Stolz. São Paulo: Marcial Pons, 2013.

bolo) e de sua falta de tempo, estrutura, motivação e saúde, em virtude da quantidade abissal de processos a serem resolvidos.[71]

Não é sem razão, portanto, que autores brasileiros estejam advertindo sobre os elevados riscos institucionais para um neoconstitucionalismo desenfreado,[72] havendo até mesmo quem apregoe o retorno ao positivismo normativista lastreado em regras, ainda que com fundamento em um pragmatismo como estratégia de segunda ordem.[73]

Ponto 2. Conforme antecipado na introdução deste ensaio, a regulamentação do recurso repetitivo objetivou o descongestionamento dos Tribunais Superiores.[74] No nosso caso, a *ratio essendi* da Lei nº 13.015/14 primou pela redução do gigantesco volume de recursos de revista que inunda o TST. Vista como uma terceira instância de julgamento, todos os que possuem os meios e recursos necessários a galgar o mais alto órgão do judiciário trabalhista não pensam duas vezes e tentam a sua sorte. Daí que, mesmo com rigorosos exames de admissibilidade (como, por exemplo, a imposição de prequestionamento da tese atacada), o número de recursos só fez aumentar ao longo dos anos.[75]

Neste cenário extremo, compreendo a busca pelo Santo Graal processual, por aquela solução mágica que dará cabo desta massificação cavalar das demandas trabalhistas. E como havia uma tentativa logo ali à mão, bastou esticar o braço e puxá-la para dentro do processo do trabalho. Todavia, uma pergunta acessória vem bem a calhar: e as

---

[71] Neste sentido, o CNJ, por meio da Portaria nº 43 de 01.04.2014, criou um Grupo de Trabalho – GT com o objetivo de elaborar estudos e apresentar propostas relativas às condições de saúde dos magistrados e servidores do Poder Judiciário. Cf. <www.cnj.jus.br>. Acesso em: 03 jun. 2018.

[72] SARMENTO, Daniel. O neoconstitucionalismo no Brasil: riscos e possibilidades. In: SARMENTO, Daniel (Coord.). *Filosofia e teoria constitucional contemporânea*. Rio de Janeiro: Lumen Juris, 2009. p. 113-146 e VILHENA, Oscar Vieira. Supremocracia. In: SARMENTO, Daniel (Coord.). *Filosofia e teoria constitucional contemporânea*. Rio de Janeiro: Lumen Juris, 2009. p. 483-502.

[73] ARGUELHES, Diego Werneck e LEAL, Fernando. Pragmatismo como [meta] teoria normativa da decisão judicial: caracterização, estratégias e implicações. In: SARMENTO, Daniel (Coord.). *Filosofia e teoria constitucional contemporânea*. Rio de Janeiro: Lumen Juris, 2009. p. 171-211.

[74] CUNHA, Leonardo Carneiro da. *Op. cit.*, p. 249-250, LIMA, Tiago Asfor Rocha. *Op. cit.*, p. 309 e WOLKART, Erick Navarro. *Op. cit.*, p. 130-131.

[75] Neste sentido, é sintomático o artigo escrito pelo vice-presidente do TST, Ministro Ives Gandra da Silva Martins Filho, no Jornal *O Globo* do dia 03.03.15, intitulado "Chega de demanda", no qual apresenta dados alarmantes sobre o acúmulo de processos naquele tribunal. Para se ter uma ideia deste agravamento da litigiosidade, segundo estatística colhida pelo próprio TST, do ano de 2012 para o de 2013 houve um acréscimo de 54,03% na recorribilidade externa dos TRTs, traduzindo-se num aumento significativo de interposição de recursos de revista e recursos ordinários da competência originária do TST. Cf.< www.tst.jus.br>. Acesso em: 02 jun. 2018.

demais instâncias judiciais? Dito de outro modo: mesmo que ocorram as esperadas reduções no número de recursos de revista, será que o mesmo acontecerá com a outra ponta do Judiciário? Será que os juízes de primeiro grau, os que figuram na linha de frente deste verdadeiro faroeste processual, também se beneficiarão das mudanças legislativas?

Suspeito que a resposta será negativa. Isso porque, como advertiram Dierle Nunes e Rafaela Lacerda, a ausência de critérios objetivos para a seleção qualitativa e quantitativa de casos-piloto ou para a identificação das hipóteses similares de modo a determinar-lhes o sobrestamento, somada ao descolamento entre a tese fixada e a apreciação fática da controvérsia, provavelmente acarretará a construção de normas excessivamente abstratas, incapazes de produzir respostas de fácil aceitação pelos jurisdicionados e de não menos fácil aplicação pelos magistrados.[76]

A jusante e a montante, corremos o sério risco de desembocar "num engessamento da atividade judicial, trazendo injustiça e inadequação para diversos casos, servindo a doutrina do *stare decisis* não mais como instrumento de realização da igualdade formal (...) e sim como um desvirtuamento de uma potencialidade do Judiciário, que é a análise casuística (...) Tais riscos estruturais, aliados a um sistema judicial com um histórico de superutilização, morosidade, e baixa qualidade de produção decisória é potencialmente um atalho para seu colapso".[77]

Colapso, exaustão, esgotamento, quebra, bancarrota... Sinônimos da palavra crise, sublinhada logo na introdução deste estudo, ao referir-me à Justiça do Trabalho e ao Poder Judiciário brasileiro como um todo. Este quadro pintado no parágrafo anterior é a antevisão de um futuro tenebroso para os juízes do trabalho. Pois os autores atingiram o estado da arte macabra ao carregarem ainda mais nas tintas, sugerindo o manuseio dos embargos declaratórios "desde o julgamento singular, até a última pronúncia colegiada, para que as partes pontuem e forcem os julgadores a levar em consideração cada ponto específico, de fato e de direito, que percebam não ter sido levado em conta na decisão".[78]

A bem de ver, não se trata sequer de uma sugestão, mas de um direito subjetivo, porquanto o art. 499, §1º do novo CPC determina ao juiz, dentre outras pérolas, apreciar "todos os argumentos deduzidos

---

[76] *Op. cit.*, p. 362. Em sentido semelhante, cf. WOLKART, Erik Navarro. *Op. cit.*, p. 133 e MARINONI, Luiz Guilherme, *Precedentes obrigatórios*, p. 495, ressaltando este último o "vazio de racionalidade" das escolhas aleatórias dos casos representativos da controvérsia.
[77] NUNES, Dierle; LACERDA, Rafaela. *Op. cit.*, p. 362.
[78] *Ibidem*, p. 363.

no processo capazes de, em tese, infirmar a conclusão adotada pelo julgador" (inciso IV), como também a não "se limitar a invocar precedente ou enunciado de súmula, sem identificar seus fundamentos determinantes nem demonstrar que o caso sob julgamento se ajusta àqueles fundamentos" (inciso V). Até mesmo o uso do *distinguishing* e do *overruling* está positivado, pois ao juiz está proibido "deixar de seguir enunciado de súmula, jurisprudência ou precedente invocado pela parte, sem demonstrar a existência de distinção no caso em julgamento ou a superação do entendimento" (inciso VI).

Pelo visto, mais uma vez a corda arrebentará do lado mais fraco. Autores como Gláucio Maciel Gonçalves e André Garcia Leão Reis Valadares vêm ao encontro deste mau augúrio quando asseveram que "o zelo pela padronização das decisões judiciais deve partir dos juízes de primeira instância".[79] E Erik Navarro Wolkart aumenta ainda mais o temor, ao enfatizar a dificuldade de se lidar com os recursos politemáticos (o que se dá em nove de cada dez recursos de revista).[80]

Francamente, temo que a importação dos precedentes venha a acelerar o naufrágio iminente e, tal qual um "Titanic Judiciário", propicie, em primeiro lugar, o afogamento da terceira classe judicial. Mas quem sabe algumas boias salva-vidas não sejam lançadas a tempo. Apesar de cético sobre a política nacional de atenção prioritária ao primeiro grau de jurisdição encabeçada pelo CNJ, melhor esta iniciativa do que nenhuma, diante da tormenta que se aproxima.

Ponto 3. O professor Michele Taruffo preleciona o seguinte: "reconhece-se hoje unanimemente que a análise comparada pode ser realizada tão somente à base de um <projeto cultural> pressuposto e autuado por quem a efetua. Essa, pois, não é nunca passiva, neutra ou indiferente: é, ao invés, condicionada e orientada seja pela cultura própria do comparatista, seja pelas finalidades à vista das quais ele desenvolve o seu próprio trabalho".[81]

A visão de mundo do intérprete, o seu juízo de valor em função do qual ele estabelece o que é ou não é importante, afeta de maneira implacável a sua forma de perceber o direito.[82] O subjetivismo kelseniano, a aceitação interna hartiana, a pré-compreensão gadameriana, a pretensão de correção alexiana, enfim, são todas noções que remetem à natureza humana do jurista e, assim, à impossibilidade de parti-lo

---

[79] *Op. cit.*, p. 630.
[80] *Op. cit.*, p. 137-139.
[81] *Processo civil comparado*: ensaios, p. 12.
[82] *Ibidem*, p. 32.

ao meio: de um lado, o cidadão com suas crenças, ideologias, opiniões, emoções, virtudes e defeitos; do outro, o observador do fenômeno jurídico, objetivo, imparcial, racional, científico na sua alteridade, nos seus métodos e nas suas descrições.

Para o bem ou para o mal, esta dualidade hermética é desmentida diuturnamente por mim, por você ou por qualquer um com um mínimo de humanidade. Até mesmo o Sr. Spock não me deixa mentir.[83] Logo, é evidente a presença desta constante antropológica na interpretação feita do precedente judicial pelos juristas brasileiros. Torna-se, assim, de bom tom identificar qual o projeto cultural por eles acalentado nesta investigação, uma vez que é "em função deste projeto que se confrontam alguns ordenamentos e não outros, estudam-se alguns institutos e não outros e escolhem-se os traços daqueles ordenamentos e daqueles institutos que se entendam mais importantes e, portanto, merecedores de ser inseridos no <modelo ideal> ao qual se faz referência".[84]

Neste sentido, acredito ser o livro lançado há pouco pelo professor Luiz Guilherme Marinoni, intitulado *A Ética dos Precedentes: justificativa do novo CPC*, um valioso exemplo do que se pretende com esta portentosa mudança processual.

Já na introdução de seu trabalho, o autor paranaense esclarece ser função das Cortes Supremas a fixação de precedentes obrigatórios. Apenas elas, com o impacto do constitucionalismo e a evolução da teoria da interpretação no Brasil, deveriam "atribuir sentido ao direito e contribuir para a sua evolução mediante decisões que não podem deixar de ter força obrigatória, na medida em que são autônomas em relação aos textos legal e constitucional, agregando algo de novo à ordem jurídica".[85]

Mais adiante, externou sua aflição com a naturalidade com que muitos convivem com um "direito incoerente e com um sistema despido de racionalidade", incapaz de "propiciar a previsibilidade, a igualdade e a liberdade". Diante disso, pôs em marcha seu intento de analisar esta mazela em termos sociológicos e correlacionar os aspectos culturais dos brasileiros com a "vocação para a irracionalidade, a falta de previsibilidade e a indiferença diante da desigualdade perante o

---

[83] Rendo aqui minhas homenagens ao grande ator e cineasta Leonard Nimoy, falecido no dia 27.02.2015, um defensor das artes, da humanidade e da ciência, que, com sua visão otimista da vida e do futuro, sintetizou suas ideias numa das frases mais famosas da série *Star Trek*: "audaciosamente indo aonde nenhum homem jamais esteve".

[84] TARUFFO, Michele. *Processo civil comparado*: ensaios, p. 14.

[85] *Op. cit.*, p. 12.

direito".⁸⁶ Invocando a ideia weberiana da ética protestante (dos valores calvinistas) como o agente propulsor do direito racional e previsível, Marinoni foi além e observou que o *common law* inglês, ao contrário do que se imagina, também se acomoda neste formato, convertendo-se num direito previsível mediante o *stare decisis*.⁸⁷ Demonstrado está, portanto, que "os precedentes obrigatórios se tornam necessários na medida em que o direito se afasta da calculabilidade".⁸⁸

Na mão oposta, o autor ressaltou os traços nada engrandecedores da cultura pátria, destacando a obra de Sérgio Buarque de Holanda e os conceitos de patrimonialismo (atuação mediante considerações pessoais, sem submissão a critérios objetivos e separação entre público e privado), patriarcalismo (dominação atribuída a um sujeito por regras sucessórias) e personalismo (exaltação do individualismo e falta de visão institucional) presentes na realidade nacional.⁸⁹

Realçou, ainda, o conhecido estereótipo do "homem cordial", do sujeito "que acostumado ao ambiente íntimo e de troca de favores da família, transforma o espaço público em privado e, exatamente por não poder suportar a *impessoalidade* e a *racionalidade,* também vê a lei como algo que deve ser contornado mediante o auxílio do "funcionário patrimonial", isto é, do funcionário que está na Administração Pública ou da justiça apenas para dela se beneficiar".⁹⁰ Neste passo, o tratamento diferenciado e a ausência de reação a um sistema judicial que nega a igualdade e a previsibilidade seriam vistos como algo natural.

Seguindo nesta toada, Marinoni sobrepôs as duas tradições jurídicas e culturais, para, da página 85 à página 100 – com o perdão da má palavra –, sentar o porrete no Poder Judiciário brasileiro. Constata a afluência daqueles elementos culturais deletérios por toda a instituição, gerando a "formação dos famosos 'grupos' nos tribunais, quando passa a prevalecer a ética do tudo em favor do colega alinhado e, pior do que isso, a manipulação das decisões em favor daqueles – inclusive de governos e das pessoas e corporações ligadas ao poder político – que detêm relações com os que ocupam os 'cargos'".⁹¹

Prosseguindo na sua avaliação, afirma que: "Também aí teve e ainda tem lugar o 'homem cordial', o juiz e o promotor que atuam com

---

⁸⁶ *Ibidem.*
⁸⁷ *Ibidem,* p. 37-42.
⁸⁸ *Ibidem,* p. 13.
⁸⁹ *Ibidem,* p. 76-84.
⁹⁰ *Ibidem,* p. 14-15.
⁹¹ *Ibidem,* p. 85.

base nos velhos motivos que presidiam a família patriarcal, quando tudo girava em torno da pessoalidade. O advogado igualmente é investido dessa figura, tornando-se o 'bajulador' que deixa de ser defensor dos direitos para se tornar lobista de interesses privados, para o que são mais efetivas as relações peculiares ao chamado 'jeitinho' ou 'jeito' do que conhecimento técnico-jurídico ou capacidade de convencimento do juiz".[92]

Desta feita: "a lógica da aplicação da lei, numa cultura marcada pelo patrimonialismo (...) só pode ser a da manipulação da sua aplicação e interpretação, bem sintetizada na conhecida e popular expressão: 'aos amigos tudo, aos inimigos a lei!'".[93] E arremata, ao asseverar que: "A frouxidão do Poder Judiciário – enquanto instituição – também descende da forma pela qual o brasileiro, desde as origens de sua formação cultural, inseriu-se no espaço público. O personalismo e o patrimonialismo inviabilizaram o associativismo, a coesão social e as instituições fortes".[94]

Depois da transcrição destes parágrafos, já é possível entrever o esboço do projeto cultural inerente à importação dos precedentes obrigatórios, ao menos de acordo com um dos maiores processualistas brasileiros da atualidade: pôr cobro aos vícios seculares do nosso país, muitos deles profundamente enraizados no judiciário, como também ampliar e fortalecer o maior respeito institucional na mesma proporção em que se prestigia "a autoridade das cortes de vértice".[95]

O escopo é o de garantir a imparcialidade da prestação jurisdicional, a previsibilidade, a estabilidade, a racionalidade e a unidade do direito, assim como a igualdade de tratamento das partes, afastando-se "uma mítica e ilusória 'liberdade' para julgar em desacordo com as Cortes Supremas", cujas decisões possuem o condão de "racionalizar os projetos de vida, inclusive os econômicos".[96] Como a "mera publicação da lei, como garante da previsibilidade, deixa de ter qualquer importância ao se saber que de um texto legal pode ser retirada uma pluralidade de significados (...) não resta outra alternativa a não ser a unidade do direito, derivada do exercício da função das Cortes Supremas".[97]

---

[92] *Ibidem*, p. 86.
[93] *Ibidem*, p. 87.
[94] *Ibidem*, p. 90.
[95] *Ibidem*, p. 91.
[96] *Ibidem*, p. 94-95, 102-103, 108 e 113.
[97] *Ibidem*, p. 109.

Quero dizer antes de mais nada que, como juiz, as críticas tecidas abaixo não ocorrerão porque "vesti a carapuça". Apesar de não me considerar um individualista de carteirinha e de jamais ter exercido "cordialmente" as funções institucionais a que estou investido, não será esta minha experiência pessoal, desprovida de qualquer interesse ao leitor, que irá pautar a minha discordância com as colocações do professor Marinoni. A rigor, seus equívocos vão muito além da injusta (porque injustificada) generalização.

Inicio o contraditório ressaltando um aspecto pontuado pelo autor à exaustão: a primazia das Cortes Superiores na fixação dos precedentes obrigatórios. No entanto, esta, definitivamente, não é a sua melhor forma de construção. Consoante Lucas Buril de Macêdo, duas são as possibilidades de formação de precedentes obrigatórios: a dinâmica e a estática.[98]

No primeiro caso, o precedente é o resultado de uma ampla deliberação envolvendo desde o advogado e o juiz de primeiro grau até os desembargadores, encerrando-se perante os ministros dos tribunais superiores. Em virtude desta característica, a sua confecção acaba levando mais tempo e, como consequência, prorroga um pouco mais a incerteza jurídica. Mas vale a pena esperar, pois a decisão tende a ser de melhor qualidade. Cuida-se de um procedimento concatenado, que, por iniciar-se de baixo para cima ("da base para o topo"), democratiza a formação do precedente e abre espaço para um maior cuidado e sofisticação no embate entre os mais diversos interessados.[99]

Quanto à construção estática, o ponto central é a estabilização da questão jurídica o mais rapidamente possível, ainda que ao preço de produzir uma decisão sem grande qualidade. Há, pois, a preocupação com a redução do período de incerteza através da concentração do processo decisório. Ocorre que ao trocar o sinal e fixar o precedente de cima para baixo ("do topo para a base"), aumenta-se a margem de erro da solução adotada, na medida em que a Corte Superior dá ensejo ela própria à construção do julgado, empobrecendo a diversificação de argumentos. Na verdade, o perigo torna-se ainda maior quando se percebe a propensão de "espalhar um erro, mediante a aplicação forçosa da decisão".[100]

---

[98] *Op. cit.*, p. 510.
[99] *Ibidem*, p. 510-511.
[100] *Ibidem*.

Ora, a defesa candente de Marinoni da primazia institucional dos tribunais superiores para a criação dos precedentes encaixa-se como uma luva no modelo estático. Um modelo com viés autoritário e que pode até conseguir evitar algumas demandas, mas não as resolve de maneira legítima.[101] O autoritarismo latente a este formato faz com que só se valorize o que os tribunais superiores decidem, ficando no limbo jurídico as vozes de todos os que se manifestaram antes nos autos.[102] Nesta perspectiva, a ideia de cooperação contida no art. 6º novo CPC[103] também recai no vazio, uma vez que as partes e advogados simplesmente cumprirão tabela nas instâncias ordinárias. Estas se tornarão um rito de passagem desimportante e enfadonho, já que, certamente, partes e advogados estarão com seus corações e mentes voltados apenas para Brasília, o lugar onde as coisas efetivamente acontecerão.

Outro aspecto da obra do autor que me chamou a atenção foi a sua afirmação segundo a qual as Cortes Superiores deteriam autonomia decisória em relação ao texto legal e constitucional, agregando algo novo ao sistema jurídico. Veja bem, o julgador, esteja ele onde estiver, possui o dever de preservar as leis e a Constituição. Ele fez este juramento ao tomar posse e se obriga a observá-lo por toda sua vida funcional![104]

Portanto, esta quase irrelevância normativa imputada ao texto escrito democraticamente pelo Parlamento beira o realismo jurídico norte-americano, tal como desenvolvido no alvorecer do século passado. Recordando o mote desta escola do direito, seria mais importante saber o que o ministro comeu no café da manhã do que o conhecimento das leis. A refeição pode ter-lhe causado uma perigosa indisposição, ao passo que as leis não se executam por si e precisam de uma mãozinha do magistrado. O direito, para o realista, é aquilo que o juiz diz ser o direito, cabendo ao jurista fazer a sua profecia sobre como decidirão as cortes.[105]

Entretanto, caso não seja esta a concepção de direito adotada por Marinoni, sua colocação ficou fora de lugar. Pois, seja você um positiva ou um pós-positivista, o ato de interpretar comportará uma reconstrução normativa e deverá, impreterivelmente, levar em consideração os

---

[101] Neste sentido, *ibidem*, p. 511.
[102] *Ibidem*, p. 512.
[103] "Todos os sujeitos do processo devem cooperar entre si para que se obtenha, em tempo razoável, decisão de mérito justa e efetiva."
[104] Art. 35, I da LC nº 35/79 (LOMAN).
[105] Cf., por todos, HOLMES JR., Oliver Wendell. *The path of the law and the common law*. New York: Kaplan Publishing, 2009.

enunciados linguísticos legislados e/ou constitucionalizados, se adequados à ocasião.[106] Trata-se de uma condição necessária à legitimidade da argumentação jurídica, apesar de às vezes não ser suficiente para a melhor tomada de decisão. O que deve ser bem entendido é que o juiz, o desembargador e o ministro não estão livres para julgar a partir do critério que lhes dê na veneta. No ambiente institucional do Estado Democrático e Constitucional de Direito, o filtro discursivo é bem mais estreito do que o anteposto a um debate moral qualquer.[107]

Há normas construídas a partir de um ou de vários dispositivos, como há também normas construídas sem um dispositivo prévio.[108] Mas o que o juiz não pode é tratar o enunciado normativo à sua frente como uma folha de papel em branco, colocando-o de ponta-cabeça para encontrar significados contrários àqueles intrínsecos às suas palavras em determinado contexto de uso, ou desconsiderando-o por completo e sem maiores explicações, como se não existisse.[109]

O próprio TST já discordou de quem restringiu o âmbito de incidência do art. 625-E da CLT,[110] forçando uma leitura de quitação restrita às parcelas constantes do termo de conciliação extrajudicial, apesar de o texto normativo falar em "eficácia liberatória geral".[111] E o mesmo TST sentiu esta reprimenda na sua carne, quando os ministros Marco Aurélio e Carmen Lúcia, por ocasião do julgamento da ADC nº 16, disseram ser *contra legem* a Súmula nº 331, IV, visto que autorizava a responsabilização subsidiária da Administração Pública não obstante o art. 71 da Lei nº 8.666/93 a proibir expressamente.[112]

Enfim, diante de tudo isso, soou mal a defesa da autonomia praticamente absoluta das Cortes Superiores do modo como feita pelo autor. Até porque, ainda que se levasse adiante a ideia de fixação dos precedentes obrigatórios na esfera de competência exclusiva dos

---

[106] Cf. ÁVILA, Humberto. *Teoria dos princípios*: da definição à aplicação dos princípios jurídicos. 8. ed. São Paulo: Malheiros Editores, 2008. p. 33. Cf. Também STRECK, Lenio Luiz e ABBOUD, Georges. *Op. cit.*, p. 112-113.

[107] Por todos, cf. ALEXY, Robert. *Teoria da argumentação jurídica*: a teoria do discurso racional como teoria da justificação jurídica. Tradução de Zilda Hutchinson Schild Silva. São Paulo: Landy, 2001. p. 293-299, onde o autor elenca uma série de regras especiais para a correção da argumentação jurídica.

[108] ÁVILA, Humberto. *Op. cit.*, p. 30-31.

[109] *Ibidem*, p. 33-35.

[110] "O termo de conciliação é título executivo extrajudicial e terá eficácia liberatória geral, exceto quanto às parcelas expressamente ressalvadas."

[111] RR nº 106400-24.2007.5.23.0003, Rel. Min. Mauricio Godinho Delgado, publicado no *DO* de 07.10.11.

[112] Cf. GOMES, Fábio Rodrigues. *Direitos fundamentais dos trabalhadores*: critérios de identificação e aplicação prática. São Paulo: LTr, 2013. p. 333-351.

tribunais localizados no topo da pirâmide (numa espécie de "Leviatã hermenêutico"), o uso do *distinguishing*, por si só, relativizaria este superpoder sem pestanejar.[113] Como já se disse antes: "O juiz que age de forma justa e razoável, e que enfrenta suas dúvidas com profissionalismo e conhecimento, não precisa, nas palavras de Duxbury, "ser um escravo do passado e um déspota do futuro", preso pelas decisões de seus predecessores, muitas vezes já falecidos".[114]

Mais um ponto a ser criticado é o repudiado por mim logo de plano: a generalização sobre a implantação das nossas mazelas morais no âmago do Poder Judiciário. A minha dúvida é saber por que o professor Marinoni excluiu os ministros dos tribunais superiores desta nefasta contaminação cultural. Atentando-se para a sua exposição, quase ninguém se salva. Juízes, desembargadores, promotores, advogados e partes: estão todos no mesmo balaio de homens cordiais patrimonialistas, patriarcais e personalistas. E os ministros, por que ficaram imunes?

Afora o maniqueísmo e a arbitrariedade desta divisão, a imunidade pressuposta mostra-se completamente incoerente com a realidade brasileira, seja porque os juízes de primeiro grau ingressam na carreira por intermédio de um republicano concurso público (estando, a princípio, mais imunizados ao compadrio do que os demais membros do Judiciário que nele adentraram por indicação política), seja porque a totalidade dos ministros de hoje foram os juízes, advogados e promotores de ontem. De modo que não faz o menor sentido a ideia de concentrar a criação do precedente nas cortes superiores, como se lá houvesse uma depuração mental e decisória.

A rigor, vejo o projeto cultural desenhado por Marinoni como uma idealização do que ele gostaria que fosse mas não é. Sua verve esteve focada integralmente na possibilidade de a transposição do instituto dos precedentes obrigatórios (com exclusividade de manejo pelos tribunais superiores) abrir as portas de nossas instituições judiciárias aos valores da segurança jurídica, da isonomia e da eficiência. Só que, na sua equação, a realidade foi simplesmente deixada de fora, o que acabou por retirar os alicerces de todo o seu edifício teórico.[115]

Sendo bem claro: suas divagações teóricas estão baseadas em caricaturas, em espantalhos judiciais, não havendo dados empíricos que

---

[113] STRECK, Lenio Luiz e ABBOUD, Georges. *Op. cit.*, p. 49-51 e 65 e MACÊDO, Lucas Buril de. *Op. cit.*, p. 104-105.
[114] BARBOZA, Estefânia Maria de Queiroz. *Op. cit.*, p. 230.
[115] Sobre a importância de levar-se em conta a realidade do direito estrangeiro e local no estudo comparativo, cf. TARUFFO, Michele. *Processo civil comparado*: ensaios, p. 18.

lastreiem as fortes afirmações feitas por ele. Ao revés, para desmantelar o verdadeiro *apartheid* jurisdicional ali incutido, basta a leitura das estatísticas por mim referidas na introdução deste artigo.[116] Ali constata-se facilmente que os juízes brasileiros – com destaque para os de primeira instância – fazem diariamente do limão uma limonada, conseguindo solucionar milhões de problemas a cada ano que passa, não obstante suas condições de trabalho estarem muito aquém do desejado.

Em suma: para quem acredita que o projeto cultural em torno do precedente judicial não é uma utopia, mas, sim, uma diretriz moral factível, penso ser mais fácil conquistá-lo e legitimá-lo com a participação conjunta e dinâmica de todos os atores socais envolvidos no processo. O diálogo cooperativo certamente trará uma adesão espontânea infinitamente maior do que o monólogo proposto por Marinoni.[117]

Ponto 4. Devo começar este último ponto relembrando uma característica importantíssima da realidade dos países do *common law*, mencionada linhas atrás: por lá, as sentenças são raras, excepcionais. É claro que este não é o único motivo, mas por certo que a inexistência de sobrecarga de trabalho ajuda, e muito, na prolação de decisões mais minuciosas, preocupadas em analisar todo e qualquer argumento relevante trazido ao debate pelos advogados.

No Brasil, por sua vez, além de soterrados de trabalho, não possuímos a cultura do precedente.[118] Apesar das recentes alterações legislativas pondo em destaque a decisão judicial paradigmática com vistas a estancar o desaguadouro massivo de demandas (v.g., repercussão geral, recurso repetitivo, julgamento antecipadíssimo da lide e provimento do recurso apenas pelo relator), a ideia de sentir-se vinculado pela *ratio decidendi* de um julgamento pretérito, que funcionaria como premissa maior da solução do caso atual, ainda não chegou ao imaginário judicial nem às bancadas universitárias, estas últimas "calcadas (...) na dogmática e no positivismo".[119]

---

[116] Neste mesmo sentido, MENDES, Aluisio Gonçalves de Castro. *Op. cit.*, p. 27-28.
[117] Em sentido semelhante, STRECK, Lenio Luiz e ABBOUD, Georges. *Op. cit.*, p. 101.
[118] Por todos, RODRIGUEZ, José Rodrigo. *Op. cit.*, p. 7-8, 16, 48 e 94, afirmando nesta página que "Não há no Brasil um sistema de precedentes organizado. A citação de casos, quando ocorre, não busca reconstruir um padrão de argumentação relevante para o caso a ser decidido. Os casos são citados em forma de acúmulo para reforçar a autoridade de quem está proferindo a sentença. É muito difícil encontrar casos que sirvam de referência para todos os juízes no que diga respeito a um mesmo problema jurídico".
[119] MENDES, Aluisio Gonçalves de Castro. *Op. cit.*, p. 25. E prossegue o autor: "(...) a metodologia é fundada no estudo de manuais e textos legais (...) A resolução de casos, quando existente, é formulada, na maioria das vezes, a partir da subsunção dos fatos aos dispositivos constitucionais e legais". *Ibidem*, p. 26. Cf. Também MAGALHÃES, Breno

Mas façamos um exercício de ficção. Imagine que o juiz do trabalho brasileiro tenha comprado esta ideia com um largo sorriso no rosto. Feliz em poder contribuir para o suposto aperfeiçoamento do direito e do Poder Judiciário do seu país, estaria disposto a utilizar precedentes persuasórios na sua prática forense como se obrigatórios fossem. Pergunto: quanto tempo duraria a sua boa vontade? Respondo: pouco, muito pouco tempo.

Faço esta afirmação não por menoscabo dos meus colegas de profissão, mas porque sigo o conselho de Taruffo e incluo religiosamente uma dose de realidade no meu raciocínio. Senão vejamos.

Para início de conversa, deve ser acentuado que o modelo brasileiro verbaliza sua jurisprudência em formato de verbetes sumulares. Ou seja, elaboram-se enunciados genéricos e abstratos, desgarrados das circunstâncias fáticas contidas nas reiteradas decisões judiciais que lhe deram origem. O resultado final assemelha-se ao de um texto legal.[120]

Nada de novo no horizonte, pois, sem embargo de cuidar-se de um expediente iniciado na década de 60 do século passado, por iniciativa do Ministro Victor Nunes Leal, pode ser tranquilamente equiparado a um antepassado nosso: os assentos da Casa de Suplicação de Lisboa.[121] E, sob o ponto de vista do processo do trabalho, é obrigatória a remissão aos antigos prejulgados previstos no art. 902 da CLT, cuja natureza sumular e vinculante perante a Justiça do Trabalho foi bastante profícua, até a sua invalidação pelo STF, em acórdão de 12.05.1977. E este julgamento provocou, logo depois, a colocação de uma pá de cal nesta atribuição atípica do TST, com a edição da Lei nº 7.033/82.[122]

Veja as voltas que o mundo dá. Os defensores da incorporação dos precedentes ao direito processual brasileiro, em sua grande maioria, referem-se ao neoconstitucionalismo como um fenômeno que auxilia esta inserção.[123] Os juízes do *civil law* estariam mais parecidos com os juízes do *common law*, na medida em que, agora, ambos seriam ativos e altivos na aplicação de princípios e/ou na sua reconstrução a partir do caso anterior. Os magistrados brasileiros estariam, assim, mais capacitados a lidar com a criatividade inerente à complexidade daquele

---

Baía e SILVA, Sandoval Alves. *Op. cit.*, p. 225-227. Para uma visão mais abrangente das universidades brasileiras, cf. BUARQUE, Cristovam. *A universidade na encruzilhada*. São Paulo: Ed. Unesp, 2014.
[120] STRECK, Lenio Luiz e ABBOUD, Georges. *Op. cit.*, p. 72.
[121] BAHIA, Alexandre Gustavo Melo Franco e VECCHIATTI, Paulo Roberto Iotti. *Op. cit.*, p. 27-29 e STRECK, Lenio Luiz e ABBOUD, Georges. *Op. cit.*, p. 77 e 118.
[122] SOUZA, Marcelo Alves Dias de. *Do precedente judicial à súmula vinculante*, p. 233-235.
[123] Por todos, MARIONI, Luis Guilherme. *Precedentes obrigatórios*, p. 67 e ss.

instituto. Todavia – e aí vem a ironia da situação – os princípios, quando repetidamente concretizados, são postos numa masmorra jurídica.[124] Ou seja, quando feitos de carne e osso (aplicados e ponderados no caso concreto) acabam destinados à voltar ao mundo da abstração, porquanto "objetivados" em enunciados de súmulas, exatamente como nos antigos assentos da Casa de Suplicação de Lisboa.[125] Uma guinada de 360 graus!

Saímos do positivismo legalista e saltamos de olhos fechados nos braços voluptuosos dos princípios, usando e abusando de suas curvas morais, para, ao fim e ao cabo, retornarmos ao ponto de partida e identificarmos o texto sumulado com a norma propriamente dita, a fim de utilizá-la numa operação silogística quase automática.[126] E para quem não acredita nesta retomada da Escola da Exegese em pleno século XXI, lembremo-nos da reclamação constitucional, uma via expressa entre o rés do chão e o olimpo judicial, não lhe dando tempo sequer de cogitar uma análise da controvérsia de uma forma mais aprofundada. Seriedade interpretativa é confundida com rebeldia individualista e egocêntrica, como se pensar diferente, ainda que eventualmente, fosse um crime capital ou, parafraseando Rui Barbosa, um crime de hermenêutica.[127]

Mas se não bastasse isso, existem ainda os problemas da profusão desordenada de súmulas[128] (com muitas delas incoerentes entre si),[129] das guinadas bruscas das orientações sumuladas,[130] da produção de súmulas desencontradas dos acórdãos que lhes deram ensejo,[131] da situação pouco ortodoxa de por vezes nos depararmos com decisões

---

[124] STRECK, Lenio Luiz e ABBOUD, Georges. *Op. cit.*, p. 51.
[125] *Ibidem*, p. 68-69.
[126] BAHIA, Alexandre Gustavo Melo Franco e VECCHIATTI, Paulo Roberto Jotti. *Op. cit.*, p. 31 e NUNES, Dierle e BAHIA, Alexandre. *Op. cit.*, p. 120.
[127] Cf. STRECK, Lenio Luiz e ABBOUD, Georges. *Op. cit.*, p. 117-118, de acordo com os quais "os juízes podem contrariar a lei; se o fizerem, caberá recurso. O que os juízes não podem fazer é ousar contrariar as Súmulas. Nesse caso (...) não caberá recurso e, sim, reclamação... Ou seja, *em terrae brasilis a lei não vincula; a súmula, sim, mesmo que ela seja contrária à lei e à Constituição*".
[128] *Ibidem*, p. 125-126.
[129] Por exemplo, Súmulas nº 291 e nº 265, ambas do TST, estipulando, a primeira, uma indenização para a supressão de horas extras, ao passo que a segunda permite a supressão do adicional noturno sem oferecer nada em troca.
[130] WAMBIER, Teresa Arruda Alvim. *Op. cit.*, p. 374-375. Como exemplo, pode-se mencionar a alteração do conteúdo das Súmulas nº 244, III e 277 do TST, as quais, a partir da redação a elas atribuídas pela Resolução nº 185/2012, inverteram em 180 graus os seus polos normativos, passando a conceder estabilidade à gestante contratada a termo e ultratividade às normas coletivas, mesmo depois do término de sua vigência.
[131] NUNES, Dierle e BAHIA, Alexandre. *Op. cit.*, p. 121.

colegiadas contrariando as súmulas que eles próprios elaboraram[132] e, *last but not least*, o mal crônico do ementismo.[133] Este fenômeno em particular é um dos mais preocupantes no cenário contemporâneo de ascensão do direito jurisprudencial. Digo isso porque o vício de tratar a ementa (resumo do julgado elaborado monocraticamente pelo relator) como se fosse um precedente acarreta severas distorções de sentido da norma que se busca reconstruir. Corre-se o risco de se comprar gato por lebre, pois busca-se uma referência jurisprudencial através destes verbetes abstratos para atingir determinada finalidade, quando, na verdade, os fundamentos da decisão apontavam para uma outra coisa completamente diferente.[134]

Quanto ao precedente, é verdade que o juiz talvez possua maior margem de manobra interpretativa. Contudo, assoberbado de trabalho como está e resgatando a imagem do Judiciário como uma nau que só tende a abarrotar-se cada vez mais, muito dificilmente terá tempo, saúde e motivação para realizar o sofisticado trabalho artesanal que o uso do precedente impõe. Penso que, nesta altura do campeonato, já tenha sido assimilada a ideia de que o precedente funciona bem no varejo judicial. Deve-se destrinchar uma decisão isolada e pretérita para dela extrair a *ratio decidendi* (ou as *rationes decidendi*) capaz de resolver o caso presente, dispondo de "clareza, solidez e profundidade nos seus fundamentos, pois, do contrário, dificilmente serão respeitados e seguidos".[135] Insisto, pois: varejo antes e varejo depois.

Ora, se nem bem as súmulas são adequadamente utilizadas no dia a dia judicial (apesar de projetadas para atuar no atacado, com o seu formato textual, genérico e abstrato do resultado a ser seguido), quanto mais os numerosos precedentes que, certamente, o TST será pródigo em produzir.[136] Uma coisa é lidar com uma fundamentação (*holding*) mais sofisticada aqui e acolá.[137] Outra, é deparar-se com precedentes por

---

[132] Cf. RR nº 225000-65.2009.5.18.0102, Rel. Min. Alberto Luiz Bresciani, *DO* 14.12.11, no qual, ao contrário do que preceitua a OJ nº 245 da SDI-1 do TST (segundo a qual inexiste previsão legal de tolerância para atrasos), anulou-se o julgamento à revelia, sob o argumento de que houve um atraso ínfimo à sessão de audiência.
[133] MAGALHÃES, Breno Baía e SILVA, Sandoval Alves. *Op. cit.*, p. 211 e ss.
[134] *Ibidem*, p. 212-213 e 218.
[135] MENDES, Aluisio Gonçalves de Castro. *Op. cit.*, p. 24.
[136] Cf. STRECK, Lenio Luiz e ABBOUD, Georges. *Op. cit.*, p. 52 e ss., ressaltando os autores a confusão que se faz no Brasil entre súmula, precedente e ementa judicial.
[137] É a hipótese, por exemplo, do julgamento da ADC nº 16 proferido pelo STF, cujas razões foram lidas e relidas de cima a baixo por quase todos os juízes trabalhistas, o que acabou por ensejar a alteração da redação da Súmula nº 331 do TST, a partir de sua Resolução nº 174/11.

todos os lados, tendo que "adivinhar", para separar, o que é relevante do que é *obiter dictum*, e depois, ainda, ter que associá-los, distingui-los (limitando-os ou ampliando-os) e/ou sinalizar para sua revogação no meio de um mar revolto de processos infindáveis e nebulosos.[138] É como se a cada passageiro daquela nau abarrotada fosse permitido trazer um ou mais agregados, convidando-os a compartilhar do já diminuto espaço de convivência.

Este ambiente hostil tornar-se-á ainda mais agressivo, na medida em que o receio de errar gerar hesitação e uma maior demora na tomada de decisão pelo juiz, cuja cautela será triplicada.[139] Mas, a par (e apesar) deste cuidado, dificilmente a qualidade das decisões judiciais ficará a contento. Como ressaltou Michele Taruffo, o juiz "não aposta, não prevê, não joga e não arrisca: sua tarefa é <produzir certeza>, ou seja, resolver uma dúvida sobre a veracidade ou falsidade das hipóteses sobre os fatos".[140]

Em sendo assim, a maior exigência de qualidade discursiva do magistrado,[141] submetendo-o à mesma estrutura precária de trabalho, associada ao aumento exponencial de demandas e às cobranças administrativas da dupla dinâmica CNJ/CSJT, tudo isso somado está em vias de se tornar um barril de pólvora. Estamos diante de uma combinação explosiva, cujas consequências institucionais, sociais e sistêmicas são imprevisíveis.

5 Conclusão

Em recente artigo publicado no Jornal *O Globo* (21.02.15), o senador Cristovam Buarque escreveu sobre a "Pedagogia da catástrofe". E assim a definiu: "Chama-se 'pedagogia da catástrofe' o conjunto de lições tiradas de tragédias geralmente anunciadas e desprezadas".

Posso estar redondamente enganado, mas acredito que no direito processual brasileiro – e no direito processual do trabalho não será diferente, em virtude da Lei nº 13.015/14 e, daqui a instantes, do art. 15 do novo CPC[142] – estão a anunciar uma verdadeira catástrofe em nossa

---

[138] REDONDO, Bruno Garcia. *Op. cit.*, p. 174-175.
[139] *Ibidem*, p. 175.
[140] *Uma simples verdade*: o juiz e a construção dos fatos. Tradução de Vitor de Paula Ramos. São Paulo: Marcial Pons, 2012. p. 225.
[141] CUNHA, Leonardo Carneiro da. *Op. cit.*, p. 252.
[142] "Na ausência de normas que regulem processos eleitorais, trabalhistas ou administrativos, as disposições deste Código lhes serão aplicadas supletiva e subsidiariamente."

prática forense. E por mera questão de sobrevivência profissional os institutos do *distinguishing*, do *overruling* e do *overriding* acabarão por sofrer uma brutal metamorfose nas mãos dos advogados: de exceções argumentativas pontuais, tornar-se-ão uma regra nas suas manifestações. E os casos-piloto? Terão desaparecido nas profundezas infinitas das miudezas processuais.

Pobres dos juízes, desembargadores e mais ainda das partes. Neste contexto em que uns estão atolados até o pescoço de problemas e cobranças, enquanto os outros estão cada vez mais ansiosos por uma solução rápida e efetiva, todos ver-se-ão ainda mais atarantados com um sem número de minúcias discursivas, capazes de transformar o processo num emaranhado kafkiano de perguntas sem respostas e de respostas desencontradas de perguntas. Isso sem falar da obrigatoriedade prevista no art. 521, §10 do novo CPC, no sentido de estarem obrigados os tribunais a dar "publicidade a seus precedentes, organizando-os por questão jurídica decidida e divulgando-os, preferencialmente, na rede mundial de computadores".

Códigos, Constituição, CLT, Resoluções, Portarias e agora mais essa: *law reports*. Repositórios oficiais das decisões judiciais mais relevantes,[143] estas compilações passarão a ser o livro de cabeceira dos juristas brasileiros, cujos sonhos (ou pesadelos) serão ilustrados pelas centenas de precedentes nele reportados.

Um labirinto cuja saída está cada vez mais difusa e escondida. Esta é a imagem que me vem à mente, quando reflito sobre a absorção um tanto quanto ingênua e açodada do modelo anglo-americano do precedente pelo direito processual do trabalho brasileiro.

E você, prezado leitor, concorda?

---

[143] SOUZA, Marcelo Alves Dias de. Os *law reports* ingleses: história e panorama atual, p. 910.

PROVAS, VERDADE E JUSTIÇA: PREMISSAS PARA O NOVO CPC, PARA O PROCESSO DO TRABALHO E ALÉM

1 Introdução

Antes de iniciar a discussão sobre quais as novidades trazidas pelo CPC/15 e de confrontá-las com o rito previsto na CLT, penso ser indispensável estabelecer uma premissa fundamental: para que serve o processo?

Trata-se de uma questão central não apenas para o direito processual como um todo, mas também para o direito probatório em particular, pois, a depender do posicionamento ideológico de quem o manuseia, os rumos da prosa seguirão caminhos completamente diferentes.[1] Por exemplo: se o processo servir, acima de tudo, para a busca da verdade, haverá escassa tolerância com ficções (revelia, por exemplo), pois elas restringirão fortemente a capacidade cognitiva do julgador. Sua aptidão para conhecer a verdade estará perigosamente comprometida. Outra resposta possível à pergunta-chave é a de o processo servir à busca da justiça. Com um traçado semelhante e paralelo ao anterior, o foco estará na qualidade da decisão e, por consequência, na qualidade dos elementos de prova que a alimentarão a ponto de torná-la justa. Daí que, além de insatisfação com atalhos processuais fictícios, restrições ao tempo ou aos recursos não serão bem-vindas, porquanto – como já diz o adágio popular – o apressado come cru.

---

[1] TARUFFO, Michele. *La prueba de los hechos*. 4. ed. Tradução de Jordi Ferrer Beltrán. Madrid: Editorial Trotta, 2011. p. 37-45 e 62-71 e TARUFFO, Michele. *Uma simples verdade*: o juiz e a construção dos fatos. Tradução de Vitor de Paula Ramos. São Paulo: Marcial Pons, 2012. p. 131-138.

Defenderei uma premissa básica neste ensaio que, se tudo der certo, será bem útil aos que se aventurarem pelos novos institutos trazidos pelo CPC/15 e também aos que optarem pela reciclagem da antiga CLT. Antecipo, porém, que ela não se encaixará em nenhuma das opções anteriores. Partirei aqui do pressuposto de que o processo tem o objetivo primordial de resolver problemas.[2] A solução dos conflitos individuais ou de massa (repetitivos ou coletivos) é a finalidade primária desta moderna tecnologia. Por certo que o seu aprimoramento ao longo dos séculos levou a adaptações segundo o ambiente cultural em que foi praticada.[3] Não obstante isso, no moderno DNA do processo enquanto direito fundamental está a interdição das arbitrariedades. Inicialmente, foram atacadas as verticais, praticadas pelo Estado; posteriormente as horizontais, aquelas que deságuam em um vale-tudo social onde cada um age por si e Deus por todos.[4] Prevenir, pois, os conflitos gerados pelo totalitarismo estatal e pela convulsão social típica do estado da natureza hobbesiano.

Alto lá, dirão os mais garantistas. Quer dizer então que a verdade e a justiça não são os vetores número um de todo e qualquer processo? Ora, verdade e justiça são noções intuitivas ao direito processual e, certamente, você conseguirá entrevê-las facilmente nas mais variadas prescrições, seja as do novo CPC ou mesmo as da CLT.[5] Contudo – e, neste instante, ponho novamente os pés no chão – a intricada definição e a elevada abstração metafísica associadas a estas duas palavras me fazem crer que elas devem, sim, permear o processo e o direito probatório, mas de maneira complementar, como boas e importantes coadjuvantes.[6]

---

[2] Sigo a concepção de processo prevalente no direito norte-americano, muito bem ilustrado pela Professora da Universidade de Miami, Susan Haack em HAACK, Susan. *Justice, truth and proof*: not so simple, after all (in press), 2014. p. 14. Em: <http://www.academia.edu/18877239/Justice_Truth_Not_So_Simple_After_All_in_press>. Acesso em: 17 jun, 2018.

[3] Sobre o *adversarial system* e o *inquisitorial system* como os dois modelos dominantes nos sistemas processuais do mundo ocidental, cf., por todos, DAMASKA, Mirjan R. *The faces of justice and state authority*: a comparative approach to the legal process. New Haven: Yale University Press, 1986.

[4] Cf. SARLET, Ingo Wolfgang, MARINONI, Luiz Guilherme e MITIDIERO, Daniel. *Curso de direito constitucional*. São Paulo: Editora Revista dos Tribunais, 2012. p. 615 e ss. Cf., também, GILISSEN, John. *Introdução histórica ao direito*. 4. ed. Tradução de António Manuel Hespanha e Manuel Macaísta Malheiros. Lisboa: Fundação Calouste Gulbenkian, 2003. p. 131-132, 318-323 e 413 e ss.

[5] Cf., por exemplo, arts. 5º, 8º e 77, I do NCPC e arts. 843, §1º e 852-I, §1º CLT.

[6] Em sentido semelhante, cf. SILVA, Beclaute Oliveira. Verdade como objeto do negócio jurídico processual. In: MACÊDO, Lucas Buril de; PEIXOTO, Ravi e FREIRE, Alexandre (Org.). *Novo CPC doutrina selecionada*. v. 3. *Processo de conhecimento*: Provas. Salvador: Juspodivm, 2015. p. 220, 224 e 228.

Mais uma vez: verdade e justiça são finalidades subjacentes ao direito processual? Sim, com certeza. Mas em patamar – repito – complementar à busca da resolução dos conflitos. Veja bem, isso não significa que eu esteja a defender a destruição dos problemas de qualquer maneira, ainda que com inverdades ou injustiças.[7] Relembro aqui a famosa metáfora de Jeremy Bentham, ao entrelaçar a "Injustice, and her handmaid, Falsehood".[8] O que proponho é um gesto de humildade intelectual para que façamos, todos, uma leitura realista do processo.

E para aproximar o processo da realidade, torna-se imprescindível esclarecer o que se entende por verdade e por justiça, de modo que eu possa convencê-lo do porquê de ambas deverem figurar como coadjuvantes no contexto processual contemporâneo. Um contexto cuja descrição abreviada sugere: (1) que estamos afogados em milhões de processos,[9] (2) que o descumprimento das decisões judiciais é a regra e o cumprimento espontâneo é a exceção[10] e (3) que muitos tribunais brasileiros, já com enormes dificuldades de dar conta do recado, sofreram um esvaziamento orçamentário sem precedentes, a ponto de correrem o risco de fechar as portas.[11]

Neste cenário, volto ao ponto de partida: para que serve o processo?

Respondo: para resolver problemas da melhor maneira possível, dentro das realidades fática e jurídica existentes.[12] Ou seja, solucionar em primeiro lugar. E se a esta solução for possível chamá-la de *justa*

---

[7] Cf., na mesma linha, HAACK, Susan. *Justice, truth and proof*: not so simple, after all (in press), 2014. p. 1.
[8] Cf. TARUFFO, Michele. *Uma simples verdade*, p. 121, acrescentando, ainda, outra opinião de Bentham, no sentido de que "factual truth is an essential element of substantive justice". Cf. Também HAACK, Susan. *Perspectivas pragmatistas da filosofia do direito*. Org. Adriano N. de Brito e Vicente Barreto. Tradução de André de Godoy Vieira e Nélio Schneider. São Paulo: Ed. Unisinos, 2015. p. 151.
[9] Segundo o relatório "Justiça em Números" de 2014 produzido pelo CNJ, estamos na casa da centena de milhões de processos. Disponível em: <www.cnj.jus.br>. Acesso em: 25 jun. 2018.
[10] De acordo com este mesmo relatório "Justiça em Números" de 2014 do CNJ, a "taxa de congestionamento" na fase de execução trabalhista é da ordem de 69,36%, sem embargo de ser quase toda ela de natureza forçada.
[11] Sobre o drástico corte orçamentário sofrido pelos órgãos do Poder Judiciário, com requintes de maldade para a Justiça do Trabalho, cf. <http://g1.globo.com/politica/noticia/2016/02/lewandowski-chama-de-inusitado-corte-no-orcamento-do-judiciario.html>. Acesso em: 26 jun. 2018.
[12] Quanto à "elasticidade" inerente ao conceito de princípio como mandados de otimização, realizáveis dentro das possibilidades fáticas e jurídicas existentes, cf. ALEXY, Robert. *Teoria dos direitos fundamentais*. Tradução de Virgílio Afonso da Silva. São Paulo: Malheiros, 2008. p. 85-91.

e nela forem identificadas *verdades*, porque extraídas do cenário probatório movido pela transparência, ampla defesa e pelo contraditório efetivo, tanto melhor. Não preciso de muito esforço para convencê-lo de que uma solução justa, lastreada na verdade e divulgada publicamente, possui maior credibilidade e legitimidade do que uma solução qualquer.

Nos dias de hoje, prova, verdade, decisão e justiça formam o tempero estrutural, normativo e axiológico de qualquer procedimento que se intitule processo, tornando-o mais do que um mero "teatro judicial".[13] O importante, porém, é não nos esquecermos de que, na vida real, há muito mais coisas entre a sala de audiência e os novos códigos do que supõe a nossa vã (e, por vezes, excessivamente idealista) filosofia. Se entre choros e ranger de dentes o *bom termo* chegar como fruto de uma decisão autônoma (*v.g.*, mediação ou conciliação) ou como imposição, a partir de uma decisão heterônoma (*e.g.*, sentença arbitral ou judicial), isso caberá aos formuladores do desenho institucional optar. A rigor, no próprio novo CPC encontra-se esta opção, bastando sublinhar a importância conferida aos meios alternativos de solução de conflitos.[14] E para chancelar esta linha de raciocínio e relembrar do vanguardismo que nos acompanha, não custa frisar que o processo do trabalho brasileiro possui na conciliação, desde sempre, o seu momento culminante.[15]

Isto posto, mapearei a minha trajetória expositiva para calibrar as suas expectativas. Desde já, aviso aos navegantes que, por tratar-se de um ensaio, algumas das premissas utilizadas serão simplesmente pressupostas. Não há tempo e espaço para me aprofundar sobre todas. Por exemplo: afastarei, de pronto, concepções cínicas e subjetivistas a respeito da verdade, como as de Richard Rorty.[16]

Evidentemente, estou ciente de que eventuais "saltos teóricos" poderão dificultar a minha vida. Entretanto, como acredito que ainda assim este arrazoado lhe será útil, vale a pena arriscar. Importante

---

[13] HAACK, Susan. *Justice, truth and proof*, p. 2.
[14] Por todos, cf. PINHO, Humberto Dalla Bernardina de; HALE, Durval; CABRAL, Tricia Navarro Xavier (Org.). *O marco legal da mediação no Brasil*. São Paulo: Atlas, 2015.
[15] Sobre a essência conciliatória da Justiça do Trabalho brasileira, desde o seu alvorecer, ainda como órgão administrativo, Cf. FERRARI, Irany; NASCIMENTO, Amauri Mascaro; MARTINS FILHO, Ivens Gandra da Silva. *História do trabalho, do direito do trabalho e da justiça do trabalho*. 3. ed. São Paulo: LTr, 2011, Ebook, posição 3503 e ss.
[16] Para uma visão crítica da perspectiva rortyana da verdade, HAACK, Susan. *Perspectivas pragmatistas da filosofia do direito*, p. 151 e ss. Uma interessante leitura sobre a obra de Richard Rorty é encontrada em GHIRALDELLI JÚNIOR, Paulo. *Richard Rorty*: a filosofia do novo mundo em busca de mundos novos. Petrópolis: Vozes, 1999.

mesmo é que, ao final da leitura, eu consiga fazê-lo concordar com as minhas ideias e, com isso, afastá-lo da dúvida razoável para aproximá-lo da "certeza razoável" a respeito da inexorabilidade do binômio processo-realidade, tantas vezes esquecido.[17] Acaso seja bem-sucedido na construção destes fundamentos, o meu, o seu, o nosso passo seguinte ficará bem mais fácil daqui para diante: interpretar as inovações trazidas pelo CPC/15, cotejando-as com a realidade da dinâmica processual trabalhista.

Repito o que mencionei no início: sem uma contextualização prévia e abrangente a respeito da concepção de processo que se adote, a análise das minúcias regulatórias do novo CPC não será suficiente para compreendê-las adequadamente *de per si* ou em cotejo com aquelas outras previstas na CLT.[18]

Sendo assim, explico que o estudo se desenvolverá em duas etapas. Na primeira, discorrerei brevemente sobre a verdade e a maneira como ela se insere no processo, para, em seguida, integrá-la àquela noção de justiça que melhor se adapta às circunstâncias modernas do direito, tidas como pós-positivistas. E pretendo fazê-lo sem olvidar do óbvio: os sujeitos do processo, com suas angústias, preconceitos, desejos, medos e emoções. Com isso, espero poder concluir tendo-lhe entregado as ferramentas adequadas à análise dos novos institutos probatórios previstos no CPC/15, tendo sempre em mente a pergunta de fundo: eles se adequam à realidade processual trabalhista?

2 Prova, verdade e realidade: à procura da melhor narrativa

Um truísmo para começar: "a preocupação com a verdade é um componente essencial da democracia: para um Estado democrático é sempre errado mentir aos cidadãos".[19]

Não existe meia-verdade: ou se diz a verdade ou se diz uma inverdade.[20] Às vezes não se diz toda a verdade (por desconhecimento

---

[17] MACHADO SEGUNDO, Hugo de Brito. Os poderes instrutórios do juiz no Novo CPC. In: MACÊDO, Lucas Buril de; PEIXOTO, Ravi e FREIRE, Alexandre (Org.). *Novo CPC doutrina selecionada*. v. 3. *Processo de conhecimento*: Provas. Salvador: Juspodivm, 2015. p. 262.
[18] Em sentido semelhante, cf. TWINING, Willian. *Rethinking evidence. Exploratory essays*. 2. ed. Cambridge: Cambridge University Press, 2006, Ebook, posição 2998: "(...) rules are important – indeed a central feature of law – but for the purposes of understanding, criticizing or even expounding the law, the study of rules alone is not enough".
[19] TARUFFO, Michele. *Uma simples verdade*, p. 118.
[20] HAACK, Susan. Toda la verdad y nada más que la verdad. *Doxa, Cuadernos de Filosofia del Derecho*, n. 35, p. 582, 2012.

de tudo o que é relevante ou por estratégia)²¹ ou não se diz a mesma verdade (a depender do ponto de vista ou da percepção sensorial de cada um, do significado sociocultural que se imprima a uma expressão ambígua ou da memória mais ou menos eficiente),²² mas não há como se dizer uma verdade mentirosa ou uma mentira verdadeira. Em ambos os casos, estaremos diante de um paradoxo. E a administração da justiça deve repudiá-los, pois não há como cumprir com a sua finalidade se aceitar a mentira, se admitir a distorção maquiavélica da verdade como algo normal.

De novo: verdade e justiça são os dois lados da mesma moeda, agregando valor e legitimidade ao objetivo primário do processo judicial desenvolvido em um Estado Democrático de Direito.

Até aí, nada de muito interessante. Afora a premissa adotada sobre a prioridade máxima do processo (em torno da qual muitos, especialmente os mais idealistas, olharão com esgar), temos aparentemente mais do mesmo. Por isso, começarei a embaralhar as suas certezas perguntando-lhe o seguinte: O que é verdade? Como identificá-la? Há uma verdade formal e uma verdade real? A verdade processual é diferente da verdade empírica, daquela encontrada, por exemplo, no âmbito das chamadas ciências duras (física, química, biologia)? E o que é um fato? Um fato pode ser verdadeiro ou falso?

Ainda na sua zona de conforto? Duvido muito. Verdade e fato. Melhor separá-los para conquistá-los, através da prova.

a) Era uma vez um processo...

De início, deve ser dito que a verdade é objetiva, isto é, que ela existe independentemente da minha ou da sua opinião a seu respeito. Como já foi dito no passado por Charles Sanders Pierce: "Every man is fully satisfied that there is such a thing as truth, or he would not ask any question".²³ Mas, se é assim, como não recair na ontologia pura? Seremos todos eternos reféns da metafísica, em busca da Verdade (com V maiúsculo)? Convenhamos que, em pleno século XXI, tendo sido o fato do pluralismo reconhecido como uma realidade palpável

---

[21] A rigor, como ensina Haack, nenhuma afirmação pode representar toda a verdade acerca de absolutamente tudo. Mas, em contrapartida, não deve ser reputada verdadeira uma afirmação na qual, de propósito, mesclam-se partes falsas com outras verdadeiras. *Ibidem*, p. 581.

[22] *Ibidem*, p. 577-580.

[23] *Collected Papers*, 2.135 (1902) apud HAACK, Susan. *Justice truth and proof*, p. 2.

em sociedades complexas,[24] defender a existência de uma Verdade objetiva produz calafrios. Já vimos esse filme inúmeras vezes no curso da história e, invariavelmente, o final foi trágico.

Contudo, esta aflição pode ser minorada. Basta lembrar de um detalhe que faz toda a diferença: os seres humanos não lidam diretamente com a Verdade. Entre ela e eles há uma intrusa persistente: a linguagem.[25] É através de atos linguísticos comunicativos que expressamos nosso estado intencional,[26] isto é, nosso estado mental acerca de crenças, desejos, esperanças, temores, amor, ódio, prazer, desgosto, vergonha, orgulho, irritação, divertimento e tudo o mais que, consciente ou inconscientemente, refira-se a algo diverso da nossa própria mente.[27] Voltarei a este ponto mais tarde, quando for falar um pouco sobre os sujeitos processuais e de como eles, pessoas de carne e osso, lidam realmente com o emaranhado probatório. Por ora, o que gostaria de frisar é a estrutura linguística por meio da qual a verdade é convidada a ingressar no processo. Falo das narrativas processuais.

"O que são os repositórios de jurisprudência, se não uma vasta antologia de pequenas histórias sobre disputas de toda sorte"?[28] A grande questão é saber qual o nível de influência da narrativa na argumentação (supostamente racional) sobre os fatos e o direito em disputa.[29] O que se convencionou chamar de *story-telling* colide com o raciocínio lógico exigido no processo?

Para responder a esta dúvida incômoda, eu poderia muito bem recorrer ao bom e velho Francesco Carnelutti, para quem: "Uma teoria geral do direito deveria ser nada menos que uma representação do mundo; mas para que o seja, falta algo mais que a razão. (...) O descobrimento decisivo foi o da relação circular entre o compreender e o

---

[24] RAWLS, John. *Uma teoria da justiça*. Tradução de Almiro Pisetta e Lenita Maria Rímoli Esteves. São Paulo: Martins Fontes, 2002. p. 5-12.
[25] Cf. GADAMER, Hans-Georg. *Verdade e Método*. 5. ed. Tradução de Flávio Paulo Meurer. Petrópolis: Vozes, 2003. p. 497 e ss. Cf., também, WARAT, Luis Alberto. *O direito e sua linguagem*. 2. ed. Porto Alegre: Sergio Antonio Fabris Editor, 1995; STRUCHINER, Noel. *Direito e linguagem*. Uma análise da textura aberta da linguagem e sua aplicação ao direito. Rio de Janeiro: Renovar, 2002 e HABERMAS, Jürgen. *A ética da discussão e a questão da verdade*. Tradução de Marcelo Brandão Cipolla. São Paulo: Martins Fontes, 2013.
[26] GUERRA, Marcelo Lima. Sobre as noções probatórias básicas. In: MACÊDO, Lucas Buril de; PEIXOTO, Ravi e FREIRE, Alexandre (Org.). *Novo CPC doutrina selecionada*. v. 3. *Processo de conhecimento*: Provas. Salvador: Juspodivm, 2015. p. 100-101.
[27] SEARLE, John. *Mente, cérebro e ciência*. Tradução de Artur Morão. Lisboa: EDIÇÕES 70, 2015. p. 21.
[28] TWINING, Willian. *Rethinking evidence*. Exploratory essays, posição 4865.
[29] *Ibidem*, posição 4961.

fazer compreender: sem compreender, não se faz compreender, porém sem fazer compreender não se compreende".[30] Que clareza e estilo! Contudo, as palavras de Carnelutti fizeram-me relembrar de outro autor, um que enfatizava não ter sido a lógica o fator determinante da vida do direito, mas a experiência.[31] Portanto, nada melhor do que descansar ao lado de Susan Haack, uma das suas maiores estudiosas e admiradoras, para relembrar a advertência de Oliver Wendell Holmes Jr: "a lógica não é capaz de atingir o cerne da questão; conquanto seja alguma coisa (...) ela não é tudo".[32]

Ao explicar porque considera uma "falácia" a noção de que "a única força em ação no desenvolvimento do direito é a lógica",[33] Holmes reconhecia que os advogados "falam e escrevem na linguagem da analogia, da discriminação e da dedução", mas que "[p]or trás da forma lógica reside um juízo quanto ao valor relativo e à importância dos fundamentos legislativos em disputa", sendo neste "juízo, e não na forma lógica, que se encontram 'a raiz e a força de todo o processo judicial'".[34] Para Susan Haack, o grande *insight* de Holmes foi o de ter percebido que racionalidade discursiva, no direito como em qualquer lugar, não requer rigidez, mas flexibilidade, adaptabilidade.[35] Segundo ele: "A exatidão ilusória é uma fonte de falácias em todo o direito". Por este motivo, Holmes defendia que a consistência desejada não era aquela de sentido formal, "senão à consistência no sentido mais sutil, mais amplo, que interessa aos advogados e juristas".[36]

Voltemos, pois, à narrativa. Seja para os que lhe designam uma função central no discurso jurídico, seja para os que lhe reputam um caráter marginal, o modo como os fatos são contados no bojo do processo, a maneira como a sua versão é introduzida praticamente em juízo possui um papel para lá de relevante.[37] Não é à toa que já se disse: "The statments of facts is the heart of the argument".[38] Ou, ainda, que estudiosos do movimento "Direito e Literatura" se debrucem sobre as inúmeras possibilidades abertas ao discurso jurídico, quando, por

---

[30] *A prova civil*. Tradução de Lisa Pary Scarpa. 4. ed. Campinas: Bookseller Editora, 2005. p. 15.
[31] HOLMES JR., Oliver Wendell. *The path of l the law and the common law*. New York: Kaplan Publishing, 2006. p. 11-15.
[32] HAACK, Susan. *Perspectivas pragmatistas da filosofia do direito*, p. 96.
[33] HOLMES JR., Oliver Wendell. *The path of the law*, p. 11.
[34] HAACK, Susan. *Perspectivas pragmatistas da filosofia do direito*, p. 68-69.
[35] *Ibidem*, p. 73.
[36] *Ibidem*.
[37] TWINING, Willian. *Rethinking evidence. Exploratory essays*, posição 3012.
[38] *Ibidem*, posição 4873.

exemplo, ele é observado pela perspectiva do direito na literatura (objeto de ficção) ou da interpretação do direito enquanto fenômeno literário.[39]

Um dos maiores problemas, senão o maior, desta abordagem literário-processual do direito – visto como uma história a ser contada – encontra-se no fato de que se trata de um artifício necessário, mas perigoso.[40] Ele humaniza a aplicação das leis? Certamente, pois personaliza a controvérsia e põe no papel a face do "litigante", expondo-o nas suas dimensões moral, sentimental ou mesmo visceral. Entretanto, justamente por este motivo, ele pode toldar a visão do juiz para o que realmente importa na solução do caso.

Uma boa narrativa, por mais comovente que seja ou por mais que sensibilize o leitor, não é necessariamente verdadeira.[41] Sob uma perspectiva realista do processo, não devemos esquecer que os advogados querem vencer e que, por vezes, omitem fatos ou "ajeitam" a história da forma que melhor favoreça ao seu cliente.[42] Não se cuida de uma afirmação desabonadora. Longe disso. Trata-se simplesmente de compreender qual o papel do advogado no contexto da narrativa processual.[43] Passo a palavra para Susan Haack: "O trabalho do advogado é argumentar, da forma mais consistente possível, que tal resposta – a do nosso lado – é a verdadeira; logo, ele será mais eficiente se selecionar e enfatizar quaisquer provas favoráveis à proposição em apreço e ignorar ou subestimar o resto".[44] Portanto, neste sentido realista de ver as coisas como elas são, o manuseio da narrativa processual possui um "splendid potential for 'cheating', especially in relation to fact-finding".[45]

---

[39] Para uma aproximação desta escola no cenário jurídico brasileiro, cf. FRANCO, Ângela Barbosa e GURGEL, Maria Antonieta Rigueira Leal (Org.). *Direito e literatura*: interseções discursivas nas veredas da linguagem. Belo Horizonte: Arraes, 2014 e TRINDADE, André Karam, GUBERT, Roberta Magalhães; COPETTI NETO, Alfredo (Org.). *Direito e literatura*: discurso, imaginário e normatividade. Porto Alegre: Nuria Fabris, 2010. Sobre a importância da literatura na formação do juiz, cf. BOTERO-BERNAL, Andrés. A leitura literária forma bons juízes? Análise crítica da obra "Justiça Poética". Tradução de Bruna Mariz Bataglia Ferreira, Renata Sabbatino Fernandes Santos e Taísa Regina Rodrigues. *Revista Direito e Práxis*, v. 7, n. 13, 2016. Disponível em: <http://www.e-publicacoes.uerj.br/index.php/revistaceaju/issue/archive>. Acesso em: 24 jun. 2018.
[40] TARUFFO, Michele. *Uma simples verdade*, p. 54 e TWINING, Willian. *Rethinking evidence*. Exploratory essays, posições 4901 e 4915.
[41] TARUFFO, Michele. *Uma simples verdade*, p. 88-90.
[42] De acordo com Taruffo: "a *story* construída pelo advogado é confeccionada com o intuito de ter o máximo efeito persuasivo sobre a plateia, jogando com preconceitos dessa; contém uma narrativa que é vantajosa para a posição do cliente, não uma versão verdadeira dos fatos". *Ibidem*, p. 63.
[43] *Ibidem*, p. 63-69. Cf., também, TWINING, Willian. *Rethinking evidence*. Exploratory essays, posições 4975 e 4983.
[44] *Perspectivas pragmatistas da filosofia do direito*, p. 154.
[45] TWINING, Willian. *Rethinking evidence*. Exploratory essays, posição 4908.

O que fazer então? Devemos manter em alerta o nosso "estado de incredulidade".[46] Diferentemente do leitor de um livro de ficção – que deve ligar o seu estado de credulidade para mergulhar de cabeça na história que lhe é contada – os participantes do processo devem desconfiar daquilo que lhe é narrado naquele contexto.[47] Lembrar sempre que se a Verdade (com V maiúsculo) ou, *rectius*, "o" fato é objetivo (*what is out there*), ele não estará necessariamente projetado nas alegações que sobre ele foram feitas durante a narrativa processual.[48] Ou pior ainda. Mesmo que, a partir de uma leitura superficial, a descrição fática proposta seja crível, a nossa capacidade de apreendê-la é irremediavelmente limitada.[49] Uma limitação que se torna um entrave ainda maior na esfera probatória, na medida em que se trata de um campo de estudo eminentemente interdisciplinar. Como já asseverava Carnelutti, "é necessário sair do Direito para compreender essas coisas".[50] Filosofia, antropologia, sociologia, história, psicologia e economia ou, ainda, física, química, medicina, engenharia e tecnologia da informação: são exemplos de áreas do conhecimento que perpassam as audiências de instrução e que tornam a vida de todos, juízes e advogados, muito mais difícil.[51]

O ponto aqui é que, no final das contas, tudo será reconduzido à narrativa, seja nas petições, contestações, réplicas, tréplicas, laudos e depoimentos, seja nas sentenças, recursos e acórdãos.[52] Mais do que isso. Estudos de psicologia jurídica demonstraram que, em condições normais de pressão e temperatura, os julgadores avaliam mais de perto o grau de plausibilidade das histórias contadas do que a análise cuidadosa da provas dos autos.[53] Algo que, curiosamente, está nas entrelinhas do art. 345, IV do novo CPC, quando autoriza o juiz a julgar improcedente

---

[46] TARUFFO, Michele. *Uma simples verdade*, p. 51-52.
[47] *Ibidem*, ibidem.
[48] TWINING, Willian. *Rethinking evidence*. Exploratory essays, posição 4921.
[49] Sobre a dimensão epistêmica do processo e das nossas dificuldades epistemológicas no contexto processual, cf. TARUFFO, Michele. *Uma simples verdade*, p. 159 e ss. e HAACK, Susan. *Perspectivas pragmatistas da filosofia do direito*, p. 151 e ss.
[50] *A prova civil*, p. 19.
[51] Sobre a importância do estudo multidisciplinar para o profissional do direito, com ênfase na história e na economia, cf. HOLMES JR. Oliver Wendell. *The path of the law*, p. 17-18 e 23-26.
[52] TWINING, Willian. *Rethinking evidence*. Exploratory essays, posição 4948, onde o autor ressalta o pensamento de James Boyd White, para quem "the central act of the legal mind, of judge and lawyer alike, is the conversion of the raw material of life ... into a story that will claim to tell the truth in legal terms".
[53] TWINING, Willian. *Rethinking evidence*. Exploratory essays, posição 4873 e TARUFFO, Michele. *Uma simples verdade*, p. 85-86.

o pedido, ainda que no julgamento à revelia, se "as alegações de fato formuladas pelo autor forem inverossímeis ou estiverem em contradição com prova constante dos autos".

Abandonemos de vez a ambição de dizer se as narrativas sobre os fatos são verdadeiras ou falsas e nos contentemos com a mera resolução do problema? Não. Este é um falso dilema.[54]

b) Em uma casa chamada processo, a Experiência bate à porta:
– Toc, toc, toc. Posso entrar? E sua moradora responde:
– Pode sim, disse a Certeza Razoável

Como mencionei logo na introdução deste estudo, a resolução dos problemas não deve ser feita de qualquer maneira. A ideia é a de que seja feita da melhor maneira possível, dentro das realidades fática e jurídica existentes. E, no contexto institucional do Estado Democrático de Direito, a esperança é a de que as soluções se legitimem com base em provas que desvelem a verdade e, por via de consequência, auxiliem na construção da justificativa.[55]

É claro que a busca pela verdade (ou pela certeza) absoluta é uma quimera e que a lógica do tudo ou nada deve ser afastada.[56] Levando em conta a precariedade do nosso acesso à realidade, acabaremos por discutir sobre a verdade das asserções sobre os fatos, e não sobre a verdade dos fatos em si.[57] Até porque fatos não são verdadeiros ou falsos, eles existem ou não existem.[58] Enunciados apofânticos são direcionados às proposições descritivas da realidade. São elas – alegações sobre o que aconteceu – que devem ser qualificadas como verdadeiras ou falsas.[59] Neste sentido, a prova é um "pedaço da narrativa"? Sim, mas não só isso.[60] A recondução do processo à narrativa não deve ser identificada com a sua redução à narrativa.[61]

Veja bem. É no curso da dialética processual, pautada pelas idas e vindas discursivas e pela possibilidade efetiva de requerer, produzir

---

[54] HAACK, Susan. *Justice, truth and proof*, p. 15.
[55] TARUFFO, Michele. *La prueba de los hechos*, p. 84.
[56] MACHADO SEGUNDO, Hugo de Brito. *Os poderes instrutórios do juiz no Novo CPC*, p. 256.
[57] CARNELUTI, Francesco, *A prova civil*, p. 67-68.
[58] MACHADO SEGUNDO, Hugo de Brito. *Os poderes instrutórios do juiz no Novo CPC*, p. 258.
[59] TARUFFO, Michele. *Uma simples verdade*, p. 60 e 75-76 e GUERRA, Marcelo Lima. Sobre as noções probatórias básicas.
[60] *Ibidem*, p. 54.
[61] TARUFFO, Michele. *La prueba de los hechos*, p. 59.

e participar da realização dos meios disponíveis para o conhecimento da realidade, que "emerge" a verdadeira narrativa.[62] Neste enredo, a prova transmuta-se em uma atividade intersubjetivamente formatada para convencer o juiz.[63] O círculo hermenêutico a que é submetido o material probatório se fecha em um argumento capaz de justificar a sua crença sobre a veracidade de um enunciado fático, aquele narrado por um dos personagens processuais ao longo do caminho.[64]

O que se exige do julgador não é que decida se João realizou ou não horas extras para a empresa X, mas, sim, se a proposição (e a crença que lhe subjaz) de que João fez horas extras para a empresa X foi devidamente lastreada (e justificada) nos dados empíricos admitidos no processo e submetidos ao contraditório.[65] A propósito, a professora Susan Haack foi muito feliz em sua analogia entre o embate dialético havido entre as partes e a ideia da "mão invisível do mercado" de Adam Smith, pois "ainda que nenhum dos envolvidos no processo a esteja procurando, a zelosa busca pelos seus próprios interesses acabará por resultar, com frequência suficiente, no aparecimento da verdade".[66] Dito de outro modo, a verdadeira alegação não aparece apenas como consequência da coerência narrativa do litigante A ou B;[67] e ela também não se confunde apenas com o consenso em torno de determinada afirmação.[68] É sempre bom ter em mente que uma narrativa coerente pode ser falsa e que o consenso pode derivar de uma adesão irrefletida.[69]

Sem sombra de dúvida, o marco epistemológico processual deve ser construído com a presença destas características discursivas, porquanto coerência e consenso, certamente, aumentam a qualidade

---

[62] HAACK, Susan. *Justice, truth and proof*, p. 16.
[63] De acordo com Carnelutti, "O compreender acontece, pois, não na solidão e sim na comunhão. A fórmula figurada de dita verdade é que o conceito seja um trâmite entre você e eu. Este tem sido o passo da lógica à metafísica, ou seja, do pensar ao ser". *A prova civil*, p. 15.
[64] TARUFFO, Michele. *La prueba de los hechos*, p. 172-173.
[65] HAACK, Susan. *Justice, truth and proof*, p. 15-16.
[66] *Ibidem*, p. 16.
[67] Para a defesa da coerência narrativa como importante critério de aferição da verdade, cf. MACCORMICK, Neil. *Retórica e estado de direito*. Tradução de Conrado Hübner Mendes e Marcos Paulo Veríssimo. Rio de Janeiro: Elsevier, 2008. p. 247-278.
[68] Para a defesa do consenso construído através de um procedimento deliberativo como critério de aferição da verdade, cf. HABERMAS, Jürgen. *Direito e democracia*: entre faticidade e validade. Tradução de Flávio Beno Siebeneichler. Rio de Janeiro: Tempo Brasileiro, 2003. v. I, p. 276-290. Sobre as principais teorias da verdade (como correspondência, coerência e consenso), cf., por todos, MARCONDES, Danilo. *A verdade*. São Paulo: WMF Martins Fontes, 2014. p. 17-32.
[69] TARUFFO, Michele. *La prueba de los hechos*, p. 174-175.

do argumento. Todavia, estas são condições necessárias, mas não suficientes para se chegar à verdade. Junto a elas, é imprescindível ancorar-se a crença (sobre a verdade da alegação fática) nos dados empíricos, naqueles colhidos ao longo do processo. Em suma: apesar da necessidade de uma narrativa logicamente concatenada, que combine de modo inteligível conexões temporais, espaciais, causais e não-causais e que apresente uma razoável classificação simbólica, institucional e cultural da realidade descrita no processo, os fatos em estado bruto devem ser levados a sério.[70]

A essa conjugação de fundacionalismo (crenças enraizadas na experiência) com coerentismo (crenças que se apoiam mutuamente em um todo que faça sentido), a professora Susan Haack chamou de *funtherentism*.[71] Para facilitar a compreensão da sua ideia, ela nos diz que se trata de algo parecido com o que fazemos quando preenchemos os espaços vazios de um jogo de palavras cruzadas.[72]

Suporte empírico das alegações formuladas (*supportiveness*), segurança sobre os dados obtidos independentemente da alegação feita (*secureness*) e máxima abrangência probatória sobre os fatos relevantes (*comprehensiveness*). São estes os requisitos epistemológicos para avaliarmos se houve uma boa instrução processual.[73] Depois, caberá ao julgador analisar o conjunto da obra e construir a sua narrativa coerentemente, fundamentando a sua crença sobre qual proposição é a verdadeira. Quanto melhor a justificativa, maior a qualidade da decisão e a possibilidade de atingir o consenso racional, no sentido habermasiano do termo.[74] Daí para a resolução virtuosa do problema, chega-se num piscar de olhos.

Repetindo: ainda que a relação de correspondência entre os enunciados fáticos e a realidade empírica seja efetuada de modo precário, por causa de nossas próprias limitações cognitivas, esta é a teoria da verdade mais tradicional. É a que, com os ajustes acima sugeridos, melhor se adapta ao contexto processual.[75] Por óbvio que haverá apenas uma aproximação da realidade, uma probabilidade de verdade.[76] Mas isso

---

[70] TARUFFO, Michele. *Uma simples verdade*, p. 60 e 73-76.
[71] HAACK, Susan. *Evidence and inquiry*: a pragmatist reconstruction of epistemology. 2. ed. New York: Prometheus Books, 2009. Ebook, posição 109.
[72] HAACK, Susan. *Perspectivas pragmatistas da filosofia do direito*, p. 154-158.
[73] HAACK, Susan. *Justice, truth and proof*, p. 10-11.
[74] TARUFFO, Michele. *La prueba de los hechos*, p. 175. Cf., também, em sentido semelhante SILVA, Beclaute Oliveira. Verdade como objeto do negócio jurídico processual, p. 232.
[75] *Ibidem*, p. 84, 170 e 176.
[76] *Ibidem*, p. 183-187.

não é ruim. Ao contrário, esta postura falibilista é um dos propulsores da busca e do aperfeiçoamento do conhecimento humano.[77] Neste sentido, a certeza razoável alcançada no contexto processual é mais do que suficiente para a realização de sua finalidade. Em vista da "inseparabilidade do julgamento e do erro",[78] ela nos permite marchar adiante, uma vez que desata o nó-górdio da eterna insatisfação. A aceitação racional do julgado põe uma pá de cal no problema, quando nesta solução vislumbramos uma crença devidamente justificada sobre a verdade da narrativa, já que (1) coerentemente estruturada e (2) amparada em evidências empíricas, filtradas pelo rigor do contraditório substantivo e das regras do direito probatório.[79] Encurtando a história: o juiz deve destrinchar o emaranhado de provas experienciais (sensórias), a fim de poder apresentar as suas razões de modo coerente (justificar suas crenças de base), identificando sua narrativa com um conjunto bem arrumado de ideias.[80]

Com isso, rompe-se o trilema de Fries, coloca-se um ponto final na discussão e inverte-se o ônus argumentativo.[81] A pergunta agora é: por que não se deve resolver assim?[82] Quem quiser discordar e propor uma alternativa, que vá suar a camisa.

O destaque recai, neste instante, sobre o processo e suas circunstâncias. Limites de tempo e de recursos materiais,[83] ideologias enraizadas nos seus participantes (com realce da figura do juiz),[84] pano de fundo

---

[77] MACHADO SEGUNDO, Hugo de Brito. Os poderes instrutórios do juiz no Novo CPC, p. 259.
[78] CARNELUTTI, Francesco. *A prova civil*, p. 17, afirmando, ainda, que: "O processo talvez não seja mais do que um sistema de precauções contra o erro".
[79] MACHADO SEGUNDO, Hugo de Brito. Os poderes instrutórios do juiz no Novo CPC, p. 268.
[80] HAACK, Susan. *Perspectivas pragmatistas da filosofia do direito*, p. 154.
[81] Sobre o trilema de Fries, explica Hugo de Brito Machado Segundo que: "Se alguém pedir as razões pelas quais se considera que a afirmação A1 é verdadeira, utilizar-se-á outra afirmação A2 como fundamento. Caso se peçam as razões pelas quais A2 é verdadeira, empregar-se-á a afirmação A3 como fundamento, e assim por diante. Diz-se que se trata de um trilema porque a ele se têm dado três soluções alternativas, a saber: i) dogmatismo: interrompendo-se a série de fundamentações de forma arbitrária, com um "porque sim!" e ponto; (ii) recurso ao infinito: segue-se eternamente respondendo ao "por quê?" de uma afirmação, usando-se outra como fundamento; e, finalmente, (iii) circularidade: usam-se afirmações anteriores, já fundamentadas, como fundamento para afirmações posteriores, que as fundamentam". *Ibidem*, p. 260-261.
[82] *Ibidem*, p. 261.
[83] HAACK, Susan. *Perspectivas pragmatistas da filosofia do direito*, p. 161 e HABERMAS, Jürgen. *Direito e democracia*: entre facticidade e validade, v. I, p. 293-295.
[84] Sobre o papel desempenhado pela ideologia (e pelo *background*) do juiz nas suas decisões, cf. EPSTEIN, Lee and KNIGHT, Jack. *The choices justices make*. Washington: CQ Press,

cultural sobre o qual a narrativa é construída, com seus preconceitos, estereótipos e tramas (*stock of knowledge*),[85] influência da opinião pública,[86] enfim, há um contexto no qual paira uma dúvida cruel a respeito da funcionalidade do sistema processual.[87]

Como já mencionei à exaustão, diferentemente das investigações científicas ou filosóficas, o processo não tem por objetivo primevo desvendar a Verdade (com V maiúsculo). Ele contenta-se com a crença de que se esteja dizendo a verdade em face dos elementos dos autos. Até porque existem outros valores a condicionar o desenho institucional do processo – como, por exemplo, o da preocupação com a agilidade e a efetividade das decisões – que concorrem diretamente com ela.[88]

Tendo isso em vista, o problema agora é outro: até onde ir nesta empreitada? Qual o ponto de equilíbrio probatório suficiente para a legitimação da decisão judicial?

3 Prova, processo e justiça: razão, convencimento e emoção

Recomecemos com mais um truísmo: "O sistema processual de que dispomos hoje, com sua divisão do trabalho extremamente específica e formalizada, é sem sombra de dúvida um artefato da história. (...) [ele] oferece uma maneira melhor de chegar a veredictos factualmente corretos do que os julgamentos por juramento ou ordálio (...) Mas certamente não é perfeito".[89]

Imperfeição. Não é de hoje que ela permeia as relações processuais. Carnelutti há quase um século compartilhava essa mesma impressão, seja classificando o julgamento como um "salto nas trevas", seja afirmando que, no desengano do direito, as provas "que a princípio me pareceram um instrumento de justiça, acabaram por converter-se num instrumento de injustiça".[90] Eis aí uma visão realista do processo.

Para aumentar mais um pouco o seu desassossego, prezado leitor, acrescento novamente outra realidade incontornável no mundo

---

1998 e WRIGHTSMAN, Lawrence. *The psychology of the supreme court*. New York: Oxford University Press, 2006. Para uma análise dos juízes brasileiros, com enfoque nos Ministros do STF, cf. MELLO, Patrícia Perrone Campos. *Nos bastidores do STF*. Rio de Janeiro: Forense, 2015. p. 57 e ss.

[85] TARUFFO, Michele. *Uma simples verdade*, p. 78-84.
[86] MELLO, Patrícia Perrone Campos. *Nos bastidores do STF*, p. 293 e ss. e TARUFFO, Michele. *Uma simples verdade*, p. 119-120.
[87] TARUFFO, Michele. *La prueba de los hechos*, p. 182.
[88] HAACK, Susan. *Perspectivas pragmatistas da filosofia do direito*, p. 160.
[89] *Ibidem*, p. 161-162.
[90] *A prova civil*, p. 16-17.

contemporâneo: o fato do pluralismo.[91] Como bem ressaltou John Rawls, sociedades complexas possuem diversas doutrinas morais abrangentes, cada qual com o seu dogma sobre o que é certo ou errado.[92] Neste ambiente, torna-se complicado, para não dizer impraticável, impor uma determinada visão de mundo aos que não comungam da mesma fé, sob pena de deflagar-se a guerra de todos contra todos. Foi por essas e outras que Thomas Hobbes propôs o monopólio da valoração nas mãos do Estado-Leviatã e que, ainda nos dias de hoje, nos deparemos com "guerras santas".

Diante disso, concordo com os que defendem um modelo de justiça procedimental.[93] Ou seja, desloca-se a pretensão de correção da justiça substantiva para o âmbito da deliberação. Justas devem ser as condições de possibilidade do debate em torno do que é certo ou errado. E quanto mais justas as regras do jogo discursivo, maior a chance de o resultado (material) do debate angariar um bocadinho de justiça para si. Neste sentido, Robert Alexy ofereceu 28 regras para formatar o melhor ambiente jurídico-argumentativo.[94] Habermas fala em direitos fundamentais cooriginários à deliberação democrática, a fim de que a decisão da maioria se legitime.[95] Mas não esqueçamos de puxar a teoria para o rés do chão. Esta justiça procedimental, especialmente se associada ao processo, deve ser realista e, como tal, imperfeita. O que isso significa?

Mais uma vez, recorro às ideias rawlsianas. De acordo com o emérito professor de Harvard, as justiças procedimentais podem ser puras, perfeitas e imperfeitas.[96] A primeira, é a que não se importa com o resultado, pois qualquer que seja ele, sua legitimação estará automaticamente garantida pela observância do *iter* previamente definido (exemplos clássicos são os do jogo de xadrez ou o da loteria). A segunda hipótese é a de que possuímos um critério material e antecedente para avaliarmos a justiça do resultado alcançado ao final do procedimento deliberativo, sendo este procedimento desenhado para atingir o resultado pretendido (o exemplo é o da divisão da torta,

---

[91] RAWLS, John. *Uma teoria de justiça*, p. 5-12.
[92] *Ibidem*, p. 503 e ss.
[93] Para uma visão crítica da justiça procedimental no contexto do processo civil, cf. TARUFFO, Michele. *Uma simples verdade*, p. 120-131.
[94] *Teoria da argumentação jurídica*. Tradução de Zilda Hutchinson Schild Silva. 2. ed. São Paulo: Landy, 2001.
[95] HABERMAS, Jürgen. *Direito e democracia*: entre facticidade e validade. Tradução de Flávio Beno Siebeneichler. Rio de Janeiro: Tempo Brasileiro, 2003, v. II, p.307-325.
[96] RAWLS, John. *Uma teoria de justiça*, p. 89 e ss.

cujo critério prévio é o de que todos devem receber pedaços iguais e o procedimento subsequente o de que a pessoa que corta a torta deve receber a última fatia). A terceira opção é a nossa. Nela, também dispomos de um critério anterior e independente para avaliarmos a justiça do resultado, mas não nos é possível montar um procedimento capaz de nos entregar resultados justos em todas as ocasiões. O exemplo que se encaixa como uma luva é o processo judicial.[97]

O sistema jurídico brasileiro – com destaque para o trabalhista – é recheado de critérios substantivos previamente positivados (e até não positivados)[98] sobre o que devemos ou não fazer. Logo, há meios de avaliarmos a correção da decisão judicial (se foi materialmente justa ou injusta). No entanto, por melhor que seja o caminho delineado pelos codificadores de escol, não será humanamente possível construir um procedimento imune ao erro. E isso pela óbvia razão de que o julgamento pressupõe interpretação de fatos e de textos, uma interpretação que, por sua vez, pressupõe escolhas. A rigor, vou mais além e defendo que o processo não é um mero instrumento, como se costuma dizer.

a) O processo não é um apêndice supurado do direito material

Segundo Carnelutti, "o direito não se apresenta aos nossos olhos senão quando o vemos atuar no processo".[99] Isso não no sentido de um vácuo normativo pré-processual, mas no sentido de que, fora do processo, o Direito desenvolve-se em silêncio: ninguém se lembra que existe, assim como não nos lembramos de "viver no ar, até que este não se move no vento".[100] Quando surge o problema e a dúvida é levada a juízo, o Direito surge no processo, "vestido de prova, e assim, a forma do seu valer acaba parecendo a substância do seu ser. Isto é inevitável, porque as condições de atividade processual do Direito tendem a confundir-se com as condições da sua existência material".[101]

Falando praticamente a mesma coisa, Ovídio Baptista relembra que o administrador público e os legisladores praticam os atos que lhes são peculiares sem "processualizar" suas atividades, sem convocar os destinatários do ato administrativo e da própria lei para opinar no

---

[97] *Ibidem*, p. 91-92.
[98] A Súmula nº 372 do TST, consolidada à base de um princípio implícito (estabilização financeira) não me deixa mentir.
[99] *A prova civil*, p. 23.
[100] *Ibidem*.
[101] *Ibidem*, p. 23-24.

momento de sua formação.[102] Ao passo que, no processo judicial, os destinatários da atividade jurisdicional contribuem diretamente para a construção da decisão final.[103] E seguindo esta maneira de pensar, a relação processual transforma todo e qualquer direito subjetivo trazido pelo seu titular a juízo em "simples expectativa de direito".[104] Exatamente isso. Acompanhado dos ensinamentos de James Goldschmidt, o professor Ovídio Baptista enfatiza o "estado generalizado de incertezas" intrínseco ao direito processual, onde "nenhuma das partes poderia saber os verdadeiros limites de seus direitos e obrigações".[105] A incerteza seria a marca essencial da relação processual, na medida em que a sentença judicial nunca poderá ser prevista com segurança. Essa ideia é tão genial, que peço licença para transcrever um trecho mais longo:[106]

> Toda sentença implica juízo e decisão, o que significa a possibilidade de o julgador decidir-se por desconhecer e negar a uma das partes o direito que a esta lhe parecia evidente e indiscutível. Perante o processo, não pode haver nada evidente e indiscutível, uma vez que a previsibilidade absoluta e matemática do futuro resultado contida na sentença eliminaria, por si só, o próprio julgamento, que implica, quanto à pessoa do julgador, num *decidir-se* entre duas alternativas possíveis. Se a possibilidade de decisões antagônicas desaparecesse, o próprio fenômeno jurisdicional estaria eliminado.

Neste contexto institucional, em que o processo deve ser lido como uma "situação jurídica enquanto expectativa a respeito da futura sentença",[107] acredito que a sua melhor caracterização é a de ser uma instituição *complementar* ao direito material, e não instrumental.[108]

---

[102] SILVA, Ovídio A. Baptista da. *Curso de direito civil*. v. 1. *Processo de conhecimento*. 5. ed. São Paulo: Revista dos Tribunais, 2000. p. 15.
[103] *Ibidem*.
[104] *Ibidem*, p. 18-19.
[105] *Ibidem*, p. 19.
[106] *Ibidem*.
[107] *Ibidem*, p. 21.
[108] No mesmo sentido, seguindo a lição de Calmon de Passos ("separar o direito, enquanto pensado, do processo comunicativo que o estrutura como linguagem, possibilitando sua concreção como ato decisório, será dissociar o indissociável (...) não há um direito independente do processo de sua enunciação, o que equivale a dizer-se que o direito pensado e o processo do seu enunciar fazem um") e de Hermes Zaneti Jr. ("Da mesma maneira que a música produzida pelo instrumento de quem lê a partitura se torna viva, o direito objetivo, interpretado no processo, reproduz no ordenamento jurídico um novo direito"), afirma Fredie Didier Jr. que se estabelece uma relação circular entre o processo e o direito material, acarretando uma "relação de complementaridade". *Curso de direito processual*

Não almejo, com isso, dar um salto triplo carpado de volta para o passado. Longe de mim defender a teoria imanentista nessa altura do campeonato.[109] Para que não reste uma nesga de dúvida a esse respeito, afirmo em alto e bom som: o processo é autônomo. Ele pode e deve existir, sim, com independência. O exemplo da extinção processual sem apreciação do mérito por inépcia da petição inicial, além de bastante didático, demonstra como é importante esta concepção autônoma para nos poupar de atecnias descuidadas ou mesmo de "desabridos charlatanismos".[110] O que deve ser enfatizado é exatamente o raciocínio oposto: quem está com sua autonomia no fio da navalha é o direito material, não o processual. Sempre que há litígio, o seu suposto titular permanece com uma espada de Dâmocles sobre sua cabeça. O imponderável estará presente tanto no conflito pré-processual (porque o embate pode gerar o descumprimento do dever jurídico por um dos interessados e o consequente nascimento da pretensão do outro), como na hipótese de ele ser "processualizado" (porque dificilmente conseguiremos mais do que uma esperança razoável a respeito do porvir judicial).

Portanto, o processo é um caminho rumo ao desconhecido, e não um meio para um conteúdo previamente estabelecido. Quando muito, pode-se falar de um instrumento para a solução do problema, quiçá uma solução rápida, justa, transparente e efetiva. Mas daí não se infere, de jeito algum, haver absoluta autonomia entre forma e substância. Ou o direito material supostamente existente (derivado da suposta violação do dever correlato) é confirmado a partir da sua (re)construção dialógica, ou não passou de fumaça, um *fumus* sem o *boni iuris*.

Esta dúvida latente é dissolvida a várias mãos (intersubjetivamente). Faz-se um trabalho de equipe, iniciado lá no Parlamento, com seus enunciados normativos codificados, até chegar ao advogado do autor (suposto titular do direito subjetivo), passando pelo do réu (suposto descumpridor de algum dever jurídico), numa modelagem conjunta, cujo retoque final fica a cargo do juiz. Se será considerado um Rembrandt ou um pintor de parede, a avaliação da qualidade do

---

civil: introdução ao direito processual civil, parte geral e processo de conhecimento. 17. ed. Salvador: Juspodivm, 2015. p. 38-39.

[109] Sobre as três fases da evolução histórica do direito processual civil (sincretismo/imanentista, autonomista/conceitualista e instrumentalista), cf., *ibidem*, p. 44-45, onde faz menção, ainda, à quarta fase do neoprocessualismo.

[110] MOREIRA, José Carlos Barbosa. *Temas de direito processual*. 5ª série. São Paulo: Saraiva, 1994. p. 227.

seu trabalho ocorrerá *a posteriori*, segundo os padrões estéticos de cada interessado. Porque a realidade crua e nua é esta: cada parte interpreta/ constrói a norma jurídica que lhe convém.

Em razão disso, evidencia-se, desde já, que tentar suprimir a liberdade de escolha do juiz e, consequentemente, a possibilidade de erro judicial é um rematado absurdo. Até porque erro sempre haverá, não só pela inexorável falibilidade humana, e sim porque o erro e o acerto jurídico estarão nos olhos de quem vê, em face da enorme plasticidade das matérias-primas trabalhadas: linguagem e crenças.

b) Crer ou não crer, eis a questão

O uso do ato linguístico comunicativo é um consenso. Contudo, falar em crença do juiz, como elemento central à sua decisão de valoração das provas, tem gerado um mal-estar tipicamente freudiano, não somente na sociedade,[111] mas também entre os seus pares.[112]

Com efeito, Freud identificou três fontes do sofrimento humano: a prepotência da natureza, a fragilidade de nosso corpo e a insuficiência das normas que regulam os vínculos humanos na família, no Estado e na sociedade.[113] Ao tratar deste último aspecto, ele constatou a nossa dificuldade de reconhecê-lo, pois não conseguimos compreender "por que as instituições por nós mesmos criadas não trariam bem-estar e proteção para todos nós".[114]

---

[111] Para confirmar esta impressão, vale a leitura do excelente relatório produzido pela Fundação Getúlio Vargas – SP, sobre o Índice de Confiança na Justiça Brasileira – ICJBrasil. No último documento produzido (1º trimestre/2014 ao 4º trimestre/2014), constatou-se uma piora da avaliação geral do Judiciário (o ICJBrasil do ano anterior ficou em 5,2 ao passo que o de 2014 ficou em 4,6). E esta piora se refletiu nos dois subíndices que compõem a estatística: (1) o da percepção (que avalia a confiança, rapidez, custo, facilidade de acesso, independência política e honestidade), que ficou em 3,1; e (2) o do comportamento (que mede a intenção de recorrer ao Judiciário em caso de problemas envolvendo a competência da Justiça Comum ou da Justiça do Trabalho – as esferas penal, militar e eleitoral foram excluídas), que ficou em 8,2. Em suma: apenas 31% dos entrevistados disseram confiar no Poder Judiciário, tendo ele atingido o 8º lugar dentre 11 instituições aferidas (ficou atrás das forças armadas, igreja católica, ministério público, imprensa escrita, grandes empresas, polícia e emissoras de TV e ficou à frente do governo federal, do congresso nacional e dos partidos políticos). Disponível em: <http://direitosp.fgv.br/en/publicacoes/icj-brasil>. Acesso em 28 jun. 2018.

[112] Exemplo paradigmático deste desconforto está no refazimento do título de conhecido livro escrito pelo professor e ex-Ministro do STF, Eros Roberto Grau, agora denominado: *Por que tenho medo dos juízes (a interpretação/aplicação do direito e os princípios)*. 6. ed. refundida do *Ensaio e discurso sobre a interpretação/aplicação do direito*. São Paulo: Malheiros, 2013.

[113] FREUD, Sigmund. *O mal-estar na civilização*. Tradução de Paulo César de Souza. São Paulo: Penguin Classics Companhia das Letras, 2011. p. 30.

[114] *Ibidem*.

Depois de divagar sobre nossa evolução histórica, Freud observou que o crescimento civilizatório se notabiliza pelo aperfeiçoamento institucional. A ideia é aprimorarmos nossa capacidade de abrandar a vida dura dos nossos antepassados animais, seja nos protegendo da natureza, seja regulamentando o vínculo dos homens entre si. Para galgarmos este degrau evolutivo nos vemos obrigados a sublimar nossos institutos mais ancestrais (sexuais e agressivos), de modo que, quando nos vemos desprotegidos ou "injustiçados" (quebra da garantia de que a ordem legal não será violada em prol de um indivíduo), somos acometidos de uma "frustração cultural".[115]

Brasil, século XXI, mais de 200 milhões de habitantes, mais de 100 milhões de processos, caos moral, social, econômico e político a todo vapor. Parafraseando Gadamer, este é o nosso horizonte histórico.[116] Para alargá-lo em direção ao nosso tema, adicionemos a defesa de uma revolução cultural ao nosso Direito,[117] com princípios servindo de critérios diretos para a solução de problemas difíceis (à margem ou ao atropelo das regras existentes) e do seu manuseio intrincado gerando críticas de norte a sul.[118]

Foi à base desse "whey protein" normativo que o Judiciário brasileiro adquiriu uma musculatura robusta o bastante para assumir um ativismo digno de nota.[119] Mais do que nunca, a analogia feita pela jurista e ex-juíza do Tribunal Constitucional Federal alemão, Ingborg Maus, vem a calhar, pois encaixa à perfeição esta espécie de Judiciário na figura do Super-Ego da sociedade.[120] E, voltando ao Freud, o papel do Super-Ego não é o de acalentar, mas o de atormentar o "Eu pecador

---

[115] *Ibidem*, p. 34-43.
[116] GADAMER, Hans-Georg. *Verdade e método*, p. 354 e ss.
[117] Por todos, BARROSO, Luis Roberto. Neoconstitucionalismo e constitucionalização do direito: um triunfo tardio do direito constitucional no Brasil. *Revista de Direito Administrativo*, Rio de Janeiro, Renovar, p. 1-42, abr.-jun. 200.5
[118] DIMOULIS, Dimitri; DUARTE, Écio Oto (Coord.). *Teoria do direito neoconstitucional*: superação ou reconstrução do positivismo jurídico? São Paulo: Método, 2008. Para uma crítica "caseira" e contundente da Teoria dos Princípios de Robert Alexy e do seu método de ponderação, cf. POSCHER, Ralf. Teoria de um fantasma: a malsucedida busca dos princípios pelo seu objeto. In: CAMPOS, Ricardo (Org.). *Crítica da ponderação*: método constitucional entre a dogmática jurídica e a teoria social. Ensaios Traduzidos. São Paulo: Saraiva, 2016. p. 63-96.
[119] VIEIRA, Oscar Vilhena. Supremocracia. In: SARMENTO, Daniel (Coord.). *Filosofia e teoria constitucional contemporânea*. Rio de Janeiro: Lumen Juris, 2009.
[120] MAUS, Ingeborg. *Judiciário como superego da sociedade*: Sentido e Significado da Soberania Popular na Sociedade Moderna. Coleção Conexões Jurídicas. Direção de Luiz Moreira. Tradução de Geraldo de Carvalho e Gercélia Batista de Oliveira Mendes. Rio de Janeiro. Editora Lumen Juris, 2010.

com as mesmas sensações de angústia e fica à espreita de oportunidades para fazê-lo ser punido pelo mundo exterior".[121]

O novo CPC me parece vir ao encontro da frustração com este Super-Ego hiperativo, que mais fustiga do que pacifica. Perceba a retirada da palavra "livre" do convencimento do juiz a respeito da valoração das provas.[122] Apesar da defesa candente desta inovação por renomados acadêmicos[123] – na medida em que constrangeria o magistrado a ser menos arbitrário – creio que se trata de uma vitória de Pirro. A não ser que todos estejam satisfeitos com a troca de um Super-Ego barulhento por um Juiz-Zumbi, privado daquilo que lhe empresta a humanidade.[124]

De volta ao ponto. Para bem refletirmos sobre argumentação, valoração, escolhas e linguagem, precisamos compreender melhor a noção de convencimento. Apesar de o senso-comum tratá-lo como algo banal, cuida-se de uma palavrinha complicada, que escorrega pela epistemologia, pela psicologia cognitiva e pela filosofia (da mente, da lógica e da linguagem).[125]

Para esmiuçar o sentido da convicção judicial, utilizarei aqui o excelente artigo do professor Marcelo Lima Guerra que, coincidência do destino, também é juiz do trabalho. Ele discorreu por mais de 80 páginas sobre este assunto altamente instigante. Por sorte, sua lição me poupou de uma missão quase impossível. Vamos a ela.

O convencimento é o estado psíquico, mental ou intencional do juiz.[126] Mas o que isso quer dizer?

---

[121] *O mal-estar na civilização*, p. 71.
[122] Em substituição ao antigo art. 131 do CPC, agora prescreve o art. 371 do novo CPC: "O juiz apreciará a prova constante dos autos, independentemente do sujeito que a tiver promovido, e indicará na decisão as razões da formação de seu convencimento".
[123] STRECK, Lenio Luiz. Dilema de dois juízes diante do fim do livre convencimento do NCPC. In: MACÊDO, Lucas Buril de, PEIXOTO, Ravi e FREIRE, Alexandre (Org.). *Novo CPC doutrina selecionada*. v. 3. *Processo de conhecimento*: Provas. Salvador: Juspodivm, 2015. p. 297-303.
[124] De novo com Freud, no seu *O mal-estar na civilização*, p. 41: "A liberdade individual não é um bem cultural. Ela era maior antes de qualquer civilização, mas geralmente era sem valor, porque o indivíduo mal tinha condição de defendê-la". Vale também a leitura do interessante artigo de Adrian Sgarbi. "La hipótesis de la libertad frente al desafío de la neurociência". *Doxa, Cuadernos de Filosofía del Derecho*, n. 36, p. 479-506, 2013, no qual o autor fala, com base nos estudos recentes do "neurodireito" (*neurolaw*), sobre a polêmica em volta da compatibilidade ou incompatibilidade entre a proposição determinista (ao considerar a liberdade humana uma ilusão, visto que nossas decisões são meros produtos das leis da natureza, i.e., das conexões neurais em nosso cérebro) e a proposição da liberdade (ao considerar que, pelo menos para algumas ações nas quais contamos com possibilidades empíricas de escolha, somos livres).
[125] GUERRA, Marcelo Lima. Sobre as noções probatórias básicas, p. 83.
[126] *Ibidem*, p. 85.

De acordo com filósofo inglês John Searle, quatro são as características dos fenômenos mentais:[127] (1) a *consciência*: fato central da existência humana, pois sem ela outros aspectos da nossa humanidade (*v.g.*, linguagem, amor, humor e assim por diante) não existiriam; (2) a *intencionalidade*: nossos estados mentais (*e.g.*, crença, desejo, esperança, temor, paixão, ódio, prazer, desgosto, vergonha, orgulho, irritação e divertimento) se dirigem a, ou são acerca de, ou se referem a objetos no mundo exterior, diferentes deles mesmos; (3) a *subjetividade*: posso sentir as minhas dores, mas você não; e (4) a *causação mental*: nossos pensamentos e sentimentos importam para a maneira como nos comportamos.

Pois bem. A existência de estados intencionais gerou duas interpretações. Para alguns, como Descartes, a mente humana seria dualista: de um lado, haveria os fenômenos mentais, de outro, os físicos. Já para filósofos como Quine, a mente humana seria melhor compreendida pelo monismo (ou ateísmo): as crenças e os fenômenos mentais em geral seriam ilusões, porquanto redutíveis a estados cerebrais.[128]

Uma alternativa a estes dois extremos seria aceitar a coexistência dos estados mentais e cerebrais, mas sem separá-los de modo estanque ou reduzi-los a um só.[129] Para tanto, passou-se a conceituar os estados intencionais como "disposições para agir".[130] Gilbert Ryle, referência no tema, assim os descreveu: acreditar em algo "significa estar propenso não apenas a adotar certos movimentos teóricos mas também a imaginar e executar determinados movimentos, assim como a ter certos sentimentos".[131]

Aí vai um bom exemplo, fornecido por Susan Haack, para ilustrar esta abstração e evitar que você jogue este livro pela janela. Imagine que você acredite que cobras são perigosas. Caso pense assim, você estará disposto a emitir (e a concordar com) frases em sua língua, no sentido de que cobras são perigosas; estará disposto a tremer ao sinal de, ou a fugir de cobras; a recusar-se a tocá-las ou mesmo a chegar perto delas, e a ficar surpreso se alguém as mantiver como animal de estimação.[132]

---

[127] *Mente, cérebro e ciência*, p. 20-23.
[128] GUERRA, Marcelo Lima. Sobre as noções probatórias básicas, p. 88-89.
[129] John Searle fala da "existência de dois níveis causalmente reais de descrição no cérebro, uma ao macronível dos processos mentais e a outra ao micronível dos processos neuronais é exactamente análoga à existência de dois níveis causalmente reais da descrição do martelo [a solidez do martelo em nível macro é causada pelo comportamento das partículas ao micronível]". *Mente, cérebro e ciência*, p. 34.
[130] GUERRA, Marcelo Lima. Sobre as noções probatórias básicas, p. 91.
[131] RYLE, Gilbert. *The concept of mind*. London: Routledge, 2009. p. 117-118 *apud* GUERRA, Marcelo Lima. Sobre as noções probatórias básicas, p. 92.
[132] *Ibidem*.

Vê-se, portanto, que o estado mental, e mais especificamente a crença, propicia uma realidade prática visível a olho nu, não sendo apenas uma entidade teórica como os elétrons ou entidade meramente interna.[133] Desde que convencionemos que crença significa acreditar em algo, saber se Tício possui uma crença é o mesmo que dizer que ele está disposto a agir como se este algo (este estado de coisas) fosse verdadeiro. Dependerá do que ele estiver disposto a dizer, fazer ou pensar em várias circunstâncias. Simplificando o que é bastante complicado: dizer que alguém crê em algo é determinar o tipo de comportamento que está disposto a realizar em determinados casos.[134]

Feita a explicação, pode-se concluir que toda ação humana voluntária possui esta dimensão intencional. Ela é, ao mesmo tempo, o seu símbolo e o seu resultado.[135] Sendo assim, devemos realizar algumas operações de resgate para manter a coesão deste ensaio.

O primeiro resgate é o da verdade objetiva. Como mencionei anteriormente, o fato existe ou não existe independentemente da nossa vontade. Daí que – mais uma vez simplificando ao máximo uma discussão capaz de fritar alguns neurônios – podemos dizer que a representação mental (ou interna) deste fato objetivo (desta realidade externa) é a "marcação psicológica" que o sujeito adquire quando experimenta a crença.[136] Portanto, o sujeito que acredita em um fato possui a disposição para agir como se este fato fosse real, realidade esta que foi por ele internalizada, representada mentalmente.

O segundo resgate é o da narrativa. O ato de comunicação de uma crença através da linguagem chama-se asserção.[137] Ou seja, trata-se do uso comunicativo da linguagem com o fim de expressar estados intencionais. Fato verdadeiro? Não. Alegação de fato verdadeira? Não. Crença de que a alegação de fato é verdadeira? Sim. Ou também disposição para agir em determinada circunstância como se o fato fosse verdadeiro. Tudo linguisticamente formalizado por meio da asserção.

---

[133] BAKER, Lynne Rudder. *Explaining attitudes*: A practical approach to the mind. Cambridge: Cambridge University Press, 1995. p. 21 *apud* GUERRA, Marcelo Lima. Sobre as noções probatórias básicas, p. 92-93.

[134] *Ibidem*, p. 93-94. Não custa aproveitar o ensejo para demonstrar que o *desejo* (outro tipo de estado intencional) não se confunde com a *crença*. Quem deseja, está disposto a agir para *tornar real* o algo, o estado de coisas internamente representado, ao passo que quem crê está disposto a agir de certa maneira como *se algo fosse real* em determinadas circunstâncias.

[135] *Ibidem*, p. 98.

[136] *Ibidem*, p. 99.

[137] *Ibidem*, p. 100.

Neste instante ocorrerá aquela relação de correspondência entre (1) a representação mental do fato e (2) o fato em si, tendo por base uma narrativa coerente das crenças adquiridas e o suporte na experiência empírica produzida ao longo do processo.

O terceiro e último resgate é o da inexistência de meias-verdades.[138] Com a palavra, o professor Marcelo Lima Guerra: "se uma crença só é verdadeira se o estado de coisas acreditado existir e se o estado de coisas ou existe ou não existe, uma crença ou será verdadeira, ou não verdadeira, sem qualquer 'gradação' possível entre as duas situações".[139]

Neste sentido, a gradação possível diz respeito à justificação da crença. São as razões epistêmicas, isto é, são os fundamentos com o intuito de explicitar o porquê de se acreditar ou não em algo que admitem diferentes níveis de intensidade.[140] Devemos sempre lembrar que o "nascimento" de uma crença pode ser involuntário (fruto de um preconceito, por exemplo).[141] Logo, nada impede que, no decorrer do processo, ela venha a ser substituída por outra mais consistente com os argumentos e os dados compartilhados.[142] Exatamente por ser derrotável (substituível por outra(s)), a crença deverá ser justificada, a despeito de ser sincera ou insinceramente formada na consciência do juiz.[143] O processo torna-se um verdadeiro laboratório, no qual as crenças de todos são testadas pelo contraditório, pela ampla defesa e pela publicidade dos fundamentos da tomada de decisão.[144]

A questão primordial agora deve ser: como justificar esta decisão? Ou conseguimos respondê-la satisfatoriamente, ou estaremos fadados a conviver com o famoso pesadelo de Herbert Hart, a respeito do ceticismo metodológico da escola do realismo jurídico norte-americana.[145]

A saída para enfrentarmos e superarmos este obstáculo, percebido há muito por autores como Jerome Frank, é o reconhecimento de

---

[138] *Ibidem*, p. 108.
[139] *Ibidem*.
[140] *Ibidem*, p. 108-109.
[141] *Ibidem*, p. 115.
[142] Segundo Habermas: "A pré-compreensão paradigmática não é incorrigível, uma vez que é testada e modificada no decorrer do próprio processo de interpretação" e isto ocorre apesar de "no final, a concepção da ciência ou do direito, que dirige a reconstrução, [manter] (...) uma certa força preconceitual, pois não é neutra". *Direito e democracia*: entre faticidade e validade, v. I, p. 260.
[143] GUERRA, Marcelo Lima. Sobre as noções probatórias básicas, p. 117-118.
[144] *Ibidem*, p. 118.
[145] HART, Herbert L. A. *Ensaios sobre teoria do direito e filosofia*. Tradução de José Garcez Ghirardi e Lenita Maria Rimoli Esteves. Rio de Janeiro: Elsevier, 2010. p. 137-161.

outro truísmo: juízes têm emoções e elas devem ser levadas a sério.[146] Mais uma vez, a realidade bate à porta.

c) Emoções: se todos a temos, por que a tememos?

Neste instante, penso ser relevante darmos um passo atrás para conseguirmos dar dois à frente, em matéria de metodologia. Com isso, não quero dizer que a visão racionalista dos métodos de aplicação normativa deva ser deixada de lado. Além de um enorme desperdício das ótimas ideias debatidas nos últimos anos – e que, mal ou bem, proporcionaram inequívoca sofisticação da hermenêutica contemporânea –, seria uma temeridade. Aperfeiçoar a racionalização judicial, isto sim. E o primeiro ajuste deve vir do seguinte lembrete: o isolamento da razão em face da emoção, além de humanamente impossível, só aparentemente nos conduz a um oásis hermenêutico. A rigor, não passa de uma miragem.

Reparem só. Hans Kelsen, com a sua política judiciária,[147] e Herbert Hart, com a sua discricionariedade forte,[148] são exemplos categóricos de que entre o ato de interpretar e o de aplicar o direito há muito mais coisas do que imaginamos. E, de certa forma, essa mesma conclusão foi ressaltada por Neil MacCormick, ao enfatizar o caráter narrativo inevitável no "intento de captar, não digamos já de provar, sucessos que ocorreram no passado", ou ao afirmar que a verdadeira lógica do direito é a "lógica de probabilidades, não de certezas" ou, ainda, ao concluir que, seja operando a analogia na aplicação dos precedentes ou o silogismo a partir de leis e códigos, as dificuldades envolvendo provas, classificação, valoração e relevância estarão sempre presentes.[149]

O mesmo drama aflige os cultores da nova hermenêutica. Os riscos do irracionalismo e/ou do hiperracionalismo são tidos como reais, sendo fonte de preocupação para os que defendem o uso da ponderação.[150] Isso sem falar daqueles que a criticam severamente, como uma brecha perigosíssima a facilitar o judicialismo sem peias.[151]

---

[146] Sobre os componentes psicológico e emotivo, decisivos na atuação dos juízes, cf. FRANK, Jerome. *Law and the modern mind*. New Brunswick: Transaction Publishers, 2009.
[147] *Teoria pura do direito*. Tradução de João Baptista Machado. São Paulo: Martins Fontes, 2003. p. 390-391.
[148] *O conceito de direito*. 3. ed. Tradução de A. Ribeiro Miranda. Lisboa: Fundação Calouste Gulbenkian, 1994. p. 335-339.
[149] MACCORMICK, Neil. La argumentación silogística: una defensa matizada. *Doxa, Cuadernos de Filosofía del Derecho*, n. 30, p. 321-334, 2007.
[150] Cf. BERNAL PULIDO, Carlos. *El principio de proporcionalidad y los derechos fundamentales*. 3. ed. Madrid: Centro de Estudios Políticos y Constitucionales, 2007. p. 238-254.
[151] Cf. HABERMAS, Jürgen. *Direito e democracia*: entre faticidade e validade, v. I, p. 258-259.

Portanto, não se enganem: não há uma única resposta correta. Realisticamente falando, juízes Hércules não existem. E é bom que seja assim. Isso nos permite uma abordagem menos idealista da movediça temática da metodologia de aplicação normativa, fortalecendo o seu enlace com a vida real.[152] Repiso até cansar a premissa básica deste artigo: uma dose de realidade faz bem à saúde física e mental dos sujeitos do processo.

Dito isso, tratemos de suas emoções. Em primeiro lugar, precisamos perguntar: o que são elas?

Para responder a esta indagação, recorro a Martha Nussbaum e a sua correta estratégia de começar a compreender a emoção pelo que ela não é. Diferentemente do que reflete o senso-comum, a emoção não é irracional, ela não é um impulso corporal, uma "força cega", tal qual uma rajada de vento ou correntes marítimas.[153] Apesar de ser uma opinião banal nas rodas de bar, esta é uma visão desacreditada até mesmo onde já foi popular, como na psicologia cognitiva e na antropologia.[154] Mas se a emoção não é a antítese da razão, o que seria?

Emoções são "descrições intencionais", isto é, são intencionalidades dirigidas a um objeto. Sendo mais direito: a emoção possui uma íntima ligação com a... crença![155] Conforme exemplifica a professora Nussbaum, a "minha ira não é simplesmente um impulso, um ferver do sangue: é direcionada a alguém, a saber, a pessoa que é vista como tendo me ofendido".[156] A gratidão, por sua vez, contém "uma visão oposta da relação da outra pessoa com o meu bem".[157] O amor não é cego: "ele percebe seu objeto como dotado de uma especial maravilha e importância". E o ódio "distingue-se do amor em nada além do que no caráter oposto de suas percepções".[158]

---

[152] Para uma crítica ácida da doutrina de Ronald Dworkin e defendendo uma metodologia pautada pela realidade, cf. HABA, Enrique P. Rehabilitación del no-saber en la actual teoría del derecho. El *bluff* Dworkin (Retorno ao realismo ingenuo y apogeo del efecto-Vicente, lanzados por una reencarnación más del Prof. Beale). *Doxa, Cuadernos de Filosofia del Derecho*, n. 24, p. 165-201, 2001. Vale a pena conferir também, do mesmo autor, Metodología realista-crítica del razionamiento judicial (Realismo jurídico como alternativa *práctica* al discurso normativista de los jueces). *Doxa, Cuadernos de Filosofia del Derecho*, n. 25, p. 503-531, 2002.

[153] Emoções racionais. Tradução de Maurício Ramires e Marcelo Cattoni. In: TRINDADE, André Karam; GUBERT, Roberta Magalhães; COPETTI NETO, Alfredo (Org.). *Direito e literatura*: discurso, imaginário e normatividade. Porto Alegre: Nuria Fabris Editora, 2010. p. 348.

[154] *Ibidem*, p. 354.

[155] *Ibidem*, p. 354-357.

[156] *Ibidem*, p. 354.

[157] *Ibidem*.

[158] *Ibidem*.

Não importa se a crença é uma condição necessária, necessária e suficiente ou mesmo uma parte constitutiva da emoção. Para o que nos interessa aqui, o elemento fulminante é a possibilidade de avaliarmos a emoção pela inspeção da crença que lhe está subjacente.[159] Isto não será fácil, pois, como já vimos, do mesmo modo que uma crença pode ser falsa apesar de racional (visto que, apesar de coerentemente formada com base nas evidências disponíveis, podemos falhar), outra crença poderá ser verdadeira, apesar de irracional (quando eu a intuí acriticamente e, por sorte, estava correto).[160]

Racionalidade emotiva e emoção racional: dois lados da mesma face humana. A ideia tributada aos estoicos de que a emoção nos cegaria, além de altamente questionável, pode muito bem levar à "disposição dura e egoísta", ao invés de uma idílica felicidade calcada no desapego material.[161] A compaixão pela perda de um ente querido – cujo fundamento é a crença de que muitas formas de azar são importantes – se removida, acabará por extirpar a razão para que nos preocupemos com os problemas dos outros.[162] Sem isso, reinaria a mais desabrida irresponsabilidade social. E não há sociedade que resista a tamanha frieza. É com este tipo de racionalidade social mais abrangente que exigimos medidas contra as adversidades e sofrimentos alheios. Rousseau percebeu esta realidade de maneira muito perspicaz, ao predizer: "Por que os ricos são tão rudes com os pobres? É porque eles não temem ficar pobres. (...) É a fraqueza do ser humano que o faz sociável".[163]

Sem emoção, sem crença; sem crença, sem racionalidade. Pior: o juiz que nega a influência das emoções nega a si mesmo.[164] Apesar de a emoção não resolver o problema, ela nos mantém em estado de alerta sobre os problemas que devem ser resolvidos.[165] Não obstante isso, o tratamento teórico-jurídico dado ao viés emotivo do indivíduo tem sido, no mínimo, incipiente.[166]

---

[159] *Ibidem*, p. 354-355.
[160] *Ibidem*, p. 356.
[161] *Ibidem*, p. 359.
[162] *Ibidem*.
[163] *Émile*, livro 4 *apud ibidem*, p. 360-361.
[164] *Ibidem*, p. 362.
[165] *Ibidem*, p. 363.
[166] Cf. STRUCHINER, Noel; TAVARES, Rodrigo de Souza. Direito & Emoções: uma proposta de cartografia. In: STRUCHINER, Noel; TAVARES, Rodrigo de Souza (Org.). *Novas fronteiras da teoria do direito*: da filosofia moral à psicologia experimental. Rio de Janeiro: Ed. PUC-Rio, 2014. p. 131-132.

Os professores Noel Struchiner e Rodrigo Tavares sublinham que, apesar de ser possível visualizar o aumento do interesse na correlação entre direito e emoção por meio de ferramentas de pesquisas da internet, esta deficiência reflexiva continua a permear a academia brasileira e europeia. Com exceção dos EUA, que nos últimos 30 anos sofreu um *boom* editorial a respeito do tema, a ideia reinante permanece a de atrelar o direito ao seu caráter racional, especialmente no campo da argumentação jurídica.[167]

Sendo assim, os autores propuseram-se a mapear alguns conceitos envolvidos nesta área de pesquisa. Haveria três maneiras de estudá-la: pela iluminação, pela investigação e a pela integração.[168]

O termo iluminação é autoexplicativo, pois é a tentativa de esclarecer pontos tradicionais do direito que podem e devem ser estudados pelo prisma da emoção. O sofrimento da mulher vítima de assédio sexual no trabalho é um bom exemplo de como o enfoque emotivo pode melhorar a compreensão do problema. Quanto à investigação, pretende-se reforçar a enorme importância do estudo interdisciplinar, buscando-se áreas de estudo correlatas, no intuito de enriquecer a apreensão do comportamento humano e de suas emoções. Por fim, a integração teria o escopo de reunir os dados coletados durante a iluminação e a investigação para propor reformas institucionais (tendo em conta a influência causada pela emoção) ou o desenho de instituições jurídicas com o objetivo de incentivar ou inibir certas emoções.[169]

Dentro deste arcabouço teórico, chama a atenção, para o nosso propósito, a análise da confluência entre a emoção e a tomada de decisão.[170] A essencialidade do fator emotivo como parte integrante da ação e da motivação da decisão, a associação entre a emoção e os juízos de valor, bem como a vinculação entre a emoção e as escolhas realizadas na criação, interpretação e aplicação das leis são constatações empíricas que realçam o aspecto individual do estado emocional dos agentes dotados de poder decisório.[171] Ademais, o aspecto social (intersubjetivo) da emoção também foi abordado, destacando-se o contexto

---

[167] *Ibidem*, p. 112-118.
[168] *Ibidem*, p. 119.
[169] *Ibidem*, p. 120. Sobre a importância do desenho institucional no direcionamento do comportamento humano, cf. THALER, Richard H. and SUNSTEI, Cass R. *Nudge*: improving decisions about health, wealth, and happiness. New York: Yale University Press, 2008.
[170] STRUCHINER, Noel; TAVARES, Rodrigo de Souza. Direito & Emoções: uma proposta de cartografia, p. 120.
[171] *Ibidem*, p. 124.

cultural específico em que ela é gerada e construída e de como isso pode influenciar a experiência emocional do indivíduo ou a sua forma de manifestação pública.[172]

Quando já se chegou ao ponto de comprovar que o mau-humor pode aprimorar a tarefa de julgar (pois, *v.g.*, estimularia o uso da memória e aumentaria a percepção de mentiras),[173] a conclusão só pode ser uma: a emoção existe, esta lá e participa da decisão em um lugar privilegiado, a mente do juiz. Conforme já nos alertava Oliver Wendell Holmes Jr: "The law can ask no better justification than the deepest instincts of man".[174]

Por certo que emoções profundamente enraizadas não serão alteradas facilmente através de um benfazejo "golpe argumentativo".[175] Deste modo, torna-se imprescindível a construção de filtros capazes de nos indicar onde estão as boas emoções, aquelas confiáveis, que refinam a nossa racionalidade. A professora Nussbaum confiou esta tarefa a ninguém menos do que Adam Smith. Sim, ele que, páginas atrás, viu a sua famosa alegoria da "mão invisível do mercado" ser utilizada como ponto de apoio da analogia sobre como a verdade "emerge" no processo. Sublinho isso porque desconfio que, aqui no meu quintal, o estereótipo grudado ao célebre pensador inglês não é dos mais felizes. Contudo, peço um pouquinho de sua paciência para que suspenda as suas emoções por um minuto e ouça o que ele tem a dizer. Estou certo de que não se arrependerá.

A nova alegoria smithiana agora é a do "espectador judicioso". Para início de conversa, Adam Smith jamais defendeu uma racionalidade destituída de emoção. Ao contrário. No seu livro *The Theory of Moral Sentiments* ele criou a figura do "espectador judicioso", assegurando a ela "aqueles (e apenas aqueles) pensamentos, sentimentos e fantasias que são parte de uma perspectiva racional do mundo".[176] Perceberam? Um juiz de carne e osso.

E Smith foi além. Ao considerar bizarra a omissão de emoções como compaixão, empatia, medo, pesar, ira, esperança e certos tipos de amor, ele ressalvou o que diferencia o espectador judicioso: o fato de ele não estar envolvido diretamente nos eventos, apesar de se

---

[172] *Ibidem*, p. 128.
[173] *Ibidem*, p. 125.
[174] HOLMES JR., Oliver Wendell. *The path of the law*, p. 27.
[175] NUSSBAUM, Martha. Emoções racionais, p. 355.
[176] *Ibidem*, p. 368.

preocupar com os participantes.[177] Tem-se o que a professora Nussbaum chamou de "identificação empática": o espectador se enxerga com o dever de colocar-se no lugar do outro, do participante. A rigor, nada muito distante do que me referi há pouco: a *subjetividade*. Como já nos ensinou John Searle, a subjetividade do estado intencional significa que o ser humano, por mais que se compadeça do sofrimento alheio, não conseguirá jamais senti-lo no seu lugar. Isso é fundamental para o espectador judicioso de Adam Smith, pois ele evitará a "especial e confusa intensidade de emoção que derivaria do pensamento de que é realmente a nossa vida que está em jogo".[178]

Mas isso não era o bastante. Para que o espectador judicioso pudesse determinar racionalmente o seu grau de empatia com o participante (suprimindo a sua própria emoção quando ela derivasse para o seu bem-estar ou interesse pessoal) a palavra de ordem era uma só: informação verdadeira. A emoção do espectador deveria ser informada por uma crença verdadeira, ou seja, uma crença a respeito de um fato como se fosse verdadeiro.[179]

Os dois anteparos estão prontos. As emoções serão bons guias "apenas se (…) [1] baseadas em uma visão verdadeira dos fatos do caso e [2] da importância das várias espécies de sofrimento e alegria para os atores humanos de vários tipos. (Como outros juízos, elas devem ter testada a sua coerência com nossas outras experiências e com nossas teorias morais e políticas)".[180]

Por fim, uma última palavra sobre o método de racionalização. Quando vestimos a toga do espectador judicioso e avaliamos a história narrada, cruzando-a com os dados empíricos produzidos no processo, estamos diante de uma racionalidade rica em emoções, mas livre da atitude tendenciosa de quem figura como participante do problema.[181] Pois bem. Este é um tipo de raciocínio comparativo e não-dedutivo, feito em cooperação com todos os participantes, chamado de processo de "co-dução".[182] Preciso dizer mais?

É justamente o modelo de racionalização atrelado ao contexto processual.[183] É neste espaço institucional de discussão que as coisas

---

[177] *Ibidem*, p. 368-369.
[178] *Ibidem*, p. 371.
[179] *Ibidem*, p. 370.
[180] *Ibidem*, p. 371.
[181] *Ibidem*, p. 373.
[182] *Ibidem*, p. 372.
[183] Sobre a natureza não-dedutiva dos argumentos jurídicos debatidos no cenário processual, cf. GUERRA, Marcelo Lima. Sobre as noções probatórias básicas, p. 120-130.

acontecem e onde as emoções ficam à flor da pele. Por esse motivo, devemos o quanto antes traçar uma linha divisória entre a emoção empática e a emoção "estranha" aos autos, sob pena de o processo tornar-se um barril de pólvora emocional, prestes a levar pelos ares a tão sonhada cooperação positivada no art. 6º do novo CPC. E tal fronteira encontra-se na prova produzida. Em síntese: para deixar fluir sua emoção racional no âmbito do processo, o juiz deve ater-se àquela "ligada à prova, institucionalmente restringida de maneiras apropriadas e livre da referência à situação da própria pessoa".[184]

Qualquer semelhança com o "funtherentism" de Susan Haack não é mera coincidência.

4 Conclusão: inovar para quê?

Revigorei as fundações: crença justificada por narrativas entrecruzadas coerentemente com a experiência, com os dados empíricos.

Reforcei os alicerces: justiça procedimental imperfeita e complementar à (re)construção do direito material, tudo autuado com muita razão e emoção.

A ideia era manter a força estrutural do edifício processual trabalhista, permitindo-lhe dar conta de sua finalidade: resolver problemas da melhor maneira possível, dentro da realidade fática e jurídica existentes.

Se as inovações codificadas acompanharem este mesmo projeto, serão muito bem-vindas.

Acabou? Ainda não.

Antes de encerrar, gostaria de trocar mais dois dedos de prosa sobre um tema aparentemente não tão relevante. Ele deve ser mencionado como uma salvaguarda às eventuais arestas deixadas por mim no decorrer da exposição. Falo da classificação jurídica adotada para a regulamentação probatória.[185]

Minha preocupação se refere ao fato de eu ter defendido abertamente a natureza *complementar* do direito processual em face do direito material. Sua normatividade, enquanto banhada em berço esplêndido da paz social, passaria despercebida. Mas tão logo o problema surge, o direito material torna-se o primeiro a ter sua existência jurídica ameaçada. E só com o processo terá alguma chance de (re)nascer e/ou

---

[184] NUSSBAUM, Martha. Emoções racionais, p. 374.
[185] Sobre este assunto, cf. MARINONI, Luiz Guilherme; ARENHART, Sérgio Cruz. *Prova*. 2. ed. São Paulo: Revista dos Tribunais, 2011. p. 381-386.

de sobreviver. Já o reverso não acontece. O direito processual convive tranquilamente com a ausência de problemas, estando aí a jurisdição voluntária repaginada e o recente procedimento não-contencioso de antecipação de provas que não me deixam mentir.[186] Indo além, mesmo se litígio houver, o processo estará lá com suas regras do jogo prontas para a ação, mantendo a sua existência, ainda que apenas formal, caso o jogo acabe antes de começar porque os seus pressupostos não foram observados.

Sendo assim, a classificação dogmática das regras probatórias deve ser apenas uma: elas são de natureza processual. Isso porque, ainda que as provas sejam produzidas antes de o processo ser deflagrado, a documentação pré-constituída, a prova testemunhal colhida ou a perícia realizada estarão, conscientemente ou não, a serviço de um único objetivo marcadamente realista: resguardar o requerente de problemas futuros. O alvo aqui é um só: diminuir a situação de incerteza advinda de futuros processos.

Esta visão se confirma pelo fato de que tais provas poderão ser anuladas, reavaliadas ou até mesmo refeitas na fase instrutória, submetendo-se ao crivo da regulamentação processual apropriada. Por certo que as provas regidas no código civil ou em qualquer outro diploma normativo dito substantivo, como a própria CLT, objetivam validar e/ou legitimar um ato (*v.g.*, uma rescisão contratual) ou um negócio jurídico (*e.g.*, um vínculo empregatício). Entretanto, esta presunção é apenas isso, uma presunção. Por isso, Chiovenda a chamou de "razão processual".[187] Ela tem o poder de turbinar o argumento de quem a possui (no caso de dúvida ou de embate com outrem) e de melhorar a qualidade da solução imposta pelo juiz, na medida em que aumentará a sua disposição para decidir a seu favor, pois acreditará que a sua versão da história é a verdadeira.

Agora sim, caminho para a conclusão.

---

[186] Arts. 381 a 383 e 719 a 734 do novo CPC.
[187] Nas palavras do mestre italiano: "Se o legislador põe uma nova norma probatória porque, inspirando-se nas condições modificadas da civilização, da sociedade, da moral pública, considera-a conforme ao escopo de assegurar um melhor resultado à lide, seja do ponto de vista da bondade intrínseca das decisões, seja da simplicidade e da presteza do procedimento, são estas razões *processuais* de reforma, e a norma que a estas é devida, seja que estenda seja que limite os meios de prova, encontrará aplicação em cada processo futuro, em qualquer tempo em que tenha ocorrido o fato que deva provar-se". CHIOVENDA, Giuseppe. La natura processuale delle norme sulla prova e l'efficacia della legge processuale nel tempo. *Saggi di diritto processuale civile*. Milano: Giuffrè, 1993. p. 243 *apud* MARINONI, Luiz Guilherme; ARENHART, Sérgio Cruz. *Prova*, p. 382-383. nota de rodapé n. 3.

É muito comum verificar-se a menção ao princípio da primazia da realidade quando se fala em trabalho, direito do trabalho e processo do trabalho.[188] E, para mim, este é um aspecto fundamental de toda esta reflexão: devemos estudar o direito material e processual com os pés no chão. Mas, o verdadeiro *turning point* está no fato de que, via de regra, é o processo que lidera esta viagem de volta das soluções genéricas (e às vezes utópicas) para a realidade possível. Como bem lembra Martha Nussbaum:

> Uma história da qualidade de vida humana sem histórias de atores humanos individuais seria muito indeterminada para mostrar como os recursos realmente trabalham na promoção de vários tipos de funcionamento humano. De forma similar, uma história da ação coletiva, sem a história de indivíduos, não nos mostraria a razão e o sentido das ações coletivas, que são sempre a melhoria das vidas individuais.[189]

Essas histórias singulares não são encontradas na doutrina ou no direito positivo. Elas estão no fórum, nos seus corredores, escadas, elevadores e salas de audiência. Estão no processo nosso de cada dia. É o processo do trabalho que humaniza e desmistifica o direito do trabalho, aproximando-o da realidade. Devemos, pois, trazer um pouco de Nelson Rodrigues para a nossa profissão e encarar a vida como ela é. Não deixemos que romantismos anacrônicos ou definições maniqueístas, fruto de uma ideologia forjada em outros tempos, em outros lugares e para outras realidades, dirijam nossas decisões e nossas emoções.[190] Saídas bruscas à direita ou à esquerda certamente nos cobrarão um preço altíssimo, ao menos em credibilidade. Daí para frente, os problemas somente tenderão a aumentar, pois, ao invés de encarar a dura realidade para resolvê-la, estaremos olhando apenas para dentro de nós mesmos, em busca de algo que nem sempre estará lá, mas, sim, do lado de fora.

E ao falar em realidade, não canso de me repetir: no tocante à vida processual do brasileiro, podemos considerá-la bem difícil, para dizer o mínimo. Estamos sofrendo uma avalanche irrefreável de demandas e

---

[188] Por todos, cf. PLÁ RODRIGUEZ, Américo. *Princípios de direito do trabalho*: fac-similada. São Paulo: LTr, 2015.

[189] Emoções racionais, p. 366-367.

[190] Como já dizia Oliver Wendell Holmes Jr.: "(...) decision can do no more than embody the preference of given body in a given time and place. We do not realize how large a part of our law is open to reconsideration upon a slight change in the habit of the public mind". *The path of the law*, p. 13.

a velocidade das soluções não tem sido suficiente, apesar da crescente produtividade e a despeito das precárias condições de trabalho, especialmente na primeira instância.[191] Não é à toa que o nível de confiança medido pelo ICJBrasil da FGV-SP está em queda livre.[192]

Como disse em outro momento um dos maiores processualistas do nosso país: estes são "fatos incômodos com que a realidade, ignorante dos sofisticados exercícios teóricos, se obstina em confrontar-nos".[193]

Neste contexto adverso, é bom lembrar que o novo Código de Processo Civil é mais uma tentativa. Já tivemos as Ordenações Filipinas, o Regulamento nº 737, a Constituição de 1891 e a permissão dos Códigos de Processo Civil estaduais, como, por exemplo, o da Bahia de 1915, a Constituição de 1934 (e todas daí por diante) recuperando a competência privativa da União e o advento do Código de Processo Civil de 1939 e o recém-revogado Código de Processo Civil de 1973.[194] Enfim, como se vê na história do direito processual civil brasileiro, não faltaram tentativas. Estamos, pois, diante de mais uma.

De toda sorte, este ligeiro apanhado de legislações já nos possibilita entrever a nota de temporariedade comum a todas elas. Não apenas por isso, mas também por isso, optei por mirar em algo um pouco menos fugaz, uma abordagem fundada em algo mais permanente e que pudesse nos servir de diapasão no meio de tantos discursos desafinados.[195] E o que permanece, no envoltório plástico do Estado Democrático de Direito, é o seu dever institucional de resolver os problemas agregando-lhe verdade e justiça, na medida das reais possibilidades fáticas e jurídicas existentes. Este deve ser o ponto de contato entre o que havia e o que se tem agora.

Apesar de restrições a alguns aspectos do novo código de processo civil brasileiro, penso que não custa lhe dar um voto de confiança.

---

[191] De acordo com o relatório "Justiça em Números" de 2014, a carga de trabalho do servidor lotado no primeiro grau de jurisdição é 121% maior do que a do funcionário que atua no segundo grau, sendo a do juiz de primeira instância 103% maior do que o de segunda. Cf. <www.cnj.jus.br>. Acesso em: 30 jun. 2017.

[192] Cf. nota de rodapé n. 112.

[193] MOREIRA, José Carlos Barbosa. *Temas de direito processual*. 5ª série, p. 226.

[194] FUX, Luiz. *Teoria geral do processo civil*. Rio de Janeiro: Forense, 2014. p. 27-30.

[195] O próprio TST anteviu a Torre de Babel hermenêutica na Justiça do Trabalho e publicou a Instrução Normativa nº 39, em 15 de março de 2016, com o evidente intuito de orientar os milhares de juízes pelo Brasil afora e minorar os choques de opinião e o desgaste que isso acarretaria. Contudo, se é possível complicar, para que simplificar? Seguindo este lema, a Associação Nacional dos Magistrados da Justiça do Trabalho – ANAMATRA ajuizou a ADI nº 5.516, distribuída para a Ministra Cármen Lúcia, questionado a validade da IN nº 39/16. Pelo visto, os ruídos de comunicação continuarão por anos a fio.

À semelhança do que disse o professor Barbosa Moreira no alvorecer da Constituição de 1988: "Obra humana que é, tem ela suas imperfeições, de maior ou menor gravidade. Os defeitos podem e devem ser corrigidos (...) [mas] o mais urgente (...) seria talvez atuá-la, e assim dar-lhe uma oportunidade razoável de dizer a que veio".[196]

Que o novo CPC diga, então, a que veio. Mas saibamos que este não é o início, o meio ou, tampouco, o fim das tentativas. Sejamos francos e não criemos expectativas inadequadas sobre sua utilidade. A sua aptidão para melhorar o nosso patamar civilizatório ainda se encontra em um futuro incerto e não sabido. Até porque nunca foi a simples alteração da lei que, por inércia, modificou o mundo para melhor. Sempre foi e continuará sendo a mudança de atitude dos que desejam vê-la tornar-se... realidade.[197]

---

[196] MOREIRA, José Carlos Barbosa. *Temas de direito processual*. 5ª série, p. 230.

[197] Neste mesmo sentido, cf. HAACK, Susan. *Perspectivas pragmatistas da filosofia do direito*, p. 172. Cf., também, MOREIRA, José Carlos Barbosa. *Temas de direito processual*. 8ª série. São Paulo: Saraiva, 1994, p. 10-12, onde, ao escrever sobre o "mito da onipotência da norma", ressalta a importância do diagnóstico prévio dos problemas antes de se iniciar reformas legislativas, bem como o acompanhado posterior, para avaliar a repercussão prática do que foi feito.

ARBITRAGEM E O PROCESSO DO TRABALHO: DOIS LADOS DE UMA MESMA MOEDA

1 Introdução

Foi com grande prazer que recebi o convite do amigo e Ministro do TST Alexandre Agra Belmonte para escrever este artigo. Integrar a coletânea resultante do Seminário Comemorativo de 75 anos da Justiça do Trabalho e de 70 anos do Tribunal Superior do Trabalho depois de nele ter palestrado é uma dupla honraria e responsabilidade, pois o alto nível das exposições, as polêmicas saudáveis e as propostas inovadoras passearam por aquele belo anfiteatro na Praia de Botafogo. Evento realizado em parceria com a Fundação Getúlio Vargas, ali foram debatidos os temas mais atuais e, talvez por isso, os mais acalorados do cenário jurídico-institucional trabalhista.

De fato, em tempos de abalos tectônicos no terreno político, a partir de contundentes decisões judiciais, a tão propalada harmonia entre os poderes tem desafinado com relativa frequência. Juntando a isso os impactos de uma crise econômica sem precedentes e compreende-se o porquê de o nível de tolerância social com os nossos problemas institucionais estar perigosamente próximo de zero. Se em condições normais de pressão e temperatura os percalços em torno da morosidade, da incerteza e da baixa efetividade processual já davam o que falar, imagine agora.

Portanto, é diante deste panorama nebuloso que pretendo tecer algumas breves considerações sobre a arbitragem individual trabalhista. Tema dos mais duvidosos no direito processual do trabalho, sua abordagem – sinto dizer – não servirá de bálsamo para os ouvidos mais sensíveis. Muitos dos que atuam na seara trabalhista encontram-se bastante abalados com as muitas e rápidas mudanças pelas quais tem passado o direito do trabalho brasileiro.[1] Entretanto, creio existir uma pontada de verdade no conhecido provérbio chinês, quando nos ensina ser nos momentos de crise que a oportunidade aparece. E, na minha opinião, nada mais oportuno do que repensar o desgastado e assoberbado monopólio estatal de solução de conflitos de interesses individuais trabalhistas.

Sim. Sou favorável ao sistema de múltiplas portas. Explico. Como não sou dado a suspenses de tirar o fôlego e menos ainda a tergiversações, antecipo logo à queima-roupa que sou a favor não apenas da arbitragem, como também sou um entusiasta dos demais meios alternativos de solução de conflitos, tais como a mediação e a conciliação. E com satisfação percebo que não estou só.

Há pouco tempo, o Conselho Nacional de Justiça editou a Resolução nº 125/10 para cuidar exatamente deste assunto. Além disso, o Poder Legislativo abraçou com gosto a ideia, ao publicar, recentemente, as Leis nº 13.129/15 e nº 13.140/15, tratando, respectivamente, da atualização da Lei de Arbitragem e da regulamentação da Mediação. A rigor, nada mais fez do que manter a coerência, pois havia acabado de confeccionar o novo Código de Processo Civil (Lei nº 13.105/15), no qual estimulou explicitamente o manuseio da arbitragem, da conciliação e da mediação em diversos dos seus dispositivos.[2] Para culminar, o Conselho Superior da Justiça do Trabalho editou a Resolução nº 174/16, a fim de regulamentar a conciliação e a mediação na esfera trabalhista.[3]

Tenho consciência, entretanto, que parcela considerável dos Juízes do Trabalho ainda é para lá de reticente quando o assunto é solução de conflitos individuais fora das barras dos tribunais.[4] Assim sendo, e como o meu intuito é o de convencê-lo ou de, quiçá, amainar o seu ceticismo, organizarei a minha exposição de modo a permitir-lhe enxergar através dos meus olhos, vendo como eu vejo a arbitragem individual trabalhista: uma opção para ser levada a sério. Com os devidos

---

[1] Como exemplo, menciono a decisão do STF convalidando a cláusula de quitação geral contida em PDV chancelado por acordo ou convenção coletiva (RE nº 590.415/SC, Rel. Min. Roberto Barroso, DJ 29.05.2015) e a decisão liminar proferida pelo Ministro Gilmar Mendes na ADPF nº 323, com a qual suspendeu a eficácia da Súmula nº 277 do TST e teceu pesadas críticas às suas guinadas jurisprudenciais.
[2] Cf., por exemplo, os arts. 3º, §§1º e 2º, 165, 166, 174, 237, 319, VII, 334, 485, VIII e 694 do NCPC.
[3] Cf. <http://www.csjt.jus.br>. Acesso em: 03 jun. 2018.
[4] Por todos, cf. MAIOR, Jorge Luiz Souto. Arbitragem em conflitos individuais do trabalho: a experiência mundial. *Revista do Tribunal Superior do Trabalho*, v. 68, n. 1, p. 181-189, jan.-mar. 2002.

ajustes, creio haver ali um enorme potencial para melhorar a vida de todos os sujeitos do processo, sejam eles jurisdicionados, advogados ou julgadores.

Antecipo, também, que não estou a defender uma panaceia para todos os males que afligem o Judiciário, em geral, e a Justiça do Trabalho, em particular.[5] Não acredito em soluções mágicas para problemas complexos e multifatoriais como os que vivenciamos no Brasil.[6] Parafraseando Norberto Bobbio, as nossas conhecidas deficiências não devem nos desesperar. Ou, pior do que isso, nossas idealizadas virtudes não devem nos deixar presunçosos.[7] Prostração e arrogância são os dois sintomas típicos de uma mesma e contagiosa doença reflexiva, chamada por mim – carinhosamente – de "Síndrome da Avestruz". Os que dela padecem, teimam em fechar os olhos para a realidade que nos cerca e em acreditar piamente que tudo deve permanecer exatamente como está. Vã ilusão. Virar as costas para o mundo da vida não impedirá que ele nos atropele.

Dito isso, dividirei este estudo em duas partes. Na primeira, contextualizarei a arbitragem no cenário jurídico-institucional brasileiro para, logo depois, direcionar a discussão rumo ao espaço trabalhista. Em seguida, buscarei desmistificar algumas críticas sobre o uso da arbitragem em conflitos individuais entre empregados e empregadores. Feito isto, apresentarei pequenos ajustes que poderão facilitar a sua aceitação como uma boa prática jurisdicional.[8]

Se, ao final, eu conseguir transformar a sua desconfiança em um tímido "talvez" ou em um otimista "por que não?", já me darei por satisfeito.

---

[5] A mesma preocupação é compartilhada pelo professor PAMPLONA FILHO, Rodolfo. *Atualizando uma visão didática da arbitragem na área trabalhista*. Disponível em: <https://jus.com.br/artigos/6831/atualizando-uma-visao-didatica-da-arbitragem-na-area-trabalhista>. Acesso em: 04 jun. 2018.

[6] Em sentido semelhante, MOREIRA, José Carlos Barbosa. *Temas de direito processual*. 8ª série. São Paulo: Saraiva, 2004. p. 5.

[7] Nas palavras do autor: "Não devemos ser pessimistas a ponto de nos abandonarmos ao desespero, mas também não devemos ser tão otimistas que nos tornemos presunçosos". *A era dos direitos*. Tradução de Carlos Nelson Coutinho. Rio de Janeiro: Elsevier, 2004. p. 44.

[8] Para o alargamento do conceito de "jurisdição", de maneira a abranger, também, a atuação arbitral, cf. DIDIER JR., Fredie. A arbitragem no novo código de processo civil (versão da câmara dos deputados – Dep. Paulo Teixeira). *Revista do Tribunal Superior do Trabalho*, v. 79, n. 4, p. 73-74, out.-dez., 2013.

2 Contextualizando a discussão

Pois bem. Dando início à primeira parte, e dentro do nosso contexto de tomada de decisão, pergunto: o que todo e qualquer cidadão brasileiro almeja?

A resposta parece-me bem simples: encontrar e dispor dos melhores meios possíveis para a solução dos seus problemas. Ter à mão uma ferramenta simples, barata, rápida e capaz de produzir resultados legítimos, isto é, aceitáveis racional e emocionalmente.[9]

E por que hoje, mais do que ontem, essa busca por um mecanismo eficiente está na ordem do dia? Afinal de contas, não foram só o Parlamento e os Conselhos referidos na introdução deste ensaio que se debruçaram sobre os meios ditos alternativos de solução de conflitos. Juristas de todos os matizes têm se reunido e debatido intensamente sobre os caminhos a trilhar diante das novas portas que se abrem no cenário jurídico-institucional.[10]

Acredito que esta segunda resposta seja, mais uma vez, quase evidente: a premência pela descoberta de mecanismos mais eficazes na solução dos litígios ocorre porque o meio de que dispomos não está funcionando bem.

a) "A estatística é a arte de torturar os números até que eles confessem. E eles sempre confessam" (Abraham Laredo Sicsú)

A crise do Judiciário é um fato público e notório. Recentemente foi publicado, pelo CNJ, o relatório "Justiça em Números", com os dados relativos ao ano-base 2015.[11] As informações ali contidas sobre as despesas, receitas, estruturas orgânicas, pendências, prazos de duração do processo e análises de desempenho apenas confirmam e reforçam esta impressão. Para ficarmos apenas na Justiça do Trabalho, havia cerca

---

[9] Sobre a correlação simbiótica entre razão e emoção, cf. NUSSBAUM, Martha. *Emoções racionais*. Tradução de Maurício Ramires e Marcelo Cattoni. In: TRINDADE, André Karam; GUBERT, Roberta Magalhães; COPETTI NETO, Alfredo (Org.). *Direito e literatura*: discurso, imaginário e normatividade. Porto Alegre: Nuria Fabris, 2010 e STRUCHINER, Noel; TAVARES, Rodrigo de Souza. Direito & Emoções: uma proposta de cartografia. In: STRUCHINER, Noel; TAVARES, Rodrigo de Souza (Org.). *Novas fronteiras da teoria do direito*: da filosofia moral à psicologia experimental. Rio de Janeiro: Ed. PUC-Rio, 2015.

[10] Este tema foi tratado com destaque no Seminário Comemorativo dos 75 anos da Justiça do Trabalho e 70 anos do Tribunal Superior do Trabalho, realizado nos dias 25 e 26 de agosto de 2016 na FGV-RJ e promovido pelo TST, CSJT e ENAMAT, com o apoio da FGV Projetos, do IDP, do TRT da 1ª Região e da Academia Brasileira de Direito do Trabalho.

[11] Cf. <www.cnj.jus.br>. Acesso em: 03 jun. 2018.

de 5 milhões de processos pendentes de baixa no final do ano de 2015, dos quais 42% na fase de execução. Nesta etapa de desenvolvimento, encontra-se o maior gargalo do processo do trabalho, com uma taxa de congestionamento de 69,9%. Ou seja, de cada 100 processos na fase de execução, quase 70 não conseguem concretizar o direito definido judicialmente. Na fase de conhecimento, a situação é ligeiramente melhor, com uma taxa de congestionamento de 47,7%. Em números brutos, isso significa que, ao final de 2015, havia 2.115.171 processos em tramitação na Justiça do Trabalho desprovidos de efetivação.

Cansado de estatísticas? Lamento avisar: esta é a pequena ponta do iceberg. Ao consultarmos um pouco mais do relatório, podemos verificar, por exemplo, o tempo médio de tramitação dos processos trabalhistas. O método de análise escolhido separou os dados em três partes: (1) da distribuição até a sentença; (2) da distribuição até a baixa; e (3) para os processos pendentes, da distribuição até o final do período de apuração em 31.12.2015.

É sabido que esta espécie de investigação acaba por simplificar o seu objeto de estudo, pois não efetuou curvas de sobrevivência ou agrupamento de processos semelhantes por classes ou assuntos. De todo modo, penso que esta limitação cognitiva não retira do relatório sua enorme relevância, pois acredito que o intuito de conhecer os marcos temporais do processo do trabalho não será esvaziado se obtido mediante uma radiografia, ao invés de uma tomografia computadorizada. Entre o coisa alguma e o alguma coisa, é preferível ter acesso a qualquer fragmento empírico, por menor ou mais tosco que seja.

Anote-se, portanto, que o tempo médio do processo trabalhista na fase de conhecimento é (1) de 7 meses entre a distribuição e a sentença, (2) de 8 meses entre a distribuição e a baixa e (3) de 8 meses entre a distribuição e a permanência dos pendentes em 31.12.2015. Uma quantidade de tempo até razoável, diria eu. Contudo, como já entrevisto dois parágrafos acima, o nó górdio mora na execução. Nesta fase, o tempo médio de duração é de 3 anos e 6 meses. Logo, temos aí – em linhas gerais – um tempo global de cerca de 4 anos e 2 meses de duração dos processos na primeira instância da Justiça do Trabalho, cujo maior entrave é, sem sombra de dúvida, o momento de cumprimento da decisão judicial.

Mas isso não é só. O contexto de discussão sobre meios alternativos de solução de conflitos ainda não está completo. Além desta avalanche monumental de processos – e o último relatório "Justiça em Números" indicou a entrada de aproximadamente 4 milhões de novos casos no ano de 2015 –, a Justiça do Trabalho enfrentou o seu mais severo aperto orçamentário da história, chegando ao ponto de quase fechar as suas portas neste ano de 2016.[12]

b) "É urgente eliminarmos da mente humana a ingênua suposição de que seja possível sairmos da grave crise em que estamos mergulhados, usando o mesmo pensamento que a produziu" (Albert Einstein)

Morosidade, volume assombroso e grave escassez de recursos. É por essas e outras que o Poder Judiciário como um todo apanha diuturnamente da opinião pública. A insatisfação social é palpável.[13] E aqui volto ao tema.

Esta crise que nos amofina não é uma jabuticaba nacional. *Mutatis mutandi*, algo parecido foi vivenciado e discutido na década de 70 do século passado nos EUA e na Europa. Tanto os norte-americanos quanto os europeus estavam desgostosos com a sua Justiça. Daí organizou-se um movimento civil em reação à ineficiência do Poder Judiciário.

Em 1976, na cidade de Minnesota, realizou-se a "National Conference on the Causes of Popular Dissatisfaction with Administration of Justice" (também chamada de "Pound Conference"). Foi lá que o Professor Frank Sander cunhou a famosa expressão "Alternative Dispute Resolution", no afã de sublinhar a necessidade de criação de vias comunitárias para a solução dos problemas que paralisavam o Judiciário. Sua ideia era a de incentivar a formação de mecanismos intersubjetivos de conhecimento e compreensão, visando ao empoderamento das comunidades locais e – este é o ponto – ao alívio do Poder Judiciário.[14]

---

[12] Sobre o drástico corte orçamentário sofrido pelos órgãos do Poder Judiciário, com requintes de maldade para a Justiça do Trabalho, cf. <http://g1.globo.com/politica/noticia/2016/02/lewandowski-chama-de-inusitado-corte-no-orcamento-do-judiciario.html>. Acesso em: 03 jun. 2018.

[13] Para confirmar esta impressão, vale a leitura do excelente relatório produzido pela Fundação Getúlio Vargas – SP, sobre o Índice de Confiança na Justiça Brasileira – ICJBrasil. No último documento produzido (1º trimestre/2014 ao 4º trimestre/2014), constatou-se uma piora da avaliação geral do Judiciário (o ICJBrasil do ano anterior ficou em 5,2 ao passo que o de 2014 ficou em 4,6). E esta piora se refletiu nos dois subíndices que compõem a estatística: (1) o da percepção (que avalia a confiança, rapidez, custo, facilidade de acesso, independência política e honestidade), que ficou em 3,1; e (2) o do comportamento (que mede a intenção de recorrer ao Judiciário em caso de problemas envolvendo a competência da Justiça Comum ou da Justiça do Trabalho – as esferas penal, militar e eleitoral foram excluídas), que ficou em 8,2. Em suma: apenas 31% dos entrevistados disseram confiar no Poder Judiciário, tendo ele atingido o 8º lugar dentre 11 instituições aferidas (ficou atrás das forças armadas, igreja católica, ministério público, imprensa escrita, grandes empresas, polícia e emissoras de TV e ficou à frente do governo federal, do congresso nacional e dos partidos políticos). Disponível em: <http://direitosp.fgv.br/en/publicacoes/icj-brasil>. Acesso em: 3 jun. 2018.

[14] CLARK, Bryan. *Lawyers and mediation*. Heidelberg: Springer, 2012. p. 2.

Por não estar dando conta do recado, o próprio Chief Justice Warren Burger[15] tornou-se um dos mais proeminentes defensores dos ADRs, tidos como um remédio para os males de uma sociedade cada vez mais litigiosa.[16] Na sua opinião, estimular os meios alternativos como uma forma de lidar com a crise dos tribunais não significava criticar a essência ou os ideais implícitos à prestação jurisdicional. Significava, ao contrário, valorizá-la através de sua limitação. O objetivo era preservar o espaço do Direito ao evitar sobrecarregar a capacidade institucional daquele que o aplica.[17]

Do outro lado do Atlântico, o mesmo dilema era debatido. No Brasil, 11 de cada 10 obras sobre o acesso à justiça mencionam o trabalho dos professores Mauro Cappelletti e Bryant Garth: o Projeto Florença.[18] Desenvolvido na década de 70 do século passado, os seus autores investigaram as causas dos entraves do Poder Judiciário e chegaram a algumas conclusões.[19] Partindo da premissa de que o tempestivo e efetivo acesso à justiça é um direito fundamental e um requisito básico para o bom funcionamento de um sistema jurídico moderno e igualitário, os professores Cappelletti e Garth identificaram algumas reformas indispensáveis ao seu aprimoramento.

As chamadas "ondas reformadoras" abarcariam, em primeiro lugar, a diminuição do custo do processo. O Estado deveria prover os meios para que os mais pobres conseguissem levar seus problemas ao Judiciário, seja através de assistência jurídica gratuita ou da gratuidade das despesas processuais. Num segundo instante, dever-se-ia enfrentar as questões metaindividuais. Valorizar mais as soluções no atacado e menos as de varejo. Molecularizar as demandas, com a finalidade de diminuir a sua extrema fragmentação ou atomização. Por fim, sugeriram a adoção de procedimentos mais especializados, econômicos e eficientes, centrando esforços na prevenção de litígios através da conciliação e da mediação.

---

[15] Presidente da Suprema Corte dos EUA no período de 23.06.69 a 26.09.86.
[16] CLARK, Bryan. *Op. cit.*, p. 2.
[17] *Ibidem*, p. 3.
[18] Por todos, cf. MEDEIROS NETO, Elias Marques de. A efetividade do processo, reformas processuais, o projeto de um novo Código de Processo Civil e a arbitragem: a terceira onda de transformação da doutrina de Mauro Cappelletti e Bryant Garth. In: CAHALI, Francisco José; RODOVALHO, Thiago; FREIRE, Alexandre. *Arbitragem*: estudos sobre a Lei nº 13.129, de 26-5-2015. São Paulo: Saraiva, 2016. p. 197-220.
[19] CAPPELLETTI, Mauro; GARTH, Bryant. *Acesso à justiça*. Tradução de Ellen Gracie Northfleet. Porto Alegre: Sergio Antonio Fabris, 2008.

c) "Conciliar é legal" (Conselho Nacional de Justiça)

Depois deste rápido passeio pelo direito comparado, vê-se que nossos anseios de aqui e agora foram, e ainda são compartilhados pelo mundo afora. Entretanto, o interessante, no que toca à Justiça do Trabalho brasileira, é que já surfamos nessas ondas faz tempo. Desde pelo menos a década de 40 do século XX, quando passamos a usar a CLT e fomos incorporados ao Poder Judiciário, a nossa Justiça trabalhista é especializada, bem mais em conta que as demais, manuseia com desenvoltura dissídios de natureza coletiva (jurídicos e econômicos) e tem o seu centro de gravidade processual no fomento à conciliação.[20] Para nós, da Justiça do Trabalho, não há nada de novo nas ideias ventiladas ao norte do equador.

Chegamos a um beco sem saída? Estão certos os que, ceticamente, desprezam os meios alternativos, uma vez que a Justiça do Trabalho já possui o que há de melhor no mercado de ideias institucionais?

Infelizmente, a realidade me obriga a refutar este ato de fé. Trata-se de uma crença pura e simples, sem um mínimo lastro empírico que lhe dê sustentação. Como dizem os ingleses, os números não mentem jamais. As estatísticas extraídas do relatório "Justiça em Números" são deveras contundentes. Com elas, saltam aos olhos de quem se dispuser a ver a vida como ela é que a Justiça do Trabalho brasileira padece dos mesmos problemas que os demais segmentos do Poder Judiciário. Estamos todos na mesma encruzilhada. Fato este, por si só, suficiente para que os mais cautelosos aceitem, pelo menos, acender a luz amarela. Mas se, ainda assim, o gosto amargo da realidade numérica não for capaz de lhes quebrar a resistência, vale a pena destacar uma característica que nos é peculiar e que – modéstia à parte – ainda nos mantém na vanguarda. Talvez ao rememorá-la, você consiga deixar-se aproximar de forma mais consciente e menos arredia da arbitragem individual trabalhista. Falo do nosso "know-how" conciliador.

Novamente sob o aspecto estritamente estatístico encontrado no "Justiça em Números" ano-base 2015, o Poder Judiciário em geral realiza, em média, 11% de conciliações. Destrinchando um pouco mais os números, vemos que os Juizados Especiais Estaduais realizam 19,1% de acordos e, os Federais, 5,6%. Enquanto isso, a Justiça do Trabalho como um todo realiza 25% de conciliações, com medalha de ouro para

---

[20] Sobre a inserção da conciliação no sistema processual brasileiro e, mais especificamente, sobre a sua inscrição na certidão de nascimento da Justiça do Trabalho (art. 30 do DL nº 1.237/39, depois convertido no art. 764 da CLT), cf. TUPINAMBÁ, Carolina. *As garantias do processo do trabalho*. São Paulo: LTr, 2014. p. 160.

o primeiro grau de jurisdição, cuja mediana é de incomparáveis 40% de conciliações. Ora, como os membros de um órgão com tamanha *expertise* em conciliar podem ser tão avessos a mecanismos privados de solução de conflitos, cuja lógica é justamente a dialógica, isto é, a do diálogo travado à exaustão, tal como fazemos em nosso cotidiano forense?

Trazendo um pouco da minha experiência pessoal de mais de 16 anos de juiz e conciliador, pude perceber, intuitivamente, dois padrões de comportamento em juízo.

De início, as partes anseiam por serem ouvidas. Elas querem falar com o juiz, expor suas angústias, sua indignação. É o seu "dia na Corte", no qual se veem na circunstância de poder expressar o seu sentimento de injustiça, tão bem apreendido por Ihering séculos atrás.[21] Percebi, ainda, que ambas as partes se abrem à conciliação apenas quando acreditam que o juiz as entende, que ele tenta se colocar no seu lugar e que tem uma noção mínima da realidade vivenciada do lado de fora do tribunal. Daí porque o domínio interdisciplinar pelo juiz, ainda que rudimentar, de disciplinas tais como psicologia social, economia, teoria dos jogos, contabilidade e sociologia são de fundamental importância para transparecer credibilidade. Não foram poucas as vezes em que uma palavra fora de lugar pôs por terra todo um esforço em prol da conciliação. E esta credibilidade – verdadeiramente crucial para que os litigantes cheguem a um denominador comum – deriva de outras características inerentes ao exercício da atividade conciliatória. Por exemplo: a postura do juiz-conciliador deve ser a de alguém imparcial (o que não tem absolutamente nada a ver com uma postura desprovida de empatia, com uma frieza emocional).[22] Deve postar-se também como alguém pragmático, um especialista imbuído de vontade para a resolução do problema da melhor maneira possível e dentro do recorte da realidade que lhe é apresentado.

Em suma: as partes precisam confiar no juiz-conciliador. Para tanto, devem acreditar que ele entende o que está em jogo e que está disposto a ir com eles até o fim, ajudando-os a solucionar o imbróglio. Devem crer na sua boa-fé.

---

[21] Cf. IHERING, Rudolf von. *A luta pelo direito*. 8. ed. São Paulo: Revista dos Tribunais, 2014.

[22] Como bem ensinou o Professor Barbosa Moreira: "dizer que o juiz deve ser imparcial é dizer que ele deve conduzir o processo sem inclinar a balança, ao longo do itinerário, para qualquer das partes (…) Outra coisa é pretender que o juiz seja neutro, no sentido de indiferente ao êxito do pleito. Ao magistrado zeloso não pode deixar de interessar que o processo leve a desfecho justo". *Temas de direito processual*. 7ª série. São Paulo: Saraiva, 2001. p. 19-30.

Eis aí o esboço do nosso contexto de discussão sobre os meios alternativos. E, diante desta perspectiva, lanço a seguinte indagação: a arbitragem privada consegue reproduzir, internamente (entre as partes) e externamente (perante a sociedade), este ambiente institucional dialógico, provedor de confiança recíproca, nos moldes encontrados na Justiça do Trabalho?

3 Desmistificando a solução

A escolha do critério da *credibilidade* para a seleção do terceiro que solucionará os nossos problemas é algo relativamente tranquilo de se defender.[23] A questão é justamente saber se a arbitragem está apta a tornar-se respeitável a ponto de conseguir disseminar-se pela esfera trabalhista, pois, atualmente, permanece com uma imagem elitizada e pouco afeita aos conflitos mais comezinhos.[24] Ocorre que ela tem tudo para dar certo. Trata-se de um procedimento cujo desenho institucional traz as sementes da simplicidade, da flexibilidade, do custo reduzido, da rapidez e da confidencialidade.[25] Enfim, possui todos os requisitos necessários à produção de soluções legítimas, até porque seu pressuposto fundamental é o da autonomia da vontade das partes contratantes.[26]

Portanto, enfatizo outra vez: não vislumbro antagonismo entre a arbitragem individual trabalhista e a Justiça do Trabalho.

a) "Aquele que alivia o fardo do mundo para o outro não é inútil neste mundo" (Charles Dickens)

Não considero a arbitragem sequer um meio alternativo. Ela é mais do que isso. É, na verdade, um instrumento *complementar* ao processo judicial clássico. Penso assim não só pelos motivos expostos pelo Chief Justice Warren Burger – de diminuição da sobrecarga do Judiciário e da potencial melhora da qualidade de atuação dos juízes –, como também porque o próprio Poder Legislativo posicionou-se desta maneira.

Quando, por exemplo, dispõem sobre a interrupção da prescrição pela implementação da arbitragem,[27] ou sobre a possibilidade de ser expedida carta arbitral a ser obrigatoriamente cumprida pelo juiz togado (seja, *v.g.*, para intimar uma testemunha ou para buscar e apreender

---

[23] TUPINAMBÁ, Carolina. *Op. cit.*, p. 165.
[24] *Ibidem*, p. 154-155.
[25] PARENTE, Eduardo de Albuquerque. *Processo arbitral e sistema*. São Paulo: Atlas, 2012. p. 88-94.
[26] *Ibidem*, p. 94-103.
[27] Art. 19, §2º da Lei nº 9.307/96.

documentos),[28] ou, ainda, quando permitem a prolação de tutela provisória pelo árbitro[29] ou que o árbitro possa rever a tutela provisória anteriormente proferida pelo magistrado,[30] os legisladores brasileiros pavimentaram largas vias de integração institucional entre a arbitragem e a judicatura. O que, antes, era uma alternativa ou ramificação, agora é uma adição. Estamos diante de vias complementares, recíprocas e paralelas, com acessos simples e rápidos. Uma infraestrutura institucional otimizada, cuja *ratio* torna-se de fácil compreensão, quando se percebe o esforço comum que lhe está por detrás. Ao fim e ao cabo, todos os caminhos levam ao mesmo ponto de chegada: a pacificação da sociedade. Processo arbitral e processo judicial são os dois lados de uma mesma moeda.

Contudo, para conquistar os corações e mentes dos que permanecem recalcitrantes quanto ao ingresso da arbitragem no arcabouço institucional trabalhista de solução de conflitos individuais, acredito ser fundamental desmistificar algumas premissas para, em seguida, propor alguns pequenos ajustes. Com isso, talvez – e apenas talvez – eu consiga convencê-los a mudar de ideia.

a.1) Mito nº 1: ausência de previsão normativa

Começarei pelo argumento mais sedutor aos positivistas de plantão. Para eles, vale relembrar que o ordenamento jurídico trabalhista já regulamenta a arbitragem faz tempo. O esquecimento desta realidade jurídica acontece, provavelmente, pelo destaque costumeiramente dado à atual redação do art. 114, §2º da CF/88, inserida pela EC nº 45/04, segundo a qual é permitido às partes de um litígio coletivo optar pela arbitragem. Todavia, tal permissão normativa não confronta ou tampouco deve obscurecer o fato de que ela também existe para as situações individuais, só que no patamar infraconstitucional.

A Lei de Greve (Lei nº 7.783/89, art. 7º), a antiga Lei dos Portos (Lei nº 8.630/93, art. 23) revogada pela Lei nº 12.815/13, cujo art. 37 traz previsão bem similar, a Lei de Participação nos Lucros (Lei nº 10.102/00, art. 4º), a Lei do Desporto (Lei nº 9.615/98, art. 90-C) e a Convenção sobre o Reconhecimento e a Execução de Sentenças Arbitrais Estrangeiras (Decreto nº 4.311/02) ilustram bem a inserção da arbitragem no sistema jurídico-institucional de solução de conflitos individuais trabalhistas.

---

[28] Art. 237, IV do NCPC e art. 22-C da Lei nº 9.307/96.
[29] Art. 22-B, parágrafo único da Lei nº 9.307/96
[30] Arts. 22-A, caput e 22-B, caput da Lei nº 9.307/96.

Nada mais emblemático, porém, do que o art. 83, XI da LC nº 75/93. Ao regulamentar as atribuições do Ministério Público do Trabalho, ele autorizou o Procurador a "atuar como árbitro, se assim for solicitado pelas partes, nos dissídios de competência da Justiça do Trabalho". Em síntese: a par de rememorarmos um bom número de dispositivos legais que incentivam a arbitragem individual trabalhista no Brasil, acabamos por reencontrar uma oportunidade perdida, mas que ainda está em tempo de ser resgatada. Nunca é tarde para incentivar o Ministério Público do Trabalho a tornar-se um parceiro nesta empreitada. Por tratar-se de um órgão público acima de qualquer suspeita, a subutilização da arbitragem pelos seus membros deve ser revista para ontem, até porque eles não estão imunes aos impactos perversos que a avalanche processual e as deficiências estruturais da Justiça do Trabalho causam aos jurisdicionados.

a.2) Mito nº 2: árbitro malvado *versus* juiz hercúleo

Partindo agora para a segunda desmistificação, aproveito o mote do prestígio e da confiança, depositados no possível desempenho arbitral do Procurador do Trabalho, para falar do seu oposto: o descrédito da imparcialidade do árbitro privado.[31]

O medo de que o terceiro, aquele contratado como árbitro, se corrompa e favoreça à parte mais forte economicamente é latente à nossa discussão. Entretanto, se dermos dois passos para trás, conseguiremos entrever o pano de fundo e constatar que o propulsor deste sentimento ruim é uma – mais uma – idealização. Indo direto ao ponto: o excesso de confiança no juiz-conciliador bloqueia a aceitação de alternativas de ação. Os que defendem com unhas e dentes a manutenção do monopólio estatal na resolução de conflitos individuais trabalhistas cultuam, ainda que inconscientemente, a figura mitológica do Juiz Hércules.[32] Mas quem seria este senhor?

De acordo com o seu ilustre criador, Hércules seria um juiz dotado de argúcia, paciência e racionalidade divinas, estando plenamente capacitado a (re)interpretar coerentemente, e pelo tempo que fosse necessário, todo o material fático e normativo posto à sua disposição. Com isso, estaria habilitado a dar uma única resposta correta para o problema a ser solucionado.[33]

---

[31] Neste sentido, cf. TUPINAMBÁ, Carolina. *Op. cit.*, p. 167.
[32] DWORKIN, Ronald. *Império do direito*. Tradução de Jefferson Ruiz Camargo. 2. ed. São Paulo: Martins Fontes, 2007. p. 287.
[33] *Ibidem*, p. 287-294.

Preciso dizer mais? Está na cara que se cuida de uma ficção teórica. Algo que, na filosofia, chamam de ideal regulatório ou situação contrafática. Apesar de inatingível no mundo real, sua utilidade está em guiar os atos dos juízes mortais, de maneira que eles se espelhem na metodologia hercúlea e no seu desiderato de integrar o direito, isto é, de interpretá-lo em consonância com o passado e com as circunstâncias presentes. Daí porque cada tomada de decisão deverá correlacionar-se com as anteriores, evitando-se rupturas bruscas da narrativa judicial. Todos deverão se comportar como se fossem autores de capítulos sucessivos de um mesmo romance em cadeia.[34]

Voltemos ao planeta Terra. Situemo-nos no tempo e no território nacional, cuja realidade jurisdicional já foi devidamente contextualizada no item anterior. Vejo-me forçado a dizer o óbvio novamente. É difícil assumir o papel do menino que aponta para o rei – ou para o juiz – e afirma com a certeza dos incautos: ele está nu. A toga caiu. Não estamos no Olimpo e não existem Hércules para dar cabo dos milhões e milhões de processos que se avolumam minuto após minuto, dia após dia, semana após semana, mês após mês, ano após ano na Justiça do Trabalho.

Vejam bem. Por mais talentoso e diligente que seja o juiz – trabalhista ou qualquer outro –, sua atuação estará circunscrita a um inexorável limite fisiológico. Limite este que, convenhamos, está próximo de ser ultrapassado, com todos os riscos inerentes à sua saúde física e mental. E tanto assim que o próprio CNJ editou a Resolução nº 207/2015, instituindo uma política de atenção integral à saúde de magistrados e servidores do Poder Judiciário.[35]

De fato, ao voltarmos nossa atenção mais uma vez para o relatório "Justiça em Números" do ano-base 2015, constatamos a produtividade formidável dos juízes brasileiros. Com um aumento de 3,7% em relação ao ano-base anterior, a média de 1.760 processos julgados anualmente é uma das maiores (se não a maior) do mundo civilizado. E particularmente na Justiça do Trabalho ainda nos confrontamos com um detalhe que faz toda a diferença: julgamos petições com dez, vinte, trinta pedidos de uma só vez. Uma cumulação que acaba por esconder múltiplas demandas em um único processo. De maneira que as unidades de julgamento, computadas como parâmetro de produção,

---
[34] Ibidem, p. 286.
[35] Sobre o tema, cf. WANDELLI, Leonardo Vieira. A efetividade do processo sob o impacto das políticas de gestão judiciária e do novo CPC. In: BRANDÃO, Cláudio; MALLET, Estêvão. Processo do trabalho. Salvador: Juspodivm, 2015. p. 77-81.

projetam uma estatística distorcida para baixo. Sem falsa modéstia, julgamos bem mais do que se imagina.

Justamente por isso, retorno ao argumento do antepenúltimo parágrafo. Dissociar o Juiz do Trabalho do Juiz Hércules é, antes de mais nada, humanizá-lo. Significa ressaltar as suas agruras pessoais e profissionais. O indivíduo que se põe em vestes talares, especialmente o que se submete a concurso público para judiciar na linha de frente do primeiro grau de jurisdição, está sobrecarregado pelo excesso de trabalho. Mais do que isso, ele está pressionado por metas rigorosas de gestão, quantidade e velocidade de julgamentos, traçadas pelo CNJ e pelo CSJT; encontra-se desmotivado pelo bombardeio midiático que, dia sim e outro também, induz a opinião pública a vê-lo como um marajá fornido de privilégios e com a carteira recheada, tornando-se – aí sim – uma tarefa digna dos 12 trabalhos de Hércules conseguir uma simples e insatisfatória reposição parcial da inflação para o seu subsídio. Enfim, o juiz-conciliador é um ser humano com seus desejos, ambições, ideais, realizações, frustrações, dores e amores como outro qualquer. Por certo que haverá aquele que irá descambar para o avesso do que se espera de um bom julgador.[36] Mas me arrisco a dizer – mesmo não estando munido de dados estatísticos – que a grande maioria mata no peito e sua a camisa nos tribunais.

E aqui retomo o fio da meada. Não obstante toda a dedicação dos magistrados brasileiros, carregar um piano nas costas todo santo dia cobrará sua fatura. Não vislumbro um futuro muito promissor se, à moda do Gattopardo de Lampedusa, assimilarmos o novo CPC ao processo do trabalho para que as coisas permaneçam como estão. Preservar este *status quo* monopolista é uma estratégia equivocada e pode nos levar a um beco sem saída.

Por que não dar um voto de confiança à arbitragem?

O árbitro é escolhido pelas partes. A Lei nº 13.129/15 reforçou essa liberdade de escolha ao dar prioridade à decisão das partes em detrimento das "listas fechadas" de algumas câmaras arbitrais.[37] Geralmente, o árbitro é um profissional experimentado, altamente especializado, zeloso de sua reputação, deve observar o devido processo legal e pode

---

[36] Para uma exposição crítica de comportamentos considerados inadequados, cf. TUPINAMBÁ, Carolina. *Op. cit.*, p. 155-156 e 217-220.

[37] Cf. NEVES, José Roberto de Castro. A escolha do árbitro como fundamento da arbitragem. In: MELO, Leonardo de Campos; BENEDUZI, Renato Resende. *A reforma da arbitragem*. Rio de Janeiro: Forense, 2016. p. 576-578.

ser responsabilizado penalmente em caso de fraude.[38] Existem hoje no Brasil instituições reconhecidamente competentes neste segmento de atuação.[39] Ah... bradarão alguns! O empregado ou o ex-empregado não escolherá nada. Sua liberdade de escolha é falaciosa, pois não conhecerá o escolhido e, o mais grave, não o remunerará.

Qual a imparcialidade esperada deste terceiro interventor?

a.3) Mito nº 3: o eterno hipossuficiente

Vamos desconstruir este mito por partes. Em primeiro lugar, não é demais falar que o modelo arbitral possui natureza privada e, como tal, está normativamente lastreado em um contrato.[40] Logo, a decisão arbitral – seja ela qual for – retirará sua força jurídica e vinculante de um ato de vontade das partes.[41] Simples assim. Ou não? É sim. A certeza da simplicidade recai na recusa de outra idealização (são tantas) pressuposta à desconfiança do árbitro. Falo da "hipossuficiência" do empregado. É lugar-comum no direito do trabalho brasileiro conceituar-se abstratamente o trabalhador subordinado como alguém hipossuficiente, ou seja, vulnerável econômica e psicologicamente.[42] Eu não compro esta ideia. Nem eu, nem os legisladores.

Ao ser promulgada, a Lei nº 13.129/15 atualizou a Lei nº 9.307/96 e, dentre outras inovações, prescreveu no art. 4, §4º que: "Desde que o empregado ocupe ou venha a ocupar cargo ou função de administrador ou de diretor estatutário, nos contratos individuais de trabalho poderá ser pactuada cláusula compromissória, que só terá eficácia se o empregado tomar a iniciativa de instituir a arbitragem ou se concordar expressamente com a sua instituição".

Difícil ser mais claro. A maioria dos deputados federais e senadores entendeu que os altos empregados possuem plena liberdade de escolha, mesmo na vigência de seus contratos de emprego. Por isso,

---

[38] Arts. 17 e 32 da Lei nº 9.307/96.
[39] Por exemplo: Câmara Americana de Comércio, Câmara de Comércio Brasil-Canadá, Câmara da FIESP, Conselho Arbitral do Estado de São Paulo e Câmara FGV-RJ de Mediação e Arbitragem.
[40] PAMPLONA FILHO, Rodolfo. *Atualizando uma visão didática da arbitragem na área trabalhista*, p. 1 e NEVES, José Roberto de Castro. A escolha do árbitro como fundamento da arbitragem, p. 569-571.
[41] BASILIO, Ana Tereza; FREIRE, Alexandre; RODOVALHO, Thiago. Modernização da Lei de Arbitragem – algumas reflexões. In: CAHALI, Francisco José; RODOVALHO, Thiago; FREIRE, Alexandre. *Arbitragem*: estudos sobre a Lei nº 13.129, de 26-5-2015. São Paulo: Saraiva, 2016. p. 35.
[42] Por todos, cf. DELGADO, Mauricio Godinho. *Curso de direito do trabalho*. 13. ed. São Paulo: LTr, 2014. p. 287-308.

autorizaram-nos a negociar cláusula arbitral diretamente com seus empregadores. Foi permitida expressamente a inserção de cláusula contratual, na qual se estipula de antemão a arbitragem como meio de solução de conflitos futuros. E os nobres parlamentares foram além. Para que não pairasse dúvida sobre a validade da decisão tomada de comum acordo pelas partes, condicionaram a eficácia da cláusula arbitral a uma decisão unilateral do empregado ou a uma segunda anuência sua, quando provocada pelo empregador. Concordaria então uma primeira vez, ao aceitar a cláusula no seu contrato em vigor. Para expurgar qualquer resquício de incerteza sobre a liberdade decisória do empregado, apenas ele poderia efetivá-la de pronto, pois, para o empregador, a cláusula só seria eficaz com uma segunda concordância do trabalhador.

Mas... De repente surge o veto presidencial, com as seguintes razões: "O dispositivo autorizaria a previsão de cláusula de compromisso em contrato individual de trabalho. Para tal, realizaria, ainda, restrições de sua eficácia nas relações envolvendo determinados empregados, a depender de sua ocupação. Dessa forma, acabaria por realizar uma distinção indesejada entre empregados, além de recorrer a termo não definido tecnicamente na legislação trabalhista. Com isso, colocaria em risco a generalidade de trabalhadores que poderiam se ver submetidos ao processo arbitral".

Qual a distinção é indesejada? Por que é indesejada? Por quem é indesejada? Desde quando os legisladores devem valer-se de termo "definido tecnicamente" para positivar o direito? Normatizar o que deve ser agora significa descrever tecnicamente o que é? Qual termo seria esse? Qual o critério técnico adequado para descrevê-lo? Qual o risco criado para a generalidade de trabalhadores com a prescrição do art. 4º, §4º? E, finalmente, por que este risco se generalizaria para absolutamente todos os trabalhadores do Brasil, especialmente se levarmos em conta que a permissão era para o espectro bem restrito de altos empregados?

A saraivada de perguntas acima, muito provavelmente, continuará sem resposta por um demorado período. Fiz questão de colocá-las apenas para ressaltar o argumento do *reductio ad absurdum* e demonstrar a sua utilização subliminar no veto presidencial. A rigor, ele está ali apenas para cumprir tabela. Ora, nada de razoável se extrai dali, a não ser a decisão ideológica de negar a decisão parlamentar porque dela não se gostou. Como o Poder Executivo não pode imperialmente dizer "não gostei e ponto", acabou por apresentar razões pífias, na tentativa canhestra de justificar o injustificável.[43]

Os altos empregados não sofrem por causa de suas necessidades básicas. Eles conseguem se livrar, com desenvoltura, de eventuais dificuldades economicamente limitadoras de sua liberdade de escolha.[44] São pessoas, via de regra, com elevado nível de instrução formal e, pois, muito bem informadas sobre os pontos relevantes envoltos em suas tomadas de decisão. Geralmente são profissionais bem colocados no mercado de trabalho, com larga rede de contatos sociais. Tornando curta uma longa história, estão plenamente capacitados para negociar suas posições perante seu empregador, seja antes, durante e, principalmente, depois de encerrado o contrato de trabalho. A retirada da permissão legal para resolverem seus problemas eventuais mediante arbitragem não os impede de fazê-lo. Mas dificilmente o empregador aceitará, haja vista o viés draconiano e protecionista demonstrado pelo Estado brasileiro. A segurança jurídica – essencial à sobrevida dos meios alternativos – evaporou-se.

Todavia, por mais incrível que possa parecer, nem sempre foi assim.

Houve época em que o TST aceitou a arbitragem individual trabalhista. Em interessante exposição histórica, a professora Carolina Tupinambá descreveu a evolução jurisprudencial deste tribunal.[45]

No julgamento do RR nº 147500-16.2000.5.05.0193, em 17.10.2008, cuja relatoria foi do Ministro Pedro Paulo Manus, a 7ª Turma do TST afirmou ser o compromisso arbitral um mecanismo de prevenção ou solução de litígios compatível com o direito e o processo do trabalho, ainda que seja dada ampla e irrevogável quitação pelas partes. Posteriormente, em 11.12.2009, na 4ª Turma do TST, no julgamento do RR nº 25900-67.2008.5.03.0075, cujo relator foi o Ministro Barros Levenhagen, ficou decidido que é nula a cláusula arbitral integrada ao contrato de trabalho em vigor, mas que, após a sua dissolução, a vulnerabilidade presumida em função da hipossuficiência minimiza-se, haja vista

---

[43] Também em tom bastante crítico ao veto presidencial, cf. VERÇOSA, Fabiane. Arbitragem para a resolução de conflitos trabalhistas. In: MELO, Leonardo de Campos; BENEDUZI, Renato Resende. *A reforma da arbitragem*. Rio de Janeiro: Forense, 2016. p. 496-499.

[44] Sobre a utilização da categoria "necessidade básica" como um dos elementos de definição dos direitos fundamentais materiais dos empregados, cf. GOMES, Fábio Rodrigues. *Direitos fundamentais dos trabalhadores*: critérios de identificação e aplicação prática. São Paulo: LTr, 2013. p. 137-144.

[45] TUPINAMBÁ, Carolina. *Op. cit.*, p. 168-170.

o esgarçamento da subordinação e da dependência econômica do empregado. E, na sequência, ressaltaram a natureza patrimonial dos direitos trabalhistas derivados da rescisão, de forma a concluir pela possibilidade jurídica da arbitragem após a extinção contratual.

O que parecia encaminhar-se para uma solução intermediária sobre a arbitragem individual trabalhista – com a permissão restrita aos compromissos arbitrais firmados após o término do contrato – sofreu um revés. Um pouco depois daquela última deliberação, a 8ª Turma julgou o AIRR nº 131040-21.2007.5.02.0086, em 30.03.2010, sob a relatoria do Ministro Lelio Bentes Corrêa. Ali se declarou que "o instituto da arbitragem, em princípio, não se coaduna com as normas imperativas do Direito Individual do Trabalho, pois parte da premissa, quase nunca identificada nas relações laborais, de que empregado e empregador negociam livremente as cláusulas que regem o contrato individual de trabalho. (...) Como reforço de tese, vale destacar que o art. 114 da Constituição Federal, em seus parágrafos 1º e 2º, alude à possibilidade da arbitragem na esfera do Direito Coletivo do Trabalho, nada mencionando acerca do Direito Individual do Trabalho".

Por fim, a SDI-1 pôs uma pá de cal nesta questão no julgamento do AI nº 41540-2005.039.02.40, ao decidir, por maioria, que os empregados não estão autorizados a se submeter à arbitragem, seja antes, durante ou depois de terminado o contrato.[46]

Começo pelo fim. Interpretar o silêncio constitucional, a respeito da arbitragem individual trabalhista, como uma proibição implícita é um açodamento hermenêutico perigoso. De plano, poder-se-ia argumentar que a lógica deôntica tradicional aponta para a direção contrária, isto é, no sentido de que o não expressamente proibido está implicitamente permitido.[47]

Entretanto, caso se queira aprofundar um pouco mais o problema, sugiro a leitura das lições de Robert Alexy. Este renomado professor alemão defendeu a existência de uma "margem de ação estrutural" e de uma "margem de ação epistêmica". A primeira, significando a certeza sobre o que a Constituição ordena ou proíbe (ou sobre o que ela não ordena ou não proíbe) aos legisladores; a segunda, significando a dificuldade de identificação de ordens e proibições à atuação dos

---

[46] *Ibidem*, p. 171.
[47] Neste sentido, PEREIRA, Ana Lúcia. As modificações propostas para a utilização da arbitragem nos contratos individuais de trabalho. In: CAHALI, Francisco José; RODOVALHO, Thiago; FREIRE, Alexandre. *Arbitragem*: estudos sobre a Lei nº 13.129, de 26-5-2015. São Paulo: Saraiva, 2016. p. 40-41.

legisladores. Quando estamos na primeira margem, podemos respirar aliviados, mas, se estivermos na segunda, a incerteza será palpável. O pior, contudo, não é cair de paraquedas na margem de ação epistêmica. Antes disso, o X da questão é saber em qual das margens aterrissamos. Sem isso, será um esforço desumano avaliar se a nova legislação esbarrou em alguma norma constitucional que lhe era restritiva ou se a velha lei foi atropelada pela incompatibilidade constitucional superveniente, especialmente quando ela é invisível.[48]

Espero tê-lo alertado, com este breve excurso, sobre como não é nada óbvio o propalado silêncio eloquente constitucional, supostamente proibindo a promulgação de leis sobre arbitragem individual trabalhista. Esta conclusão legitimaria uma violenta, arbitrária e – repito – perigosa restrição ao princípio democrático. Dar-se-ia uma carta branca para que o juiz pusesse palavras na boca do constituinte, transformando-se numa caricatura bizarra da famosa alegoria de Montesquieu sobre ser ele a "boca da lei". Uma boca que não apenas interpreta o que está escrito, como também pronuncia o que não está escrito. Um exercício fantasmagórico de psicografia jurídica que seria cômico, se não fosse trágico para o Estado democrático.

Em tempos de ativismo judicial sem peias, com base numa aplicação principiológica que, de tão descontrolada, faria corar o mais realista dos realistas jurídicos norte-americanos, não creio ser uma opção hermenêutica louvável. Ou seja, em havendo uma dúvida razoável, prefiro acreditar que a omissão constitucional traduz-se numa permissão para o exercício da liberdade política pelo Parlamento. Ou, como diria Alexy, a incerteza da extensão dos direitos fundamentais em jogo traduz-se numa discricionariedade epistêmica do tipo normativo, permitindo-se às maiorias eventuais externar suas próprias valorações.

Retorno, agora, ao problema da hipossuficiência. Faço isso apenas para dizer mais uma ou duas palavras sobre este tema, um verdadeiro tabu no direito do trabalho brasileiro.

As pedras de toque aqui são duas: a real liberdade de decisão e a qualidade da informação.

Asseverar, com certeza absoluta, que o empregado não detém liberdade decisória e/ou que está desinformado sobre a decisão a ser tomada é uma impossibilidade fática. Do mesmo modo que afirmar o contrário também o é. Por isso, neste campo de investigação trabalha-se

---

[48] *Teoria dos direitos fundamentais*. Tradução de Virgílio Afonso da Silva. São Paulo: Malheiros, 2008. p. 612-627.

com a presunção razoável. Razoabilidade, aqui, no sentido aristotélico de equidade, daquilo que normalmente acontece em nosso cotidiano.[49] As perguntas subjacentes são as seguintes:

(1) É razoável aceitar a ideia de o empregado comprometido em sua capacidade decisória antes ou durante a vigência do contrato?

(2) É razoável aceitar a ideia de o empregado plenamente capaz de decidir as suas pendências com o empregador após o término do contrato?

No primeiro caso, não se exige muito esforço discursivo para convencer o brasileiro que o empregado regular, aquele fora do topo da pirâmide hierárquica da empresa, não está livre, leve e solto para abrir mão de resolver seus problemas no Judiciário. O temor reverencial, a dependência econômica, o receio do desemprego, enfim, há fortes indícios de uma "coação" pairando no ar, intoxicando, ainda que inconscientemente, a liberdade individual em toda a sua extensão. No mais das vezes, para qualquer empregado normal seria uma operação de altíssimo risco opor-se às cláusulas impostas unilateralmente pelo empregador, geralmente quem as apresenta no contrato de adesão. Além de mostrar-se como um encrenqueiro, ele estaria pondo em perigo o seu sustento e de seus familiares. Valendo-me de uma categoria do direito constitucional, o seu mínimo existencial[50] – aquilo que precisa para suprir suas necessidades básicas e a de seus familiares[51] – estaria comprometido por uma dispensa imediata ou iminente.[52]

Já na segunda situação, o desate do nó jurídico passa justamente pela ruptura contratual. Este procedimento talvez amenize ou, muito provavelmente, retire do trabalhador os constrangimentos porventura existentes. Digo talvez porque, como salientado antes, estamos falando

---

[49] ÁVILA, Humberto. *Teoria dos princípios*: da definição à aplicação dos princípios jurídicos. 8. ed. São Paulo: Malheiros, 2008. p. 152-155.
[50] Sobre o mínimo existencial, cf., por todos, TORRES, Ricardo Lobo. *O direito ao mínimo existencial*. Rio de Janeiro: Renovar, 2009.
[51] Para uma conceituação das necessidades básicas como aquelas que devem ser satisfeitas para a sobrevivência do indivíduo, independentemente de sua vontade, cf. NINO, Carlos Santiago. Autonomia y necesidades básicas. *Doxa*, nº 7, 1990.
[52] Para uma análise da proibição do gênero dispensa arbitrária e da permissão forte de uma de suas espécies, a dispensa sem justa causa, cf. GOMES, Fábio Rodrigues. *O direito fundamental ao trabalho*: perspectivas histórica, filosófica e dogmático-analítica. Rio de Janeiro: Lumen Juris, 2008.

de presunções razoáveis. Neste sentido, o que existiu – se existiu de fato – provavelmente deixou de existir ou, quando muito, deixou de influir primariamente na decisão a ser tomada. Ora, não se deve perder de vista que pior que poderia acontecer já aconteceu.

Portanto, daí em diante, escolher o método de solução das sequelas derivadas de um rompimento truncado está dentro do âmbito de liberdade decisório do indivíduo.[53] Desde que não haja vício de consentimento, o ex-empregado está plenamente apto a conversar e combinar, de comum acordo com o empresário, qual o melhor mecanismo institucional para aparar suas arestas. Arbitragem ou Justiça do Trabalho? Eles que decidam.

Caso contrário, estaríamos partindo esta pessoa ao meio com um machado ideológico completamente cego para a realidade. Reflita comigo. Na sua esfera privada, o empregado pode casar-se, comprar ou financiar um imóvel, responsabilizar-se pela educação de seus filhos ou ser punido pela prática de um crime. Apenas em um fragmento de sua vida, o profissional, sofreria uma *capitis diminutio*.[54]

Tal como um experimento de laboratório, o todo é ignorado e isola-se, em tese, apenas o pedacinho laboral, como se tudo o mais com ele não se misturasse. Dentro deste tubo de ensaio fictício, adiciona-se a ideologia segundo a qual é indispensável o monopólio do Estado-Juiz para decidir pelo empregado dispensado. O que ele deve ou não deve fazer? Chame o Juiz. Uma cisão artificial de sua autonomia da vontade sem o menor respaldo no mundo de hoje, complexo e plural. Ao menos não se vê isso em quantidade o bastante para gerar uma presunção razoável de que vá se repetir com habitualidade.

a.4) Mito nº 4: a indisponibilidade absoluta

A última desmistificação é correlata à anterior. Isso porque o art. 1º da Lei nº 9.307/96 circunscreve a arbitragem à resolução de "litígios relativos a direitos patrimoniais disponíveis".

No direito do trabalho, costuma-se afirmar de olhos fechados a indisponibilidade dos direitos dos trabalhadores.[55] Embora não se apresente um critério seguro e objetivo sobre quais devem ser assim classificados, a crença generalizada é a de que o empregado está em

---

[53] Cf. GOMES, Fábio Rodrigues. *Direitos fundamentais dos trabalhadores*, p. 119 e ss.
[54] Em sentido semelhante, cf. MENDONÇA, José Vicente Santos de. *De boas intenções e maus resultados*. In: <http://jota.info/de-boas-intencoes-e-maus-resultados>. Acesso em 05 nov. 2016.
[55] Cf. MARTINEZ, Luciano. *Curso de direito do trabalho*. 5. ed. São Paulo: Saraiva, 2014. p. 112-123.

desvantagem econômica, desconhece a integral dimensão dos seus direitos, corre o risco de ser coagido a renunciá-los e de que há normas trabalhistas de ordem pública, tais como os arts. 9º, 444 e 468 da CLT, que o protegem de si mesmo.[56] Neste sentido, em 29.05.2009, foi dito no julgamento do RR nº 795/2006-028-05-00.8, de relatoria do Ministro Alberto Luiz Bresciani de Fontan Pereira, que "A vocação protetiva que dá suporte às normas trabalhistas e ao processo que as instrumentaliza, a imanente indisponibilidade desses direitos e a garantia constitucional de acesso a ramo judiciário especializado erigem sólido anteparo à utilização da arbitragem no Direito Individual do Trabalho".

Novamente uma idealização sem dados empíricos que a escorem. Para que se tenha ideia de como o "sólido anteparo" esfarela-se rapidamente diante da primeira brisa de outono, menciono as transações realizadas aos borbotões na Justiça do Trabalho. Basta adentrar em quaisquer das salas de audiência espalhadas por este país continental para que partes, advogados e juízes sejam "flagrados" negociando valores para pôr termo ao conflito. A difamação, a agressão física, o assédio moral gerador de síndrome de *burnout*, o acidente que acarreta grave e definitiva deficiência física ou um grotesco dano estético, a discriminação racial, todas são questões aptas a serem discutidas, sopesadas e, se tudo correr bem, encerradas através da conciliação. Um acordo que, via de regra, se efetiva com o pagamento de valores em pecúnia e que possui cláusula de quitação geral quanto ao extinto contrato de trabalho.[57]

Portanto, pergunto eu: que indisponibilidade é essa? E a conversão da solução em dinheiro? Há ou não há uma patrimonialização inexorável nessa história?

Quando formos abordar este assunto, logo de pronto devemos respirar fundo e contar até 10. Trata-se de um tema que há muito merece uma reflexão menos apaixonada dos doutrinadores trabalhistas.

Já tive a chance de expor as minhas impressões e de tentar afastar algumas pré-compreensões profundamente enraizadas no imaginário teórico e jurisprudencial brasileiro.[58] Por razões de tempo e espaço, peço licença aos mais interessados e sugiro a leitura daquilo que já escrevi mais detidamente em outra ocasião. Todavia, algumas breves considerações devem ser transportadas para cá, pois servirão de luz

---

[56] *Ibidem*.
[57] Esta previsão encontra guarida na OJ nº 132 da SDI-2 do TST.
[58] GOMES, Fábio Rodrigues. *Direitos fundamentais dos trabalhadores*, p. 405-428.

no fim deste extenso túnel em direção à validação da arbitragem individual trabalhista.

O que significa dispor de um direito? Significa que o seu titular pode consentir em um certo grau de enfraquecimento de sua posição jurídica, a fim de permitir que alguém atue de uma forma tal que não o faria, se o consentimento não existisse.[59]

Cuida-se, na quase totalidade dos casos, de uma autorrestrição temporária e circunstancial.[60] Imagine, por exemplo, um transplante de coração ou uma exposição pública no Big Brother Brasil. Nestas situações há a permissão do titular do direito (à integridade física ou à privacidade) para que alguém (o cirurgião ou a rede de televisão) aja de maneira tal que não poderia fazê-lo, se a autorização não existisse. Se quiserem ampliar a imaginação, pensem na luta de boxe, na partida de futebol, nos filmes pornográficos, nas redes sociais da internet e em toda uma infinita gama de exemplos capazes de evidenciar o óbvio: a "disponibilidade" de direitos fundamentais é extremamente corriqueira no mundo contemporâneo.

A dúvida a ser dirimida é outra. Para conjugarmos direitos fundamentais e autorrestrição, o problema a ser dirimido gira em torno dos limites impostos à disponibilização. Até onde pode o titular do direito enfraquecer sua própria posição jurídica?

A resposta é cartesiana: até o ponto em que a sua liberdade de escolha esteja correndo o risco de desaparecer. Se o indivíduo, ao decidir disponibilizar seu direito, atinge em cheio a sua própria capacidade de decisão, aquela linha tênue entre o paternalismo e a intervenção salutar é por ele atravessada. Outro exemplo vem bem a calhar. Pense na hipótese de o candidato ao emprego aceitar receber menos de um salário mínimo. Certamente que esta decisão estará maculada naquilo que ela possui de mais fundamental: a liberdade de escolha.[61] Nenhum ser humano premido pelas necessidades básicas ou fisiológicas (comer, dormir, abrigar-se, etc.) é verdadeiramente livre.[62] Decidir com o estômago não é a descrição mais acurada de decidir com sabedoria.

---

[59] *Ibidem*, p. 407.
[60] Exceção digna de nota (e que dá o que falar) é a eutanásia, pois esta é uma disponibilidade de natureza permanente.
[61] Cf. GOMES, Fábio Rodrigues. *Direitos fundamentais dos trabalhadores*, p. 60 e ss, onde encaro este problema valendo-me da análise econômica do direito e, mais especificamente, da teoria dos jogos.
[62] Para esta instigante discussão filosófica e de outras tão ou mais desafiadoras, cf. SANDEL, Michael. *Justiça*: o que é fazer a coisa certa. 6. ed. Rio de Janeiro: Civilização Brasileira, 2012.

Sejamos redundantes: a liberdade de decidir livremente é o núcleo essencial da disponibilidade dos direitos fundamentais pelo seu titular. Munido de uma mínima cobertura econômica capaz de suprir suas necessidades básicas, bem informado sobre o que está em jogo e sobre suas alternativas de ação e colocando-se imune à pressão, à ameaça ou coisa que o valha, o indivíduo estará pronto para decidir sobre o tempo, o modo e as condições em que aceitará dispor dos direitos que lhe pertencem. Repito: direitos que pertencem a ele! E não ao Estado-Juiz, adepto do perfeccionismo moral, e que almeja ser mais realista do que o rei, arrogando-se a prerrogativa de saber melhor do que o próprio sujeito aquilo que é bom para a sua vida.

Como frisei na investida contra o Mito nº 3, é a qualidade do consentimento que deverá nortear a fiscalização judicial. Por vezes, a suposta hipossuficiência existe de fato e compromete a liberdade indispensável à validação da renúncia ou transação. Em outras circunstâncias, a alegada hipossuficiência não passa de uma quimera, fruto de ideologias teimosas, que embotam o olhar de quem não quer ver a realidade.

b) "Você não pode mudar o vento, mas pode ajustar as velas do barco para chegar onde quer" (Confúcio)

Que a relação de emprego possui as suas idiossincrasias, isto não se discute. O "paradoxo de uma subordinação livremente consentida" já foi bem captado pelo professor francês Alain Supiot, segundo o qual está-se diante da estranha situação de alguém, livremente, aceitar restringir sua liberdade em prol da liberdade alheia.[63] Por não desconsiderar estas peculiaridades da vida prática e jurídica, pré-relacional, relacional e pós-relacional do empregado e do empregador, acredito ser uma boa ideia recalibrarmos um pouquinho o instituto da arbitragem para melhor encaixá-lo na realidade trabalhista.

São basicamente quatro as propostas de ajuste *de lege ferenda*:

(1) recuperar a ideia contida no natimorto art. 4º, §4º da Lei nº 9.307/96, para permitir aos altos empregados incorporarem as cláusulas arbitrais em seus contratos, mas deixando clara a limitação deste expediente a este tipo muito especial de trabalhador levemente subordinado;

(2) recuperar a ideia gestada em algumas decisões do TST, mas depois abandonada pela maioria, no sentido de permitir o

---

[63] *Critique du droit du travail*. Paris: Presses Universitaires de France – PUF, 2002. p. 111.

manuseio do compromisso arbitral para todos os ex-empregados que assim o desejarem, pois, encerrado o contrato e pagas as verbas rescisórias na forma e no prazo previstos no art. 477, §§1º e 6º da CLT, a presunção razoável é a da boa qualidade decisória.[64] Até mesmo por analogia *legis* ao que preceitua o art. 625-E, parágrafo único da CLT, que, ao autorizar a eficácia liberatória geral para os termos formulados nas comissões de conciliação prévia, deixa implícita a confiança dos legisladores na plena capacidade decisória do empregado. E também por analogia *juris* ao julgamento do STF no RE nº 590.415/SC, de relatoria do Ministro Luis Roberto Barroso, no qual se convalidou a quitação geral contida em PDV devidamente chancelado por norma coletiva;

(3) tornar obrigatória a participação de advogados nas instâncias arbitrais individuais trabalhistas,[65] pois esta medida reduziria drasticamente as chances de o empregado decidir desinformado ou com pouca informação, bem como promoveria um relevante reequilíbrio da assimetria do arsenal jurídico e econômico disponível às partes;[66] e

(4) estipular "cláusulas cheias" em acordos e/ou convenções coletivas, regulamentando previamente o processo de escolha e de remuneração dos árbitros e/ou das instâncias arbitrais, bem como a indicação expressa de rateio dos custos da arbitragem entre o sindicato representante da categoria profissional do empregado e o empregador, afastando-se, de uma vez por todas, a principal causa de suspeição sobre a atuação deste terceiro ao longo do processo decisório.

Um rol modesto e, por óbvio, meramente exemplificativo. O intuito é apenas demonstrar que não se precisa inventar a roda para que a arbitragem possa funcionar na solução de conflitos individuais trabalhistas, e bem.

---

[64] Em sentido semelhante, PEREIRA, Ana Lúcia. As modificações propostas para a utilização da arbitragem nos contratos individuais de trabalho, p. 46.
[65] *Ibidem*, p. 47.
[66] Sobre o desenvolvimento da cultura jurídica da prevenção de litígios e, dentre outros assuntos, sobre o pujante mercado de trabalho que se abre aos advogados com o fortalecimento da instituição arbitral, vale conferir a entrevista do advogado Carlos Carmona em: <http://jota.info/arbitragem-nao-vai-desafogar-o-judiciario-diz-carlos-carmona>. Acesso em: 20 jun. 2018.

4 Conclusão

Concluo repisando o meu otimismo. Acredito realmente que a arbitragem pode vir a ser uma boa opção institucional na resolução de problemas entre empregado e empregador. Melhor do que uma alternativa, ela é um complemento à jurisdição pública. O objetivo de ambas é o mesmo: promover o bem-comum.

Insisto também que não enxergo a arbitragem como uma fórmula milagrosa apta a arrumar toda a nossa bagunça forense. Apenas considero ser um desperdício deixá-la de lado por puro preconceito ideológico. Um preconceito, inclusive, sem qualquer razão de ser, visto que a Justiça do Trabalho permanecerá na retaguarda, avaliando subsidiariamente o cumprimento das regras do jogo arbitral convencionado e o respeito ao devido processo legal. A ação anulatória da sentença arbitral estará sempre à mão daquele que se sentir lesado.[67]

Importando uma categoria habermasiana, nós, juízes do trabalho, permaneceremos como guardiões das condições de possibilidade discursiva. A obediência às normas indispensáveis à construção de um ambiente institucional confiável e capaz de produzir uma solução legítima, aceitável racionalmente pelas partes envolvidas, deve ser a regra de ouro do procedimento arbitral. Seguidos rigorosamente os parâmetros normativos para que a deliberação flua bem no seu interior, os sujeitos deste procedimento serão, ao mesmo tempo, autores e destinatários da norma resultante, mesmo que ela surja por intermédio de uma sentença arbitral. Daí a sua legitimidade ser quase automática, com hipóteses bastante limitadas de impugnação.[68]

Na década de 20 do século passado, nos EUA, a professora e estudiosa de conflitos trabalhistas, Mary Parker Follett, dizia sobre eles o que nos parece ser uma banalidade: são fenômenos inevitáveis. Contudo, ela se propunha a olhá-los com mais vagar e, driblando o trivial, afirmar: ok, são parte da vida. Mas o que fazer com eles? E sugeria transformá-los em soluções criativas, inovadoras, flexíveis e pragmáticas. Menos litígio, menos beligerância; mais diálogo, mais prevenção.

A arbitragem pode desempenhar este papel no espaço jurídico trabalhista brasileiro. Façamos diagnósticos cada vez mais precisos e frequentes sobre o desempenho prático desta nova ferramenta. Façamos auditorias regulares, com a participação próxima do Ministério Público do Trabalho. Façamos certificações, como as que são concedidas pelo Conselho Nacional das Instituições de Mediação e Arbitragem – CONIMA. Façamos história! Ou seremos engolidos por ela.

---

[67] Arts. 32 e 33 da Lei nº 9.307/96.
[68] Arts. 30 e 32 da Lei nº 9.307/96.

RESPONSABILIDADE PROCESSUAL: O INÍCIO DO FIM DA AVENTURA JURÍDICA

1 Introdução

Imagine a seguintes situações:

Caso 1) Empregado ajuizou ação em face de Êxito Termo Plástica Ltda., situada em Novo Hamburgo (RS), postulando declaração de vínculo de emprego de 2002 a 2013. Entretanto, no curso da fase instrutória, o próprio demandante confessou, em depoimento pessoal, que não comparecia à empresa, que realizava vendas para outras empresas como representante comercial e que morava em Santa Catarina, onde a ré não possuía filial. Foi condenado por litigância de má-fé e teve indeferido o pedido de gratuidade de justiça, sob o argumento de que este benefício é incompatível com quem se comporta maliciosamente em juízo. Apesar de mantida a decisão pelo TRT da 4ª Região, o TST a reformou. De acordo com o relator, Ministro Caputo Bastos, a OJ nº 304 da SDI-1 preceitua que o Estado deve garantir isenção do pagamento de todas as despesas processuais a partir da mera declaração de hipossuficiência da parte. E, ademais, o deferimento da gratuidade não está condicionado à ausência de condenação em litigância de má-fé, bastando, pois, a simples declaração.[1]

Caso 2) A trabalhadora foi gerente de recursos humanos da Brazilian Pet Ltda. Detalhe: era filha de um dos sócios, dono de 50% das quotas sociais. Além de omitir esta informação, a autora ajuizou ação trabalhista em face de Marfrig Alimentos S.A., nada menos do que

---

[1] TST-RR nº 474-42.2013.5.04.0304, Rel. Min. Guilherme Augusto Caputo Bastos, *DJ* 18.03.2016.

a sucessora da Brazilian Pet Ltda. Não satisfeita, concedeu o endereço errado da ré, acarretando a sua ausência e, consequentemente, a decretação de revelia. A juíza que presidiu o julgamento constatou que a trabalhadora detinha informações privilegiadas sobre as dificuldades financeiras da Brazilian Pet Ltda. e que, na verdade, seu objetivo era o de angariar recursos indevidamente da sucessora, pondo em risco, inclusive, a satisfação do crédito de autores de outros processos. Foi condenada por litigância de má-fé e teve indeferido o pedido de gratuidade de justiça. Mais uma vez: confirmada a sentença pelo TRT da 18ª Região, o TST a reformou. De acordo com o relator, Ministro Douglas Alencar Rodrigues, o Tribunal deveria ter afastado a deserção do recurso ordinário pelo não pagamento da multa por litigância de má-fé e do não recolhimento das custas. Isso porque a multa não constitui seu pressuposto recursal, conforme já consagrado na OJ nº 409 da SDI-1 do TST.[2]

Caso 3) Despedida por justa causa em razão de faltas sucessivas, a empregada ajuizou ação em face de Lojas Riachuelo S.A., pleiteando, dentre outras coisas, o pagamento da segunda parcela do 13º salário. No entanto, este direito já havia sido quitado, o que foi comprovado documentalmente pela ré. O juiz considerou incorreto o pedido de verbas já sabidamente recebidas e a condenou ao pagamento de multa de R$ 1.000,00, por litigância de má-fé. O TRT da 2ª Região confirmou a condenação e acrescentou que a inexistência de impugnação dos documentos apenas reforça a impressão de que a autora pretendeu enriquecer ilicitamente, com o recebimento dos valores em duplicidade. Novamente: o TST reformou a decisão. Sob o argumento de que a parte simplesmente exerceu o seu direito de ação para buscar os direitos que entende devidos, o Ministro Lelio Bentes Corrêa pulverizou a multa aplicada. Na sua opinião, este caso não apresentou a clareza necessária à aplicação da punição processual. Ou seja, o mero ajuizamento da ação trabalhista não demonstraria, inequivocamente, o dolo da demandante.[3]

Caso 4) No dia 18.02.2013, uma bancária ajuizou ação em face do Itaú Unibanco S.A. Ocorre que, de propósito, adulterou a data do pedido de demissão, a fim de afastar a prescrição bienal que fatalmente incidiria. Ou seja, na ação, disse que pediu demissão no dia 04.03.2011. Todavia, em juízo, confessou ter pedido demissão no dia 04.02.11, data informada na contestação. Diante disso, a parte autora alegou que não

---

[2] TST-RR nº 226-87.2011.5.18.0003, Rel. Min. Douglas Alencar Rodrigues, *DJ* 30.09.2016.
[3] TST-RR nº 386-12.2013.5.02.0384, Rel. Min. Lelio Bentes Corrêa, *DJ* 07.11.2014.

distorceu a verdade dos fatos, mas apenas computou o período de aviso prévio, mesmo tendo sido ela a pedir demissão. O juiz considerou inaceitável a sua conduta e a condenou em litigância de má-fé, o que foi mantido pelo TRT da 12ª Região. De novo: o TST reformou a decisão. O Ministro Aloysio Corrêa da Veiga entendeu não ter havido tentativa de burlar a ordem processual, mas apenas o exercício legítimo da ampla defesa. Disse também que a apresentação de tese jurídica equivocada ou desprovida de respaldo legal não é motivo para reconhecimento de litigância de má-fé.[4]

E, para encerrar esta introdução, mencionarei um caso "hipotético" (entre aspas porque já o vivenciei incontáveis vezes em sala de audiência):

Caso 5) João da Silva ajuizou ação em face da Chamego Bom Chocolates Ltda. Na petição inicial, afirmou ter trabalhado de segunda a sábado, das 7h às 21h, com 30 minutos de intervalo, e que nunca registrou corretamente a jornada de trabalho. Em seu depoimento em juízo, declarou o autor que podia chegar às 8h, mas que preferia chegar mais cedo porque morava longe e o trânsito era ruim. Declarou, ainda, que às vezes desfrutava de uma hora de almoço e que já tinha registrado corretamente a jornada de trabalho, não sabendo explicar quando e porque isso acontecia. Indo adiante na instrução, o juiz inquiriu a testemunha Xavier Ribeiro, trazida pelo autor. E qual não foi a surpresa quando a testemunha declarou que o autor trabalhou das 6h às 22h, sem intervalos, de segunda a domingo, e que jamais registrou corretamente a jornada. Em face de contradição tão grosseira com a causa de pedir e com o depoimento do autor, o juiz determinou a expedição de ofício à polícia federal, para apuração de crime de falso testemunho, e também condenou o Sr. Xavier em multa a ser revertida à União, haja vista ter-se conduzido de modo a embaraçar a prestação jurisdicional. Último detalhe: situação semelhante a esta foi repudiada pelo TRT da 3ª Região, pois, de acordo com o Desembargador Relator Ricardo Antônio Mohallem, inexiste previsão legal para tal condenação.[5]

---

[4] TST-RR nº 200-05.2013.5.12.0030, Rel. Min. Aloysio Corrêa da Veiga, *DJ* 20.02.2015.
[5] TRT 3ª Região-9ª Turma-RO-00726-2011-016-03-00-2, Rel. Des. Ricardo Antônio Mohallem, *DJ* 17.12.2015.

2 Ação e reação: a terceira lei processual de Newton

Todos aprendemos, nos bancos escolares, a terceira lei de Newton. Em linhas gerais, ela pode ser assim resumida: "a toda ação corresponde uma reação igual e contrária".[6]

Pois bem. Considero que a chamada Reforma Trabalhista e, mais especificamente, a nova Seção IV-A, inserida na CLT pela Lei nº 13.467/17, foi uma reação contrária ao estado de coisas descrito brevemente na introdução deste ensaio.

No dia a dia forense, o que se tem visto com cada vez mais frequência são causas de pedir lacônicas e genéricas (v.g. "fui obrigado a pedir demissão", sem mencionar quem coagiu, como coagiu, quando coagiu ou onde coagiu), causas de pedir com descrições altamente improváveis (v.g., "trabalhei de 2000 a 2017, das 6h às 23h, de segunda a domingo, sem intervalo para descanso", apresentando um verdadeiro fenômeno da natureza) e pedidos de prestações já quitadas, cujo pagamento é descoberto apenas em juízo, por meio de documentos detalhados e assinados pelo próprio empregado, sem qualquer ressalva dele ou do sindicato que homologou a rescisão.

Repare bem. Não disse que todas as demandas são assim. Também não afirmei que só esta espécie de demanda vem aumentando. O que declarei e – com todas as letras – declaro novamente é que estes falsos problemas têm se multiplicado com uma constância e velocidade assustadoras na Justiça do Trabalho! E o que tem feito o TST? Em larga maioria, a sua jurisprudência tende a reputar estas condutas não tão graves assim, aliviando as multas impostas aos outrora considerados litigantes de má-fé.

A rigor, esta é uma face do processo do trabalho que poucos têm a ousadia de expor. Poucos manuais se debruçam sobre ela e, quando o fazem, não demoram mais do que uma ou duas páginas para dar-lhe por encerrada.[7] No entanto, este é um debate que passou da hora de acontecer. Não se pode mais fechar os olhos às externalidades geradas pela complacência do TST com condutas deste jaez. Associadas à absolutização da gratuidade de justiça para pessoas naturais (mantida na

---

[6] Cf. <https://pt.wikipedia.org/wiki/Leis_de_Newton>. Acesso em: 26 jun. 2018.
[7] Para uma abordagem bastante sucinta, cf. JORGE NETO, Francisco Ferreira e CAVALCANTE, Jouberto de Quadros Pessoa. *Direito processual do trabalho*. 7. ed. São Paulo: Atlas, 2015. p. 86-87. Com uma análise mais demorada, de cerca de vinte páginas, cf. SCHIAVI, Mauro. *Manual de direito processual do trabalho*. 7. ed. São Paulo: LTr, 2014. p. 373-393.

nova redação OJ nº 304 da SDI-1),[8] pariu-se um monstro: o estímulo à "aventura jurídica".

Partes gananciosas, às vezes secundadas por seus advogados, acessam a Justiça do Trabalho com histórias estapafúrdias e pedidos indevidos, sem medo de ser feliz. Ou melhor, sem medo de serem infelizes, pois, ainda que a improcedência ocorra e a má-fé seja descoberta, a probabilidade de sofrerem as consequências é muito, mas muito reduzida. Os juízes de primeira instância, juntamente com alguns Tribunais Regionais do Trabalho, têm reagido a estas situações, às vezes até pesando a mão com a condenação solidária dos advogados, a despeito de o art. 32, parágrafo único da Lei nº 8.906/94 deslocar a análise do comportamento destes profissionais para a ação própria.[9] Porém, esta não tem sido a orientação majoritária do nosso órgão de cúpula.

Não temos estatísticas confiáveis sobre a quantidade de litigância de má-fé ou, tampouco, sobre a sua ampliação.[10] Mas, ao que parece, esta percepção intuitiva de quem atua na linha de frente, na vida real, acabou por chegar ao Congresso brasileiro. E, como mencionei há pouco, ele reagiu de forma contrária e – diria eu – de maneira até mais intensa do que imaginei ser possível.

Vejamos, portanto, quais foram as inovações que, certamente, acarretarão uma mudança paradigmática das práticas forenses trabalhistas.

3 Algumas considerações sobre as novidades ético-normativas do processo do trabalho

Antes de falar sobre os novos dispositivos da CLT, não custa frisar mais uma vez que a brandura do TST com as traquinagens

---

[8] "I – A partir de 26.06.2017, para a concessão da assistência judiciária gratuita à pessoa natural, basta a declaração de hipossuficiência econômica firmada pela parte ou por seu advogado, desde que munido de procuração com poderes específicos para esse fim (art. 105 do CPC de 2015); II – No caso de pessoa jurídica, não basta a mera declaração: é necessária a demonstração cabal da impossibilidade de a parte arcar com as despesas do processo"

[9] Neste sentido, leia em: <http://www1.folha.uol.com.br/poder/2016/10/1821161-juizes-trabalhistas-punem-advogados-que-agem-de-ma-fe.shtml>. Acesso em: 26 jun. 2018.

[10] Os melhores dados empíricos da atualidade, traçando uma radiografia sociológica da Justiça do Trabalho, são encontrados no relatório "Justiça em Números", divulgado anualmente pelo CNJ. Todavia, neste documento não encontramos informações sobre quem, quando, como e com que intensidade pratica litigância de má-fé neste seguimento do Poder Judiciário. Cf. <https://cnj.jusbrasil.com.br/noticias/151226673/cnj-debate-solucoes-conceituais-e-praticas-para-morosidade-da-justica-e-litigancia-excessiva>. Acesso em 26 jun. 2018.

processuais das partes já foi pior. Já houve época em que se encontravam precedentes afirmando a incompatibilidade, se não de todo o conjunto normativo que regulamenta a matéria, ao menos de parte dele com o processo do trabalho.[11] Portanto, não deve causar espanto o fato de os legisladores terem positivado – praticamente transplantado – o que preceitua o novo CPC sobre este tema.

Dito isso, faço este pequeno parêntese para sugerir a você, caro leitor, que, a partir de agora, abra os dois diplomas lado a lado, para me acompanhar na comparação. Pronto? Vamos lá.

De início, vê-se que o art. 793-A da CLT é idêntico ao art. 79 do NCPC, apenas alterando as palavras "autor" e "réu", por, respectivamente, "reclamante" e "reclamado". Em seguida, no art. 793-B da CLT, repetiu-se, *ipsis literis*, o art. 80 do NCPC.

Quanto ao art. 793-C da CLT, o *caput* foi reproduzido a partir do *caput* do art. 81 do NCPC, o que também foi feito com os parágrafos 1º e 3º de ambos os dispositivos. Entretanto, no parágrafo 2º do art. 793-C da CLT pode-se entrever o estado de espírito que permeou a maioria parlamentar. Para quem não fez as contas, observe que o Congresso Nacional majorou a punição para a ação trabalhista cujo valor da causa seja irrisório ou inestimável, quando comparada com a ação ordinária que padeça do mesmo problema. Enquanto o parágrafo 2º do art. 81 do NCPC fala em até 10 vezes o valor do salário mínimo, a CLT permitirá ir-se até duas vezes o limite máximo dos benefícios do Regime Geral da Previdência Social. Traduzindo em números de hoje: pelo CPC, a multa poderá ser de até R$ 9.370,00; pela CLT, de até R$ 11.062,62. Ou seja, a intolerância com a má-fé no processo trabalhista está (e já estava) maior do que no processo comum. Uma impaciência quase a flor da pele!

Para quem ainda desconfia desta minha impressão, o art. 793-D da CLT não deixa margem para dúvida. Indo muito além do que prescreveu o próprio NCPC, os legisladores positivaram a aplicação da "multa prevista no art. 793-C desta Consolidação à testemunha que intencionalmente alterar a verdade dos fatos ou omitir fatos essenciais ao julgamento da causa". É ou não é tolerância zero? Ainda acha que estou exagerando?

Com efeito, o antigo Código de Processo Civil não trazia e o novo também não traz a hipótese explícita de multa à testemunha que mente ou que omite dolosamente informação essencial à resolução do processo.

---

[11] TST-ROAR nº 488379-33.1998.5.03.5555, Rel. Min. Ives Gandra Martins Filho, *DJ* 07.04.2000, no qual se declara que as perdas e danos do art. 16 do CPC/73 são incompatíveis com as normas processuais trabalhistas.

A bem de ver, o atual art. 77 abre uma brecha hermenêutica para a punição processual desta testemunha, pois, no seu *caput*, impõe deveres de conduta ética não apenas às partes e aos procuradores, mas também a "todos aqueles que de qualquer forma participem do processo". Testemunha participa do processo de alguma forma? Acredito que sim. Daí porque também está submetida ao dever inscrito no inciso IV, no sentido de "cumprir com exatidão as decisões jurisdicionais, de natureza provisória ou final, e não criar embaraços à sua efetivação". A pergunta agora é: testemunha que mente ou omite dolosamente informação essencial causa embaraço à efetivação da prestação jurisdicional? Novamente, creio que sim. No mínimo, porque sua conduta deliberada poderá fazer o juiz tropeçar e cair de cara no chão da injustiça. Assim, firmadas estas premissas, pode-se concluir que o parágrafo 2º do art. 77 do NCPC é aplicável às testemunhas, cujo comportamento deverá ser classificado como ato atentatório à dignidade da justiça. E, sem prejuízo das sanções criminais, cíveis e processuais cabíveis, deverá ser condenada a pagar multa de até 20% do valor da causa, de acordo com a gravidade da conduta.

Deste modo – parafraseando Herbert Hart – somente por intermédio de um raciocínio lastreado na textura aberta da linguagem normativa, era possível apenar a testemunha mentirosa e/ou maliciosa.[12] E esta multa teria a natureza jurídica administrativa, pois, de acordo com o parágrafo 3º daquele dispositivo, caso não fosse paga no prazo fixado pelo juiz, deveria ser inscrita na dívida ativa da União após o trânsito em julgado da sua decisão, observando-se, posteriormente, o rito da execução fiscal.

Já tive a oportunidade de concretizar este entendimento na prática. Não que ele seja liso e livre de controvérsias.[13] Mas fiz isso porque, sendo uma das várias opções hermenêuticas razoáveis para se enfrentar o reiterado problema da testemunha mentirosa, a sua efetivação me pareceu o caminho mais acertado para, sob o ponto de vista do processo, legitimar a minha decisão, e, sob o ponto de vista

---

[12] Sobre o direito, a sua dependência da linguagem e a influência que a sua inexorável textura aberta acarreta na atividade hermenêutica, derivando inúmeras possibilidades semânticas para os enunciados normativos ao longo do tempo e do espaço, cf. HART, Herbert. L. A. *O conceito de direito*. Tradução de A. Ribeiro Mendes. 3. ed. Lisboa: Fundação Calouste Gulbenkian, 1994. p. 137 e ss.

[13] Além do precedente citado no Caso 5 da introdução, outras decisões contrárias à aplicação de multa à testemunha podem ser encontradas em TRT da 10ª Região. RO nº 02154-2011-103-10-00-0 RO, Rel. Des. Ricardo Alencar Machado, *DJ* 29.08.2012 e TRT da 3ª Região. RO nº 0001396-90.2010.5.03.0086, Rel. Des. Taisa Maria M. de Lima, *DJ* 01.07.2013.

da sociedade, talvez produzir uma consequência benéfica para todos: afastar a sombra da mentira (e da injustiça) dos tribunais.[14] E não estive sozinho nesta empreitada.[15]

Penso, pois, que a positivação de um artigo de lei prevendo expressamente a multa para a testemunha que mente (ou que omite dolosamente fatos cruciais para a melhor decisão judicial possível) veio em boa hora. A Reforma Trabalhista foi mais rigorosa que o CPC? Sim, mas não esqueçamos de um detalhe que faz toda a diferença. A testemunha é o principal meio de prova manuseado no processo do trabalho. E isso não é fácil. Ao contrário de uma visão idílica da natureza dialógica do processo, a oralidade e o desenrolar infindável de perguntas e respostas, em sucessivas audiências (muitas das quais, sozinha, com mais de 1h de duração) exige do juiz do trabalho um alto nível de equilíbrio, atenção e perseverança, isto é, um nível de resiliência física e mental bem acima da média dos juízes federais, estaduais e da maioria dos seres humanos.

Ouvir atentamente as histórias das testemunhas para analisar sua coerência interna, com a narrativa descrita na causa de pedir e com o depoimento pessoal das partes, perceber se há ou não interesse na causa (porque, por exemplo, o autor da ação será futuramente testemunha no seu processo, caracterizando a famosa "troca de favores"),[16] evitar que os advogados façam "perguntas fechadas", do tipo "é verdade que o autor foi agredido com um soco no rosto pelo gerente, na sexta-feira, dia 11.08.2017, às 17h e 05min?", desonerando a testemunha de realmente conhecer os fatos, de apresentar respostas com conteúdo, para dizer apenas "sim" ou "não", tal qual um autômato, atentar para sutilezas que evidenciem a existência de uma amizade íntima ou de algum segredo escondido, através, por exemplo, do monitoramento da linguagem corporal da testemunha, verificando e mapeando seus trejeitos, padrões comportamentais, tiques, tom de voz, posição das mãos, direção do olhar, a fim de separar o joio do trigo e deixar de lado o que é idiossincrático (por exemplo, um cacoete qualquer) do que é

---

[14] Sobre a importância de considerações consequencialistas na decisão judicial, cf. POSNER, Richard A. *Law, pragmatism and democracy*. Cambridge: Harvard University Press, 2005. p. 57 e ss.

[15] Cf. <http://www.conjur.com.br/2017-jul-18/juiz-multa-trabalhadora-testemunha-mentirem-processo>. Acesso em: 27 jun. 2018.

[16] Pela invalidade desta espécie de depoimento, cf. TST-RR nº 1696300-90.2005.5.09.0006, Rel. Min. Renato de Lacerda Paiva, *DJ* 08.04.2011. Pela aceitação da "troca de favores" entre testemunhas, cf. TST-RR nº 1731-55.2011.5.03.0028, Rel. Min. Márcio Eurico Vitral Amaro, *DJ* 18.09.2015.

reconhecido pela antropologia como sinais universais da mentira.[17] Estas são algumas das tarefas entrelaçadas à oitiva de testemunhas.

E você, depois deste rosário de atividades, ainda acha que a oralidade é molezinha? Se continua com esta enganosa percepção, acrescente que, além de fazer tudo isso, os juízes lidam diariamente com uma pauta de audiências recheada com mais de 20 processos (dos mais simples aos mais complicados), pelo menos de três a quatro vezes por semana, quando não de segunda a sexta, com a conclusão de oito a 10 sentenças por dia, isso sem falar dos despachos, decisões de tutela de urgência e resolução dos malfadados problemas sem solução da fase de execução (principalmente porque grande parte dos executados simplesmente não tem dinheiro).

Atuando neste cenário dantesco, não me acanho de dizer e de repetir a quem queira me escutar: o art. 793-D da CLT veio bem a calhar!

A prova testemunhal estava chegando a um ponto quase sem retorno no processo do trabalho. Ela tinha o condão de fazer pilhas de documentos, muitas das vezes assinados pelos empregados, virarem pó, bastando, para tanto, um rolar de olhos da testemunha. Muitos advogados se acostumaram a impugnar os documentos com a genérica frase "não representam a realidade", fazendo verdadeira tábua rasa do art. 436, parágrafo único do NCPC.[18] No processo do trabalho, a máxima segundo a qual a prova documental é a mais valiosa e a testemunhal, a menos confiável, nunca prevaleceu.[19]

Somando a isso a aceitação de uma causa de pedir desprovida de circunstanciação mínima, suficiente ao menos para a confrontação com a testemunha (tudo com base na pálida ideia – difícil de engolir – de que o art. 840 da CLT permite aos advogados formularem petições toscas e obscuras, quase uma embalagem para qualquer produto), e tínhamos um ambiente no qual a realidade era sempre nebulosa, incapaz de produzir resultados ótimos e decisões justas (ou perfeitamente justificadas, como quer o utópico – ou o sádico – art. 489 do NCPC).

---

[17] Sobre a importância do estudo da linguagem corporal para a aferição da verdade das afirmações, cf., por todos, ECKMAN, Paul. *Emotion revealed*: understanding faces and feelings. London: Orion Books (ebook), 2012. Para uma versão em português, sugiro ECKMAN, Paul. *A linguagem das emoções*. Tradução de Carlos Szlak. São Paulo: Lua de Papel, 2011.

[18] "Nas hipóteses dos incisos II e III [impugnar a autenticidade ou alegar a falsidade documental], a impugnação deverá basear-se em argumentação específica, não se admitindo alegação genérica de falsidade".

[19] Sobre a maior credibilidade da prova documental, cf., por todos, GRECO, Leonardo. *Instituições de processo civil*. 4. ed. Rio de Janeiro: Forense, 2013. v. I, p. 472, onde afirma que "Nos países da *civil law*, a prova escrita sempre foi mais valiosa do que a prova oral".

Agora, com a autorização legal para a severa punição processual da testemunha – sem embargo de permanecer a sua criminalização (art. 342 do CP) e de responder por outras possíveis reparações cíveis – estamos de frente para uma alvissareira ressignificação do princípio da primazia da realidade. O velho direito do trabalho valia-se desta norma para lançar dúvidas sobre a credibilidade das formas.[20] Datas de admissão registradas na CTPS, recibos de quitação e registros de jornada de trabalho estavam permanentemente em xeque, todos com uma espada de Dâmocles normativa sobre suas cabeças.[21] Daqui em diante, devemos ir ainda mais fundo. A primazia da realidade deve ser levada ainda mais a sério! Avaliemos não só a realidade da intenção das partes e das testemunhas para aferirmos a validade do que convencionaram e puseram no papel. Olhemos com lupa o seu comportamento endo e extraprocessual, assim como a coerência e as consequências do que dizem e fazem, na vida e em juízo.

4 Conclusão

Os tempos estão mudando. O país atravessa uma turbulência econômica, social e institucional sem precedentes. E foi neste contexto confuso que nasceu a Lei nº 13.467/17, a Reforma Trabalhista. Mas se algo pode ser tido como um consenso nestes dias difíceis, arrisco-me a dizer que este algo é a intolerância com a mentira, com a ganância, com o egoísmo e com a má-fé.

O inconsciente coletivo brasileiro sempre tratou a corrupção e a impunidade como elementos de sustentação do nosso sistema, como forças inamovíveis, enraizadas tão profundamente em nossa cultura, que, por tabela, contaminaram os mais diferentes recantos da sociedade. Patrimonialismo, personalismo e jeitinho são palavras/ideias que deprimem há séculos os corações e mentes de milhões de brasileiros. Mas, repito: os tempos estão mudando. E na medida em que vislumbramos uma pequena luz no fim deste túnel tenebroso, todos nos agarramos à esperança de pôr abaixo estes pilares tão arraigados à nossa estrutura institucional.

Este ânimo renovado se reproduz em todas as esferas da vida, seja no espaço público, seja no privado. E o processo é isso: um am-

---

[20] Por todos, RODRIGUEZ, Américo Plá. *Princípios de direito do trabalho*. Tradução de Wagner Giglio. 3. ed. São Paulo: LTr, 2000. p. 339-390.
[21] Vide Súmulas nº 12, 330 e 338 do TST.

biente mesclado do público e do privado, onde o Estado-Juiz interage em carne e osso com as agruras particulares dos cidadãos em busca de uma solução justa para os seus problemas. Por essas e outras, e independentemente de sua preferência ideológica, você há de convir comigo que ao menos este pedacinho da Reforma Trabalhista paira acima de nossas contendas político-partidárias. A partir de agora, deixemos a cordialidade de lado. Sem tergiversações, acabou-se a anomia. A exigência normativa positivada é pela lealdade e boa-fé. Seja responsável pelos atos que pratica na vida, seja responsável pelos atos que pratica no processo.

Definitivamente, o Brasil merece um direito processual do trabalho livre de má-fé, venha ela de onde vier.

Esta obra foi composta em fonte Palatino Linotype, corpo 10
e impressa em papel Offset 75g (miolo) e Supremo 250g (capa)
pela Gráfica Laser Plus.